VIDA DE GEÓLOGO
NAVEGANDO EM ONDAS DE PROBABILIDADE INFINITA

Editora Appris Ltda.
1.ª Edição - Copyright© 2022 do autor
Direitos de Edição Reservados à Editora Appris Ltda.

Nenhuma parte desta obra poderá ser utilizada indevidamente, sem estar de acordo com a Lei nº 9.610/98. Se incorreções forem encontradas, serão de exclusiva responsabilidade de seus organizadores. Foi realizado o Depósito Legal na Fundação Biblioteca Nacional, de acordo com as Leis n.os 10.994, de 14/12/2004, e 12.192, de 14/01/2010.

Catalogação na Fonte
Elaborado por: Josefina A. S. Guedes
Bibliotecária CRB 9/870

M526v
2022
	Melli, Massimo
	  Vida de geólogo : navegando em ondas de probabilidade infinita / Massimo Melli ; tradução e introdução de Walter Gomide. - 1. ec. - Curitiba : Appris, 2022.
	  247 p. ; 23 cm.
	
	  ISBN 978-65-250-3053-1
	
	  1. Memória autobiográfica. 2. Geologia. I. Gomide, Walter. II. Título.
	
	                                                  CDD – 808.06692

Editora e Livraria Appris Ltda.
Av. Manoel Ribas, 2265 – Mercês
Curitiba/PR – CEP: 80810-002
Tel. (41) 3156 - 4731
www.editoraappris.com.br

Printed in Brazil
Impresso no Brasil

Massimo Melli
Tradução e Introdução por Walter Gomide

VIDA DE GEÓLOGO
NAVEGANDO EM ONDAS DE PROBABILIDADE INFINITA

FICHA TÉCNICA

EDITORIAL
Augusto V. de A. Coelho
Marli Caetano
Sara C. de Andrade Coelho

COMITÊ EDITORIAL
Andréa Barbosa Gouveia (UFPR)
Jacques de Lima Ferreira (UP)
Marilda Aparecida Behrens (PUCPR)
Ana El Achkar (UNIVERSO/RJ)
Conrado Moreira Mendes (PUC-MG)
Eliete Correia dos Santos (UEPB)
Fabiano Santos (UERJ/IESP)
Francinete Fernandes de Sousa (UEPB)
Francisco Carlos Duarte (PUCPR)
Francisco de Assis (Fiam-Faam, SP, Brasil)
Juliana Reichert Assunção Tonelli (UEL)
Maria Aparecida Barbosa (USP)
Maria Helena Zamora (PUC-Rio)
Maria Margarida de Andrade (Umack)
Roque Ismael da Costa Güllich (UFFS)
Toni Reis (UFPR)
Valdomiro de Oliveira (UFPR)
Valério Brusamolin (IFPR)

SUPERVISOR DA PRODUÇÃO
Renata Cristina Lopes Miccelli

ASSESSORIA EDITORIAL
Manuella Marquetti

REVISÃO
Marcela Vidal Machado

PRODUÇÃO EDITORIAL
Raquel Fuchs

DIAGRAMAÇÃO
Luciano Popadiuk

CAPA
Eneo Lage

COMUNICAÇÃO
Carlos Eduardo Pereira
Karla Pipolo Olegário
Kananda Maria Costa Ferreira
Cristiane Santos Gomes

LANÇAMENTOS E EVENTOS
Sara B. Santos Ribeiro Alves

LIVRARIAS
Estevão Misael
Mateus Mariano Bandeira

GERÊNCIA DE FINANÇAS
Selma Maria Fernandes do Valle

SUMÁRIO

PRÓLOGO..9

INTRODUÇÃO 11

PARTE I..17

  1.1 Nascimento 17

  1.2 A guerra..18

  1.3 Vida no campo 21

  1.4 Cervia..22

    1.5 Tia Zvana 23

  1.6 Vovó Carlotta 27

  1.7 Inverno..29

  1.8 Jogos perigosos...30

  1.9 Tia Maria...32

  1.10 Ferrara...33

  1.11 Via Gian Battista Aleotti 35

  1.12 A visita ao gueto..37

  1.13 O Montagnone..39

  1.14 Aranhas e lagartos..41

  1.15 Mickey e o comendador Faggioli...................................42

  1.16 O professor Pedrocchi 45

  1.17 O ensino médio na Via Borgoleoni..................................46

  1.18 Ragusa e Sicília...48

  1.19 O Colégio Episcopal Atestino 50

  1.20 Escritório de Franco Pezzino 52

PARTE II...55

  2.1 O acaso..55

  2.2 Stavanger..59

  2.3 Farinacci 60

  2.4 *Bereshit* 67

  2.5 Ocean Traveller 68

  2.6 *Cod 7/11-1* 71

  2.7 A cafetaria do Atlantic Hotel 73

2.8 Jerry, o texano 75

2.9 Sid Warner 77

2.10 Murphy's Well 79

2.11 Natal em Stavanger 81

2.12 Londres e New Castle 84

2.13 Hank Heikkila...87

2.14 O escritório da Phillips em Oslo 88

2.15 O (quase) desastre do poço 2/4-1................................91

2.16 Ekofisk 2/4-2: a descoberta 93

2.17 Petróleo! 95

2.18 O campo 96

2.19 A vida a bordo da Ocean Viking..................................98

2.20 *Search for the guilty, punishment of the innocent, reward for theuninvolved* 100

2.21 Nigéria...103

2.22 Os amigos de Lagos 106

2.23 O trabalho na Agip 108

2.24 Londres 114

2.25 Barlesville 115

2.26 Nômades de luxo..122

2.27 Anilao..125

2.28 Cingapura..129

2.29 Férias na Sicília e na Noruega 131

2.30 O retorno à Noruega..135

2.31 Gerente de exploração 140

2.32 A solução final 143

PARTE III..147

3.1 Faz frio lá fora...147

3.2 A OMV na Líbia...152

3.3 A Waha 157

3.4 Amada Líbia: Trípoli, uma bela terra de amor 160

3.5 A vida nos *souks* de Trípoli 163

3.6 Al Muhasib 166

3.7 O Departamento de Exploração da Waha..........................168

3.8 A origem dos garamantes..171

3.9 A história de Mike Keane 176

3.10 Filosofia geológica 186

3.11 Helge..189

3.12 Guiné Equatorial...193

PARTE IV..**201**
4.1 O início do projeto..201
4.2 O terceiro homem...202
4.3 A pergunta para o Departamento de Indústria.............................207
4.4 Antigo geólogo de poço no Congo e na Líbia...............................208
4.5 *Bemidbar* (no deserto)..214
4.6 O início das operações...221
4.7 O fracasso final..224
4.8 O experimento da tribo: o projeto-piloto.................................230
4.9 A conferência sobre Karl Marx em Ragusa...............................239
4.10 A conversão ao ambientalismo...242
4.11 Últimas notícias do gato de Schrödinger................................246

PRÓLOGO

Esta não é uma autobiografia (não me considero uma pessoa importante o suficiente para merecê-la), mas um memorial escrito em legítima defesa para apresentar a quem me pedir no Dia do Juízo. Quero mostrar que tudo o que aconteceu não foi culpa minha, mas da Probabilidade.

Tudo o que escrevi é a verdade: os nomes das pessoas são nomes reais, embora eu tenha evitado citar os nomes de supostos mafiosos (eles sabem quem são); o nome de meu gato é o nome verdadeiro dele; os nomes dos lugares são os nomes geográficos verdadeiros; os eventos históricos são aqueles documentados por ilustres pesquisadores e historiadores e escritos na história da Noruega. Além disso, expressei meus pensamentos originais, mesmo que muitas vezes obscurecidos pela ignorância, também um presente de Deus.

Em alguns momentos, posso ter inventado algo para tornar a história mais interessante, mas raramente deturpei os fatos. Minhas invenções foram apenas por motivos literários e não para entediar o leitor. Ninguém me obriga a escrever estas páginas, exceto meu senso de justiça.

A história está dividida em quatro partes, cada uma das quais ligada às outras, visto que está intimamente ligada à anterior no decorrer do tempo. Se uma não tivesse ocorrido, a outra não aconteceria.

Se não tivesse havido guerra, eu não teria ido morar na província petrolífera de Ragusa e não teria me tornado um geólogo de petróleo. Se eu não estivesse na plataforma Ocean Viking, quem sabe se teríamos descoberto petróleo na Noruega? Se eu não tivesse saído da Phillips, não teríamos a esperança de encontrar este grande campo de gás na Sicília, talvez a ser explorado no futuro!

Se omiti algo, é por causa de minha ignorância ou por causa de minha memória. Ninguém é culpado do que não sabe ou do que não se lembra, mesmo a ignorância da lei não sendo uma desculpa válida para a justiça italiana. Felizmente, aqui só conta a Justiça Divina, na qual confio.

Massimo Melli

INTRODUÇÃO

A partir de janeiro de 2012, iniciei meus estudos sobre os números transreais, um novo domínio da Matemática, criado pelo cientista da computação inglês James Anderson, no qual é permitida a divisão por zero — nos números transreais, pode-se ter frações com denominadores nulos sem que, com isso, apareçam contradições.

Como acontece com toda nova proposta de estudos e de análise da realidade, a recepção aos números transreais, no âmbito acadêmico, não foi das mais amigáveis: muitos impropérios e palavras de desestímulo foram dirigidas ao professor Anderson e à pretensa nova linguagem matemática. Assim, logo percebi que quaisquer pesquisas que tivessem alguma similaridade com os transreais, à medida que admitissem a divisão por zero, também seriam rechaçadas e vistas como extravagâncias sem dignidade acadêmica. Notei que, nos veículos oficiais e respeitados da pesquisa em fundamentos da Matemática, nada encontraria sobre a divisão por zero e as implicações heurísticas; eu deveria, portanto, procurar pesquisas afins aos transreais em locais ou veículos que permitissem que "livres pensadores", os quais, em geral, não precisam de um grupo de referência de viés acadêmico e institucional para validar suas pesquisas, pudessem expor teorias *desviantes* a quem, eventualmente, pudesse se interessar por essas teorias e, por conseguinte, fosse iniciado um diálogo profícuo sobre essas propostas teóricas não incluídas na *séria pesquisa feita pelos departamentos das universidades renomadas*. Surgiu disso meu interesse em ser um pesquisador atuante do *site* Academia.edu.

O Academia.edu é um tipo de "Facebook acadêmico": artigos dos mais variados tipos e tendências são postados à espera de comentários — e podem ser respeitosos e estimulantes ou muito agressivos e desairosos, tudo é possível na arena do *site*. Assim, já inserido no mundo "sem regras" do Academia.edu, fiz a busca sobre "divisão por zero" e, como resultado dessa busca, apareceu, entre vários artigos sobre o anátema da divisão com denominador nulo, um pequeno artigo sobre a fração 1/0 e suas implicações filosóficas. O autor desse artigo era um italiano com sobrenome curto e sonoridade forte: Massimo Melli.

De imediato, notei uma peculiaridade do texto do Melli: assuntos filosóficos envolvendo a Matemática eram tratados não tanto de maneira conceitual, mas com uma abordagem *imagética*, e isso me agradou muito. Com a expressão "imagética" não quero significar que o tratamento dado às questões matemáticas que decorrem da expressão 1/0 é abordado sem rigor ou com desconhecimento das regras aritméticas, apenas quero dizer que essas questões eram tratadas por meios criativos e não tanto de maneira argumentativa e linearmente lógica: havia no texto a tendência a privilegiar saltos criativos, narrativas feitas com imagens, em relação a precisas e estéreis demonstrações da impossibilidade da divisão por zero nos números reais.

Percebi no texto de Melli a formulação de uma nova teoria sobre a divisão por zero que acabava por afirmar a surpreendente equação que para muitos é devaneio, segundo a qual a multiplicação do infinito por zero é igual à unidade, isto é: $\infty \cdot 0 = 1$.

Segundo Melli, essa equação não é um mero teorema da aritmética, até porque, na sintaxe dos números reais, os números por excelência da atividade matemática oficializada como a "linguagem da Natureza", essa equação é *nonsense*, mas indica um princípio filosófico que relaciona a Unidade Absoluta Divina — o *Ein Sof* da tradição judaica — com os extremos, isto é, o *Tudo* e o *Nada*. Mais precisamente, Melli considera que a Unidade de Deus é o resultado da justaposição infinita da substância metafísica e puntual: o Nada *divino* reproduzido infinitamente gera a Unidade Substancial de Deus — convenhamos, uma tese cabalística audaciosa e que merece atenção[1].

Após estudar o conceito de divisão por zero proposto por Melli — um conceito filosófico e cabalístico — parti em busca de outras publicações dele na biblioteca virtual do Academia.edu e cheguei então a um livro de aproximadamente 170 páginas com o sugestivo título em italiano *La Geometria de Dio* (*secondo il cabalista Leon*). Logo no início do livro, deparei-me com a afirmação um tanto quanto inusitada de que o livro era uma obra dedicada ao *Zero*, um zero primordial, metafísico, de onde todo o universo, com sua geometria, teria se derivado. Deste Zero fundamental, o zero geométrico seria derivado como o ponto fundante do universo; e esse zero geométrico, a partir do *átomo metafísico, o Zero de Deus, Deus sob a forma de "grão", o Nada originário em que tudo está em potência*, seria o início do Universo físico que se estrutura primeiramente como um conjunto infinito de informações ou de instruções, passa a ser um contínuo topológico e, por fim, desemboca em um universo com métrica de Riemann. Daí se formam as leis da Física e as indeterminações quânticas; surgem nesse processo a distinção entre

---

[1] Ver "Division by Zero", de autoria de Melli, disponível em: https://www.academia.edu/28422165/Division_by_zero.

o universo observável e o não observável: aparecem as diferenças entre partículas subluminares (os brádions, que, relativamente a observadores postados dentro do *cone de luz* de Minkowski, movimentam-se com velocidades inferiores à da luz) e partículas superluminares (aquelas que se movimentam com velocidades superiores à da luz, os táquions). Enfim, de maneira imagética e com algum humor, Melli oferece uma completa cosmologia baseada no Zero fundamental, aquele mesmo Zero que, multiplicado pelo infinito, resulta na Unidade fundamental de Deus.

Para mim, o livro é um deleite e uma obra-prima de criatividade científica. Para a maioria dos acadêmicos, em especial os físicos, trata-se de uma obra diletante, escrita por um não especialista *que não deve ser levada a sério em suas pretensões cosmológicas.*

Ao tomar contato com a interpretação que Melli dá à equação $\infty \cdot 0 = 1$, percebi a similaridade entre os números transreais e o que ele estava propondo: no campo da aritmética transreal, a equação supracitada tem seu análogo ou equivalente sob a forma $\infty \cdot 0 = \Phi$, em que Φ é o número transreal, denominado *"Nullity"*, definido como o resultado da divisão de zero por zero, isto é: $\Phi = 0/0$.

Muitas interpretações filosóficas podem ser dadas ao *Nullity*, e eu me inclino a considerar que, filosoficamente, *Nullity* é a *superposição* de todos os números reais, sendo o conceito de *superposição de todos os números reais* uma noção ainda não precisamente definida, mas que já possui alguma força heurística. *Nullity* seria o número que indica a *totalidade* de todos os números reais *condensados* em um ponto, tal como um *cristal com infinitas faces*. Ele seria, assim, o *lugar matemático* que reuniria em si todos os outros números. Obviamente, esse *lugar matemático* não é geométrico ou topológico: trata-se de um *lugar* metafórico, uma imagem matemático-poético para designar uma situação lógica que talvez não possa ser definida com os recursos de que atualmente dispomos na lógica e na teoria dos conjuntos[2].

Assim, parecia-me evidente que a Unidade fundamental de Deus — o *Um "melliano"* — poderia ser traduzido como *Nullity*: a substância de Deus, a totalidade de tudo que existe, é a soma absurdamente infinita de todos os *zeros metafísicos* que estão espraiados no espaço-tempo "disfarçados" de origem de sistemas de coordenadas ou de referência; e esses *zeros metafísicos* estão superpostos na substância de Deus; o *corpo físico de Deus é um todo em*

---

[2] Atualmente, o criador dos números transreais, Anderson, está desenvolvendo uma teoria dos conjuntos alternativa cuja pretensão é ser a fundamentação lógico-matemática de *Nullity* e de toda a aritmética dos números transreais.

que todas as potencialidades físicas — os "zeros metafísicos" — estão infinitamente superpostos. Em outras palavras, um pouco menos eivadas de "esoterismos filosóficos": *em cada ponto do universo, jaz um número infinito de possibilidades físicas que concretamente só se realizam no tempo, e essas possibilidades jazem em cada ponto do universo já "prontas" metafisicamente, pois estão em superposição, aglutinadas, na Mente de Deus; sobre o corpo de Deus — o universo físico — está a Mente de Deus, e Mente e corpo de Deus estão em Unidade; e essa situação é expressa matematicamente, nos números transreais, por* $\infty \cdot 0 = \Phi$.

De posse de minha interpretação das ideias de Melli com base nos números transreais, entrei em contato com ele, via *e-mail*, e propus que o seu livro sobre a Geometria de Deus fosse acrescentado um apêndice com uma interpretação das ideias principais presentes no livro, traduzidas para a Aritmética Transreal. Ele aceitou e, em agosto de 2019, desembarquei na Sicília para finalizarmos o projeto: uma semana de bom vinho, boa comida e muita conversa filosófica na residência praiana de Melli em Pozzalo — melhor ambiente impossível para pensar em Deus e na substância d'Ele...

Assim, durante minha estada em Pozzalo, mais especificamente em Santa Maria de Focallo, detalhes de como deveria ser a tradução das teses teológico-matemáticas de Melli para o universo dos números transreais foram discutidos e, durante essas discussões, sempre regadas de vinho e da paisagem paradisíaca que o Mar Mediterrâneo oferece por aquelas regiões, deparei-me mais detidamente com a hipótese melliana de que o Universo teria se iniciado de um ponto fundamental de onde todas as instruções necessárias para a formação do espaço-tempo e das leis da Física já estariam dadas sob a forma condensada de *átomos metafísicos*: *os lógons*. Esses lógons, segundo Melli, existiriam em número infinito e se identificariam com os zeros fundamentais dos quais advêm os zeros geométricos que nos permitem falar de sistemas de coordenadas, no espaço de Riemman, em que há a presença de quádruplas do tipo <0,0,0,0>. Essas quádruplas são os zeros iniciais dos infinitos sistemas de referência existentes no universo físico. E mais: toda a informação contida para que tais quádruplas possam gerar observadores que medem os fenômenos segundo as leis da Física está dada inteiramente nos lógons de modo atual: por assim dizer, toda a informação necessária para que os pontos do espaço se comportem como referenciais está *dada de maneira superposta* nos lógons. Portanto, os zeros fundamentais de Melli se identificam com os lógons, que podem ser representados como *Nullity*: porções da mente de Deus que fazem com que cada ponto do universo receba, de maneira metafísica, as instruções necessárias para que tais

VIDA DE GEÓLOGO

pontos possam se estruturar como potenciais observadores ou referenciais do universo físico, ou seja, os lógons seriam pontos da Mente de Deus que pairam sobre todo o espaço físico, e o conjunto total desses pontos divinos é a Mente de Deus *completa* que paira sobre a substância corpórea de Deus. Dessa forma, temos as seguintes identidades, perfeitamente fundamentadas na aritmética transreal: $\infty \cdot 0 = \infty \cdot \Phi = \Phi$.

Então, conforme visto anteriormente, a equação original de Melli ($\infty \cdot 0 = 1$) se transforma na identidade transreal ($\infty \cdot \Phi = \Phi$), cujo significado metafísico é o seguinte: *há infinitos zeros metafísicos — os lógons — em que toda informação física está contida como instruções para a formação de porções do espaço-tempo; esses zeros metafísicos, uma vez que se comportam como átomos em que informações estão superpostas, podem ser relacionados ao número transreal Nulllity (Φ); por sua vez, a totalidade infinita desses lógons, considerada em sua unidade, em sua compleição, é igual à Mente de Deus que paira sobre o universo físico, sobre a substância de Deus; e essa mente de Deus, posto que contém, de maneira atual ou superposta, todas as instruções ou ordens para a formação do universo, também pode ser relacionada ao Nullity.*

Após uma semana em terras sicilianas, voltei ao Brasil com a tradução da obra de Melli para o universo dos transreais já totalmente feita. E o resultado é o livro *The Geometry of God (according to the Cabalist Leon)*, o qual se encontra disponível para *download* no Academia.edu. Vale aqui ressaltar que essa obra, se for publicada por alguma editora profissional — o que não está longe de acontecer —, conterá um prefácio escrito pelo professor Anderson, o criador dos números transreais.

Em meus últimos dias na Sicília, tive contato com a autobiografia de Melli, intitulada *6,4 % de Zero — Vita di un Geologo*. Prometi a ele que a traduziria para o português e é justamente essa tradução que agora apresento como finalizada.

Trata-se de uma obra bem intensa, escrita em tom quase de *Confissões*, de Santo Agostinho, pois tudo o que é vivido é refletido — é posto sob a lente da existência, em sentido mais amplo, e sob a dimensão da relação com o conhecimento e com Deus, um Deus que se identifica com a substantivação da função *psi*, da Mecânica Quântica, e das probabilidades dessa função no espaço-tempo. Desde a infância em Rimini até as aventuras em mares nórdicos em busca de petróleo, tudo é observado com a lupa metafísica do olhar de Deus, um olhar que revela os *acasos determinísticos* que estão inscritos na visão divina: nada acontece fora da mente onisciente de Deus.

E, assim, a vida é analisada como um imenso campo de probabilidades que nada mais é do que o pensamento de Deus a respeito de nós: Deus é o mar por onde navegamos, e as ondas desse mar são ondas de probabilidades que, uma vez encaradas ou refugadas, dão-nos a resposta à pergunta: *"O que fizemos de nossas vidas?"*.

Sem dúvida, Melli encarou muitas ondas de tamanho gigante, tanto no sentido literal da expressão, como geólogo em busca de petróleo, quanto no sentido conotativo ou metafísico: a vida dele teve por porto seguro a coragem, pautada na sensibilidade que demonstra, sem a necessidade de argumentos, que há um Deus geômetra que nos dá o oceano para navegar.

Ficar em terra firme à espera de milagres não foi a atitude que Melli tomou na jornada dele — cada maremoto foi enfrentado com força e com a intuição de que a Geometria de Deus era o guia nesta aventura marítima chamada *Vida*!

E a Vida, sendo pensamento movente de Deus na Geometria d'Ele, permite encontros em que a ousadia e o desprezo pelo *burocratismo* intelectual podem acontecer. Foi isso o que houve, sem nenhuma falsa modéstia, quando eu, um cristão de Cuiabá, e Melli, um judeu da Sicília, juntamo-nos para "brincar" de teólogos e de matemáticos. E tudo se deu sob os auspícios da Geometria de Deus, constantemente presente na vida de Melli, um reputado geólogo cujas ações e pensamento sempre andaram juntos, conforme se vê neste livro, agora traduzido em português.

Na vida de Melli, não há lugar para a segura terra firme: o mar, como metáfora do Infinito, é o *lugar de fala dele...*

Deleitem-se com o texto!

Walter Gomide

PARTE I

E você irá vagando de mar a mar
(Amós 8:12)

1.1 Nascimento

Nasci em Rimini, na noite de 9 de novembro de 1939, um ano depois da famosa Noite do Cristal (*Kristallnacht*), na qual começou o massacre nazista contra os judeus.

Que eu saiba, nunca pedi para vir ao mundo e não fui eu que escolhi a cidade para nascer. Não me lembro de nada que aconteceu antes de eu nascer.

Também não me lembro de nada dos meus primeiros quatro anos de vida, é tudo escuridão absoluta antes da explosão. Para falar a verdade, só lembro que tinha medo do escuro e, em minha cama de madeira com as laterais altas como uma gaiola, chorava para que minha mãe viesse me consolar. Eu queria dormir com meus pais, mas meu pai não queria e me levava de volta até meu berço se eu escalasse as margens para ir para a cama grande com minha mãe. Eu tenho um grande álbum de fotos cuidadosamente montado por mamãe, com todas as datas escritas embaixo das fotos, então é como se eu tivesse memórias da minha infância feliz antes da guerra. Mas não tenho memórias reais, memórias minhas, exceto o escuro, do qual eu não gostei nada.

Tenho uma memória vívida da explosão: a primeira granada, disparada do mar, que atingiu nossa casa no Viale Cormons, a Pensione Primavera, perto da orla marítima de Rimini. Talvez porque a explosão foi acompanhada por um *flash*, como um relâmpago. Mamãe estava no cômodo ao lado, a cozinha, cozinhando um frango, então devia ser meio-dia. Lembro que acabei embaixo da mesa, na sala de jantar ao lado da cozinha, que usávamos como nossa sala de jantar privada. A grande sala ficava na frente da pensão e era um grande salão usado apenas como sala de jantar para convidados. Naquele dia não havia convidados porque minha mãe e eu estávamos sozinhos em casa. Presumo que estivéssemos na baixa temporada.

De minha posição embaixo da mesa, pude ver os destroços caindo do teto e pude ver mamãe na cozinha. Essa mesa, que herdei de meu pai, é a mesma que agora restaurei e está localizada em minha propriedade na fazenda Scicli. A mesa e os dois aparadores da sala da casa de praia de Santa Maria del Focallo fazem parte do mobiliário milagrosamente salvo do colapso da Pensione Primavera. São móveis muito robustos, construídos em Forlì.

Lembro que minha mãe me pegou e me colocou no assento preso ao guidão da bicicleta e começou a pedalar pela Viale Cormons, na direção oposta ao mar. Meu pai não estava, talvez tenhamos ido procurá-lo.

Na rua havia poeira de entulho e fumaça de incêndios, as sirenes podiam ser ouvidas dando o alarme do ataque do mar. Lembro muito bem da imagem de uma velha gritando, em frente ao portão de sua casa destruída, balançando o coto ensanguentado de um braço em que faltava uma mão. Mesmo assim, era um lindo dia de sol e a luz na Viale Cormons era deslumbrante enquanto nos dirigíamos rapidamente para a ferrovia. Talvez estivéssemos tentando ir ao escritório de meu pai.

Chegamos à passagem ao nível da ferrovia e encontramos tio Guido, que tinha vindo de Bolonha a Rimini nos procurar a pé. Depois disso, não me lembro de nada, a não ser do tempo passado sob o túnel de estação ferroviária de San Marino, onde resistimos por cerca de cinco meses até a libertação de Rimini. Por isso acho que nossa fuga de bicicleta começara no início de maio de 1944, após o grande bombardeio que destruiu a Pensione Primavera.

Por que não escapamos antes, já que houve bombardeios antes de maio? Não tenho a menor ideia, e agora aqueles que poderiam responder estão todos mortos.

Além do que eu me lembro, que não é muito, existem as poucas histórias de meu pai, que muitas vezes terminavam com o choro dele, seguido pelo meu. Não dá para contar os acontecimentos de Rimini com humor e brincadeiras, infelizmente.

Há também a história escrita com uma quantidade escrupulosa de informações, muitas vezes prolixa e supérflua, no que me diz respeito. Tentarei, portanto, enquadrar os fatos de maneira simples e linear, baseando-me principalmente nas minhas poucas memórias.

1.2 A guerra

Na Itália, quase todos os bombardeios foram realizados pelos aliados (britânicos e americanos), enquanto uma pequena parte (decididamente a minoria) foi obra dos alemães na segunda fase da guerra. Os alemães come-

VIDA DE GEÓLOGO

teram muitos crimes e realizaram muitos massacres de civis desarmados, mas entre a população causaram relativamente poucas mortes, em termos de porcentagem, em comparação com as mortes devido aos bombardeios.

Todo o país sofreu, de norte a sul, passando pela região central, e todos tivemos nossos mortos.

Em termos relativos e percentuais, entre as cidades que sofreram as piores destruições (digamos aquelas com mais de 30 mil habitantes), Rimini, com 80% da cidade arrasada, está no topo da lista. As duas cidades mártires foram Foggia, na Puglia, e Rimini, na Romagna. As duas batalhas mais sangrentas foram em Monte Cassino e na Linha Gótica.

Particularmente afetado pelos bombardeios foi o centro da Itália, que se encontrava entre a Linha Gustav (passando por Cassino) e a Linha Gótica (passando por Rimini), entre o outono de 1943 e o verão de 1944. Nos mesmos meses, os bombardeios também continuaram no norte, para destruir principalmente entroncamentos ferroviários, ferrovias e pontes e impedir o abastecimento alemão. Essa situação continuou mesmo após o rompimento da Linha Gótica, quando a batalha mudou para o Vale do Pó até a libertação do norte. Rimini, que estava na Linha Gótica, sofreu ataques repetidos por períodos prolongados porque esteve na linha de frente por meses.

Segundo o historiador Amedeo Montemaggi, a sangrenta frente britânica em Rimini é uma das mais cruciais e ignoradas da Segunda Guerra Mundial. 1,2 milhão de soldados participaram, incluindo 1 milhão de aliados (80% britânicos) e milhares de aviões, canhões e tanques. Os alemães eram cerca de 200 mil, mas resistiram com fúria teutônica até o fim. A ofensiva visava conquistar Rimini, um nó estrategicamente importante para permitir que os aliados entrassem no Vale do Pó pela estreita passagem que existia entre os Apeninos e o Mar Adriático. De 1º de novembro de 1943 a 28 de agosto de 1944, Rimini teve 92 dias de ataques aéreos aliados com 372 ondas de bombardeiros de todos os tipos. O bombardeio de 1º de novembro de 1943 causou 68 vítimas e, nos meses seguintes, enquanto os bombardeios continuavam sem trégua, os 40 mil habitantes de Rimini começaram a buscar refúgio na zona rural circundante para escapar do massacre.

Muitos riminesi migraram para para buscar refúgio na República de San Marino, território que permaneceu neutro e razoavelmente seguro, apesar das ameaças dos alemães que o acusaram de refugiar judeus, desertores, evasores de alistamento e partidários. Muitos buscaram refúgio dos bombardeios dentro dos numerosos túneis da ferrovia Rimini-San Marino. Não só os habitantes de Rimini, mas também aqueles dos arredores buscaram refúgio e, além deles, os deslocados do centro e do sul da Itália, que fugiram das devastações da guerra para o norte. Até 100 mil pessoas entraram em San Marino, que, apesar da neutralidade, também foi bombardeado em 26 de junho de 1944, com 54 vítimas confirmadas entre a população, das quais 40 eram samarineses. Não havia lugar seguro em toda a área para a população aterrorizada.

O pior mês de bombardeios foi setembro de 1944. No final do mês, em 21 de setembro, Rimini foi finalmente liberta. Os libertadores gregos e da Nova Zelândia encontraram uma cidade fantasma, irreconhecível e repleta de escombros. A destruição foi total, com 82% das casas totalmente destruídas. Na praça, os libertadores encontraram três guerrilheiros *partisans* enforcados pelos nazistas antes de se retirarem. Essa praça agora se chama Piazza Tre Martiri e fica localizada no centro reconstruído de Rimini.

Das quase 100 mil mortes de civis causadas por bombardeios registrados na Itália, Foggia teve dois mil mortos e Rimini cerca de 607, e mil pessoas morreram por causa da epidemia de tifo. Muito pouco em comparação com a devastação sofrida. A sobrevivência de quase todos os habitantes talvez seja explicada pelo fato de terem fugido da cidade. As perdas na batalha de Rimini, entre soldados de ambos os lados e civis, foram de 80 mil homens.

Minhas lembranças recomeçam do túnel ferroviário sob a fortaleza de San Marino, onde nos refugiamos com milhares de riminesi. Meu pai construiu uma espécie de cama de casal grande com madeira improvisada. A cama era elevada em pelo menos meio metro do chão e era cercada por quatro pilares de madeira nos quatro lados, nos quais meu pai havia pendurado alguns lençóis que a rodeavam por todos os lados. Ele praticamente construiu uma cama de dossel para garantir a privacidade de sua pequena família e garantir uma cama seca. A cama de dossel era minha nova casa e, felizmente, o trem nunca passou por lá. As estações foram todas destruídas, assim como quase todas as pontes, e os trens há muito pararam de circular por aquelas áreas. Havia alguns tachos e panelas ao lado da cama, para permitir que minha mãe cozinhasse. Outras famílias estiveram em contato com a nossa, com dosséis semelhantes ou, no mínimo, com tendas montadas. Lembro-me de dormir entre meus pais. Eu não tinha mais medo do escuro.

Também me lembro de que meu pai desafiou os bombardeios para buscar água em uma fonte próxima. Não me recordo das condições sanitárias, que devem ter sido catastróficas, porque muitos daqueles pobres que viviam nos túneis adoeceram de tifo. Acho que eles saíam para o campo à noite para que se aliviassem e esvaziassem penicos no campo ao redor do túnel, mas não tenho certeza. Os homens se adaptam rapidamente ao infortúnio e certamente devem ter encontrado um remédio para esse mal.

No entanto, lembro-me de que muitas vezes acompanhava meu pai para beber água na fonte, enquanto ele rapidamente enchia o balde com água.

A foto a seguir, publicada na internet por Amedeo Montemaggi, foi tirada por alguém na entrada de uma das galerias de San Marino, talvez a nossa. Você pode ver uma multidão de pessoas e muitas crianças saindo do túnel. Até hoje, aos 76 anos, tenho muito medo de entrar em um túnel escuro.

Figura 1 – Uma galeria de San Marino

Fonte: Amedeo Montemaggi (por volta de 1945)

1.3 Vida no campo

Foi provavelmente no final de setembro que meu pai decidiu nos mudar para uma casa de fazenda, perto de Verucchio, enquanto a frente havia passado além da Linha Gótica, mas a luta continuou um pouco mais ao norte em direção a Cesena, Cervia e Forlì. Um mês depois de Rimini, em 20 de outubro, Cesena foi liberta e então foi a vez de Forlì, Faenza e Bolonha. Ravenna foi liberta em 4 de dezembro de 1944.

Essas são minhas melhores lembranças. Lembro-me dos campos iluminados pelo sol, das belas colinas verdes da Romagna, da bela casa de campo e do fogo na lareira acesa à noite para nos aquecer, pois em outubro começava a esfriar um pouco à noite. Depois do horror da galeria, aquela casa de campo era um paraíso para todos nós. Às vezes, Pippo, o avião de reconhecimento aliado, vinha metralhar em busca de alemães escondidos. Havia galinhas, poucas ovelhas e vacas, pois os alemães as levaram embora, pássaros soltos nas árvores e inúmeros insetos, gafanhotos, formigas e caracóis. Eu tinha me tornado uma criança silenciosa que gostava de observar as formigas e as idas e vindas incessantes delas. As férias não duraram muito, porque de repente a tragédia nos atingiu. Minha mãe, que sobrevivera a tudo, adoeceu com tifo petequial devido a uma fonte de piolhos infectados que estava presa sob o túnel. A doença eclodiu no corpo robusto dela até que a venceu. Lembro que veio uma ambulância branca, com uma cruz vermelha pintada nos dois lados, para levar minha mãe, que vestia um roupão bege e estava chorando. A última imagem que tenho dela é quando ela me cumprimentou da maca antes que as enfermeiras a levassem embora. O pai dela a acompanhou. Por muito tempo, observei a ambulância entrar na estrada empoeirada do interior e senti um nó na garganta, temendo nunca mais ver minha mãe. Na verdade, assim foi.

Fiquei com os camponeses na casa da fazenda. Depois de cerca de uma semana, ela morreu no hospital Riccione, aos 33 anos, em 9 de novembro, meu aniversário. Eu tinha feito cinco anos quando ela morreu, outra fatalidade que vale a pena levar em conta no jogo de dados que é a vida.

1.4 Cervia

A partir desse momento, minhas memórias ficam mais claras. Talvez porque aos cinco anos começamos a envelhecer um pouco. Lembro-me da viagem na carroça puxada por um velho trator que nos levava até Cervia para a casa de tia Giovanna. Meu pai e eu estávamos escondidos sob a palha, mas podíamos respirar muito bem de qualquer maneira porque havíamos cavado uma espécie de cova. A viagem de cerca de 30 km ocorreu durante a noite com as luzes apagadas. Chegamos por volta da meia-noite, na ruazinha atrás do Hotel Allegri, que fora propriedade de meu bisavô, depois do irmão mais velho da minha avó, Carlino, e agora era dirigido pelos dois filhos dele, Dino e Armando, porque tio Carlino estava morto. Muitas vezes me perguntei por que meu pai estava se escondendo, se seria por prudência, para evitar os postos de controle aliados, por medo dos alemães ou porque era procurado por ser um desertor do exército. Antes da guerra, ele fora tenente dos Bersaglieri, com base em Cesena. Então, após o armistício, ele abandonou o uniforme. Ele estaria se escondendo? Nunca tive coragem de perguntar a ele, e ele nunca disse isso.

Chegando atrás do hotel, meu pai desceu primeiro e foi chamar os parentes e as mulheres, Dirce e China, esposas de Dino e Armando, respectivamente, depois vieram Venusta, a avó de Dino, Armando e tia Giovanna, acordada pelas mulheres.

À pergunta "E onde está a Rina?" meu pai respondeu laconicamente "Rina está morta!". Ouvimos choro das mulheres, que gritavam: "Senhor Deus Santo!". Tia Givanna também gritava: "Meu Deus! Meu Deus! Minha Rina... Por quê?" e então perguntou: "E onde está o Massimo?".

Tirei a cabeça de debaixo da palha e de cima do trator e disse: "Estou aqui... sou eu!".

1.5 Tia Zvana

Fomos levados para morar com tia Giovanna, irmã de minha avó. Ela era uma puro-sangue Romagna, chamada por seus netos, no dialeto Romagna, de "zì Zvana". Giovanna Allegri, viúva do intendente Baracchini. Assinou-se como "Allegri", seu nome de solteira, mesmo que dissesse: "Nicodemo Baracchini, deixei-o sentir-se confortável no seu túmulo e certamente não serei eu quem o tirará de lá". Eu a chamava de tia, mas ela era minha tia-avó. Minha avó, Carlotta Allegri, cujo nome de casada é Ancarani, foi deslocada de Lugo, onde a batalha ainda estava acontecendo. Semanas se passaram antes que ela pudesse se juntar a nós em Cervia. Até minha avó dizia como a irmã: "Também deixo o meu Ricciotti Ancarani para ficar no seu túmulo. Certamente não serei eu quem o tirará de lá". Achei que as duas estavam fartas dos maridos.

Tia Giovanna morava ao lado do hotel, em uma casa que ela chamava de "casa do meu pai". Os sobrinhos Allegri alegavam que aquela casa era deles, sendo parte do hotel que haviam herdado, mas tia Giovanna dizia: "Estou na casa do meu pai e não vou sair daqui". Então ela conseguiu morar naquela casa até a morte, apesar das reclamações dos Allegri.

A casa ficava na rua principal de Cervia, na Via Mazzini 22, e fazia divisa com o hotel. No andar térreo, havia um longo corredor que conduzia à sala iluminada por uma grande janela francesa que dava para um pátio estreito, separado do pátio do hotel por um muro alto. Na parede havia uma porta de madeira que ligava o pátio de tia Giovanna com o do hotel e que usávamos para ir e voltar para o hotel. Ao lado da sala de estar havia uma cozinha comprida e estreita com três portas, uma abrindo para a sala de estar, outra abrindo para o enorme porão escuro, que era acessado por uma escada longa e íngreme. Para mim, parecia a entrada do inferno, no fundo do qual estava o Diabo. A terceira porta dava para um patamar onde havia um pequeno banheiro e a porta de entrada para o pátio. No final do pátio ficava a lavanderia do hotel, com as lavadeiras sempre ocupadas lavando roupas e lençóis. Acima da lavanderia ficava a casa do funileiro, conhecido como Stagno, que ele dividia com a esposa e o filho autista.

O andar de cima da casa era acessado por uma grande escada para dois grandes quartos, um com vista para a Via Mazzini e outro com vista para o pátio. Tia Giovanna havia declarado que aquela era a casa dela, cedida pelo pai dela, e que ela não se mudaria de lá até que morresse (e realmente, aos 77 anos, em 1957, ela morreu no quarto dela). Os Allegri haviam requisitado o sótão da casa, onde o *chef* do hotel Ottavio morava com a família dele. Alguns anos antes de Ottavio morrer, os Allegri, aproveitando a ausência da tia, abriram uma porta na parede do quarto dos fundos, que a tia chamava de quarto de hóspedes, e a anexaram ao hotel. Perto da entrada da casa da tia, para lá do corredor, ficava a loja de Tonino, a barbearia, que dava para a Via Mazzini. A casa ao lado, que era acessada por outra porta da Via Mazzini e que tinha um quintal nos fundos dividido por um muro alto, era a do alfaiate Matteini. Lá morava meu amigo Sérgio, cuja casa só frequentei anos depois, na época de nossa adolescência, embora eu sempre o tivesse conhecido de vista.

Esse foi o meu mundo por três longos anos, então peço desculpas pela descrição longa e enfadonha. Além da casa na vila histórica de Cervia, que era do pai dela, tia Giovanna tinha um terreno de 620 metros quadrados na Viale Pola, que ela chamava de "meu jardim do Éden". Ela decidiu dar a mim essa propriedade, como herança, porque eu era órfão. No Éden não havia edifícios, exceto um antigo galpão de madeira que servia como depósito e banheiro. No fundo do Éden, que para mim era a imagem do Paraíso, havia uma pérgula com mesa e bancos de madeira, que servia para os almoços que minha tia preparava no braseiro ao ar livre. Em frente do Éden, havia uma grande rotunda vazia, onde nasceu grama e onde jogávamos futebol quando crianças. Hoje a rotunda não existe mais e foi preenchida com grandes vilas, mas na minha infância era nosso playground e nosso território tribal dos "peles vermelhas" da rotunda da Viale Pola.

Tia Giovanna tinha, segundo meus cálculos, apenas 64 anos em 1944, quando chegamos a Cervia. Minha avó era dois anos mais nova e, quando ela chegou lá, tinha 62 anos. Elas me pareceriam velhas.

Meu pai ocupou o quarto de hóspedes por alguns dias antes de escapar para algum lugar, e minha tia e eu dormimos no quarto com vista para a Via Mazzini. A tia tinha seu próprio quarto, lindo, com móveis de madeira maciça feitos por excelentes carpinteiros de Forlì, que agora estão em meu quarto na casa à beira-mar em Santa Maria del Focallo. Ao lado da enorme cama de casal, ela armou uma cama para mim e eu dormi lá por três anos.

Os primos de minha mãe, os Allegri, todos tinham filhos da minha idade. Dino teve três filhos: Giancarlo, Edda e Piero (chamado em dialeto de "e Gadj" porque era ruivo, mas às vezes também o chamávamos de "Acesso" porque ele estava sempre procurando por problemas e sempre armava das suas). Piero era um ano mais novo que eu. Edda também era ruiva, com uma pele muito branca, e era alguns meses mais velha do que eu. Eu, por outro lado, tinha a pele escura e ao sol tornava-me verde-oliva como uma mariposa. Tia Giovanna me chamava de "e règan", que em dialeto significa lagarto verde. Giancarlo era loiro, pelo menos três anos mais velho e sempre pregava peças na gente. Os filhos de Armando eram três: um já crescido, filho da primeira esposa dele, que morreu tuberculosa; Federico, que nunca se misturou a nós porque tinha seus amigos "crescidos"; Lina, que era um ano mais velha que eu; e Gino, que tinha exatamente minha idade. Gino e Lina eram morenos e de cor normal.

Todos juntos formávamos um bom grupo de selvagens, difíceis de controlar. Pela primeira vez com meus primos pequenos, comi bem, depois de tantas privações. No hotel ficava o quartel-general dos americanos e, portanto, havia bastante comida. Lembro que, pela primeira vez na vida, comi um grande quadrado de chocolate. Minha comida favorita eram flocos de aveia, feitos como uma polentinha, com açúcar por cima. Gino, com medo de que comêssemos seus flocos de aveia quando ele fosse ao banheiro, dizia-nos: "Olha, eu cuspo no meu prato!". E ele realmente cuspia, o que nos dava nojo e não comíamos. Às vezes eu comia na casa de tia Giovanna, que tinha uma pilha enorme de abóboras no quintal e arrumava muito arroz. Então ela sempre fazia a mesma sopa: arroz com abóbora. Depois de meses desse tipo de coisa, até hoje tenho um certo ódio pelas abóboras: além de usá-las no *halloween,* não sei o que fazer com elas. Certa vez, tia Giovanna convidou Piero para almoçar e serviu-lhe seu famoso arroz com abóbora. Ela perguntou: "Diga a verdade, Piero, você come melhor na sua tia ou na sua casa?". Piero foi sincero e respondeu: "Na minha casa". Eu ri com vontade.

Piero me seguiu como um escudeiro fiel e estava sempre pronto para seguir meu exemplo e meus conselhos. Foi ele quem me procurou com um aquecedor manual de latão, com uma tampa de rosca, que sugeri encher com carboneto e colocar água para ver o que acontecia. Sempre fui alguém que experimentava explosivos.

Do aquecedor de mãos começou a vazar um jato de gás acetileno pela tampa com um chiado alto. Sugeri que Piero acendesse aquele jato com um fósforo e que ele fosse até a cozinha pegar os fósforos. Uma vez aceso, o jato se transformou em chamas e felizmente Piero jogou o aquecedor de mãos no telhado da cozinha do hotel, onde explodiu com um grande estrondo. Dino tentou nos capturar, mas corremos mais rápido que ele e fomos nos esconder no porão escuro da casa de tia Giovanna, o inferno no fundo do qual estava o Diabo. E graças ao Diabo, fomos salvos.

Nossos jogos favoritos, que sobreviveram à guerra, eram jogos de guerreiros. Na ruela atrás do hotel encontrávamos tampas de grandes barris de ferro daqueles usados pelos americanos para transportar gasolina. Provavelmente foram usados para fazer potes. Estávamos todos decididos a jogá-los para o alto, como se fossem discos voadores. Lina jogou um para o alto que acabou no meu pé, cortando meu sapato e o tendão do dedão do meu pé direito.

Naquele momento não doeu, mas saiu muito sangue. Levaram-me nos braços até tia Giovanna, que percebeu o estrago e tentou estancar o sangue gritando: "Socorro! Senhor Deus, que mal eu te fiz?". A ferida demorou muito a cicatrizar porque ninguém pensou em fechá-la com pontos, e não consegui andar durante algumas semanas. Minha tia me carregava nas costas a cavalo aonde quer que ela fosse e eu ia com o pé enfaixado. Ás vezes ela me levava ao Éden, onde eu me sentava e brincava com os caramujos. As pessoas que nos atenderam perguntaram: "Dona Giovanna, o que aconteceu?". E ela respondeu: "É o castigo divino por matar meu pai". Eu nunca soube se foi ela quem matou o pai dela, mas em Cervia circulou a lenda que Mingòn d'Allegri tinha sido envenenado pela esposa dele. Mas a dúvida permaneceu: minha tia a ajudara? O fato é que até hoje ando com o pé torto. E Lina, a me ver, continua a se desculpar: "Não fiz de propósito".

1.6 Vovó Carlotta

Quando minha avó finalmente chegou de Lugo, que por estar na província de Ravenna foi libertada após 4 de dezembro, houve gritos e mais gritos. Minha avó gritou: "Deus, terrível e piedoso, por que você fez isso? Por que minha Rina? Eu tenho uma fissura no coração, eu tenho uma fissura no coração!". E chorou em desespero. Depois de um tempo, as coisas se acalmaram, mas minha avó continuava com o coração partido. As duas irmãs dividiram a grande cama de casal e eu dormi na cama ao lado delas para ouvir o que diziam.

"Irmã, você se lembrou de desligar a luz da sala?". Elas falavam no dialeto de Romagna, mas eu entendia tudo. "Sé surèla [Sim, irmã]. Amanhã a gente tenta achar umas batatas para mudar o cardápio, a gente faz frita". "Sé surèla. Agora é a hora do rosário: Ave Maria, graça plena... Pater noster qui es in coelis... fiat voluntas tua...". E por uma boa meia hora elas oraram. Minha avó rezava, mas tinha uma relação especial com os padres, sendo republicana e anticlerical. Ela só se confessou para repreender ao padre. Para mim, ela disse: "Massimo, acredite em Deus, tremendo e piedoso, mas cuidado com os padres: são todos falsos!". Ela nunca perdoou Deus pelo que Ele tinha feito a ela e foi à igreja para contar ao padre e repreendê-lo também. Antes de adormecer, elas me fizeram recitar a oração do anjo da guarda.

Em Cervia, eles a chamavam de "a raposa" porque ela era tão esperta quanto uma raposa. Ela estava aleijada de uma perna porque quebrou o fêmur ao cair no gelo no ano da grande nevasca na Romagna, no inverno de 1942. O marido dela, Ricciotti, meu avô, aproveitando a estada dela no hospital, comeu um prato de um quilo de espaguete com molho de carne que lhe causou um coma diabético e o levou ao túmulo. Tenho algumas fotos de meu avô Ricciotti, que era alto e gordo, com uma barriga linda e sempre sorrindo. Minha avó o expulsou de casa por muitos anos, quando o descobriu na cama com outra mulher, a quem ele chamava de parente distante e a quem eles haviam dado moradia. É por isso que minha avó não queria resgatar meu avô do túmulo. "Deixe ficar aí!", ela me dizia

As pessoas olhavam para mim e diziam "Massimo é o rosto inteiro da avó dele". Outros diziam que eu não parecia com ninguém de minha raça. Minha avó também era morena e tinha dois olhos negros amendoados e muito inteligentes. Quando ela estava com raiva de mim, pegava um bastão curvo e me chamava: "Poeira da Terra, fique parado!". Mas eu escapava, e ela, que era manca, nunca me pegava.

Cervia tem um antigo vilarejo construído com critérios altamente geométricos que surpreendem os muitos turistas e veranistas que visitam no verão, para lotar as belas praias. A aldeia consiste em dois quadrados concêntricos. O mais externo é chamado de Vila dos Trabalhadores do Sal e as casas são habitadas principalmente por famílias de trabalhadores do setor salineiro. As salinas de Cervia são famosas desde a Antiguidade, o sal de Cervia era transportado por estradas secundárias até Marche, onde começava e terminava em Roma a Via Salaria. A praça externa é separada da aldeia interna por uma estrada que contorna a aldeia salina por dentro. O interior da aldeia contém a Igreja, o Largo largo e a Câmara Municipal, de excelente valor arquitetônico.

Figura 2 – Belo edifício do município de Cervia

Fonte: arquivo pessoal de Massimo Melli (anos 90, aproximadamente)

Duas filas de casas do mesmo tamanho alinham a estrada principal, Via Mazzini, à direita e à esquerda, a qual divide a aldeia em duas, a do norte e a do sul. A estrada também se chama Statale Adriatica 16, que, a partir de Pádua, chega à Puglia seguindo a costa do Adriático. Nossa casa ficava na SS 16, a poucos passos da praça.

1.7 Inverno

Meu trabalho era buscar água potável no chafariz da praça do mercado, atrás da Câmara Municipal, com a característica "bucaletta" esmaltada de branco, que era usada por todas as famílias *cervesi* para esse fim.

Passando em frente à barraca de Zelide, que vendia doces e diversos itens para o carnaval na praça do mercado, um dia roubei uma máscara de papelão com elástico, enquanto ela desviava o olhar. Quando mostrei a máscara às velhas, o inferno desabou: "Quem te deu o dinheiro?". Eu não respondi. "Ladrão! Você roubou!". E me deram surra e puxão de orelhas. Pegando minha orelha, tia Giovanna me obrigou a levar a máscara de volta para Zelide e pedir desculpas.

À noite, tia Giovanna me contou a história de Chilàz, o ladrão de Romagna, que foi crucificado por roubar. Ele estava morrendo na cruz e, quando a mãe dele foi dar-lhe um último beijo, ele mordeu o nariz dela e disse "Isso é porque se eu estou na cruz a culpa é sua. Se você tivesse me repreendido quando eu era criança, então não teria me tornado um ladrão!".

Tínhamos apenas um fogão a lenha na cozinha, que servia de forno para tia Giovanna cozinhar sopas e como tanque de água quente. Minha avó era uma excelente cozinheira, porque ela havia aprendido com a mãe dela e tinha trabalhado, quando menina, no hotel Mingòn d'Allegri, que era do pai dela, cujo restaurante era famoso em toda a Romagna. O problema é que não havia muito o que cozinhar. A comida era escassa para todos e era difícil encontrar lenha. Foi necessário fazer uma expedição no pinhal para recolher alguns feixes de lenha de vez em quando. Então, às três da tarde fomos para nossas camas, depois de as aquecermos com o padre (uma espécie de trenó com fundo de cobre que servia para manter os cobertores levantados), dentro do qual se colocava a freira (um pequeno braseiro de cobre com cabo de madeira em que eram colocados os restos das brasas do fogo do fogão para aquecer as camas). A sensação de bem-estar ao entrar naqueles lençóis quentes e secos era indescritível. Enquanto as velhas conversavam sobre isso e aquilo, eu lia as revistas de Mickey Mouse que elas compravam para mim todas as semanas para me fazer sentir bem. Lia por horas. Depois de recitar o rosário e a oração do anjo da guarda, as velhas apagavam a luz.

Já no final de novembro, quando voltei a andar e a ferida no pé quase sarou, tia Giovanna me mandou aprender a fazer leilões e aprender o alfabeto com uma professora particular que morava na mesma rua depois do hotel e estava disposta a me dar aulas. Lembro-me pouco daquela senhora, que, segundo outras crianças, era muito severa. Ele sempre foi gentil comigo e em pouco tempo aprendi a ler. Em outubro do ano seguinte, fui matriculado na primeira série de uma grande escola pública no início da Viale Roma, nos arredores da antiga vila de Cervia. Já durante o primeiro inverno pude ler as aventuras de Mickey Mouse, Pateta e Pluto e o perverso João Bafo de Onça. Essas histórias foram tão fascinantes para mim que me fizeram esquecer o tédio das longas horas passadas na cama.

1.8 Jogos perigosos

Quando chegava a primavera, nós, crianças, começávamos a contornar a aldeia, às vezes nos empurrando até o canal das salinas. A vida à volta do canal, com os barcos dos pescadores e dos salineiros carregados de sal, que o transportavam para os armazéns, foi cheia de surpresas. Mas minha avó tinha medo de que eu me afogasse.

As velhas me chamavam de *"biribisso"*, apelido que talvez signifique algo como travesso, e diziam "Ele tem *biribissísia* no corpo!", balançando minha cabeça. Meu pai nunca estava lá, exceto quando às vezes trazia uma mulher chamada Lola, toda pintada, para o quarto dele. Ela ficava sempre trancada no quarto. As velhas diziam que ela era uma prostituta e tentavam apresentá-lo a uma boa moça de Cervia, cujo nome era Linda e era republicana. Meu pai costumava desaparecer e depois de alguns meses ele parou de voltar para Cervia. As velhas diziam: "Pobre doido, é contrabandista!". Eu achava que meu pai era um herói e que ele tinha a ver com bandeiras. Quando me perguntavam "O que você quer ser quando crescer?", sem hesitar respondia: "Contrabandista como meu pai".[3]

As velhas temiam que algo ruim acontecesse comigo. Ainda havia muitas granadas não detonadas e muitas armas de guerra, com as quais era fácil se machucar. O barbeiro, filho de Tonino, perdeu as mãos quando, com outras crianças, tentou abrir uma bomba que explodira nas mãos dele.

Na praia de Milano Marittima e na floresta de pinheiros, havia montanhas de munições não detonadas que os meninos de Cervia coletavam para explodir lixeiras por divesão. Eu era fascinado por explosivos, assim como Piero, que sempre me seguiu como um escudeiro fiel.

---

[3] Nota do tradutor: em italiano, as palavras *bandiere* (bandeira) e *contrabbandiere* (contrabandista) são, como se nota, muito similares, só se diferenciando, praticamente, pelo prefixo "contra". Assim, compreende-se a relação ingênua feita por Melli entre uma atividade envolvendo bandeiras e o contrabando.

VIDA DE GEÓLOGO

Eu frequentava regularmente a oficina do funileiro Stagno, que ficava no fundo de nosso pátio, assim como a lavanderia. Com uma desculpa ou outra, eu estava lá quase todos os dias, vendo-o trabalhar. O filho dele já estava crescido e também se sentava ao lado do pai em uma cadeira estofada para observar o trabalho, sorrindo com a boca aberta e a baba saindo pela boca. Dizia: "Baahahha!" e acenava com as mãos como uma galinha grasnando. Havia muita miséria mesmo antes da guerra, mas a guerra dera o golpe final nos pobres, que realmente haviam esmorecido. A funilaria estava abarrotada de potes, panelas, funis de ferro galvanizado e grandes potes de cobre. Às vezes, Stagno me ajudava a construir meus artefatos, como na vez em que fui até ele para me ajudar a construir o fuzil.

Eu mesmo havia construído, com a ajuda de Stagno, uma arma com elásticos que disparava agulhas de tricô pontiagudas. Para provar isso, atirei de longe no calcanhar de uma lavadeira, que começou a gritar e pular como uma galinha. Piero havia construído para si mesmo, sempre com a ajuda de Stagno, um arco que disparava flechas de bambu com pregos afiados. Gino havia se mudado naquele verão para Milano Marittima, para a pensão Flora, que seu pai comprara ao se separar do irmão Dino, o qual se hospedara no hotel Allegri, e, portanto, quase não o víamos. Poucos anos depois, com Sergio, o vizinho, começamos a passear com Gino e ir pescar no rio Savio com ele.

O verão chegou e fomos cada vez mais longe da aldeia, para o pinhal de Milano Marittima. Costumávamos ir para onde havia cobras e precisávamos de armas para matá-las. Algumas das cobras eram víboras venenosas e sabíamos que eram perigosas. Naquele primeiro verão, éramos só eu e Piero armados até os dentes. Tínhamos decidido caçar víboras na floresta de pinheiros. Não encontramos cobra nem víbora para atirar, então decidimos atirar nas tainhas pulando no canal. Não usamos as agulhas de tricô, que teriam desaparecido debaixo d'água, mas as flechas de madeira de Piero, atiradas com meu rifle. Depois de ter disparado todas as flechas, sem acertar em nenhuma tainha, ordenei a meu escudeiro que entrasse no canal, descendo a escada, para recuperá-las. Nós, também marinheiros, já sabíamos nadar por instinto, como os cachorros desde pequenos: a primeira coisa que nossos pais faziam era nos ensinar a nadar, então não havia perigo de nos afogarmos no canal. Piero obedeceu e deu um mergulho, mas não conseguiu pegar as flechas e se molhou inteiro. Quando chegamos a nossas casas, corríamos o risco de ser linchados por Dino.

1.9 Tia Maria

A data exata da chegada de tia Maria da Sicília a Cervia não é certa, porque minhas memórias são confusas. Com base em uma única foto tirada com o cozinheiro do batalhão polonês no verão em Villa Angelina e em algumas vagas lembranças, diria que ela havia chegado no inverno de 1945. Lembro-me de dormir com tia Maria na cama grande do quarto de hóspedes quase todo o segundo inverno. Também me lembro de ter cursado a primeira série na escola pública da Via Roma, em Cervia. Os poloneses continuaram ocupando Romagna (não nos esqueçamos de que éramos velhos inimigos), para manter a ordem, até o final do outono de 1946. Portanto, tenho quase certeza de que a foto com a cozinheira polonesa na Villa Angelina foi tirada no verão de 1946. Eu já era um pouco mais velho e tinha duas pernas longas e finas, estava segurando a mão de minha amiga cozinheira e sorrindo. Por instinto, durante toda minha vida sempre me mantive perto de fontes de alimento, as quais eram muito escassas durante a guerra. Havíamos nos mudado com nossa tia para Villa Angelina, em Milano Marittima, no início do verão de 1946 e, até o verão de 1947, permanecemos por lá. Não tenho ideia do porquê desse movimento. Ao invés de se mudarem também, os antigos permaneceram em Cervia. Provavelmente fiz a segunda série em Milano Marittima, porque me lembro de ir para a escola com outras crianças ali mesmo.

Minha tia, irmã de minha mãe, foi quem me manteve no batismo. Ela gostava muito de minha mãe, que era a irmã mais nova dela, a quem chamava de RiRì. Tia Maria morava na Sicília porque se casou com um siciliano, o tio Carmelo. Minha avó, sempre um pouco extremista em todas as coisas, dizia que ela se casou com um sarraceno. Tio Carmelo havia sido capturado no interior da Sicília por tropas aliadas, enquanto ainda vestia o uniforme de um tenente do exército italiano, e foi enviado a um campo de concentração em Alexandria, no Egito, onde cumpria pena por ser fascista.

Tia Maria havia esperado o fim das hostilidades hospedada com amigos em Lentini e, provavelmente por volta de novembro de 1945, ela chegara da Sicília a Cervia de trem. Sendo 35 anos mais velha do que eu, ela ainda era uma mulher cheia de vida. Tinha 41 anos quando chegou em Cervia. Houve gritos e mais gritos desesperados porque ela estava inconsolável pela morte de sua RiRì. Lembro-me apenas de pequenos episódios da presença dela no primeiro inverno e, sobretudo, de ter me mudado para o quarto de hóspedes com ela, com quem dividia a cama grande. Foi bom dormir ao lado dela, eu me sentia feliz. Foi ela quem substituiu minha mãe, cuidando de mim, e quando tio Carmelo voltou do cativeiro, levou-me com ela para Ferrara. Carmelo tinha sido transferido para o Cartório de Registro de Imóveis daquela cidade. Ele era agrimensor.

Tenho poucas lembranças de Milano Marittima e poucas fotos em meu álbum, tiradas por minha tia. Há uma foto da praia de quando eu ainda era muito magro. Lembro-me de que alguns amigos e eu encontramos um grande carregador de metralhadoras e passamos um dia martelando os projéteis para recuperar as armas, explodindo tambores no pinhal em frente à Villa Angelina. Tenho a lembrança de finalmente colocar as balas restantes em uma lata, com as armas, e detoná-las contra um pinheiro. Coisa para matar! Então me lembro de lutar com uma criança que dizia ser comunista e que arrancou meu distintivo republicano do avental, a hera[4] que minha avó me deu. Minha tia me repreendeu quando cheguei em casa, dizendo: "Nunca mais leve as surras para casa, porque você tem que aprender a resolver seus problemas sozinho!". Há alguns anos passei pela Villa Angelina. Ela permanece igual, com uma cor verde pálida, ligeiramente desbotada. É a única villa em toda a Milano Marittima que não foi renovada ou convertida em pousada ou hotel. Senti pena disso.

1.10 Ferrara

Nós, judeus, somos acima de tudo o que as pessoas pensam que somos.
(Aharon Nathan)

Feliz o turista que vem a Ferrara pela primeira vez, pois ficará encantado com a beleza da região. Essa cidade medieval, rodeada por um círculo de muralhas intactas, com largas avenidas arborizadas, palácios imponentes ricos em história, grandes parques urbanos arborizados e o castelo dos Este, de excelente arquitetura e único no mundo, foi minha durante sete anos e meio. A cidade tinha dentro de si um antigo gueto judeu tão famoso quanto o de Veneza e a rua principal, a Via Giovecca, devia seu nome à comunidade judaica, chamada de Giudecca.

Tínhamos nos mudado para Ferrara no verão de 1947. Refugiado de Rimini, depois de três anos em Cervia, finalmente encontrei minha cidade ideal. Mas é claro que eu era muito jovem para saber.

---

[4] Nota do tradutor: o símbolo do Partido Republicano Italiano (PRI), fundado em 1895, que por volta dos idos de 1946 tomou uma postura social-democrata de centro-esquerda, é uma hera inserida em um círculo.

Em poucos anos me tornei *ferrarese*[5]. Ferrara fica a apenas 90 km de Cervia seguindo as estradas, mas talvez menos de trem. Não senti falta de Cervia, pois, assim que terminaram os estudos, saía de trem com minha tia ou com algum amigo da família para passar o verão inteiro à beira-mar, na casa de tia Giovanna. Com o dinheiro gasto com relutância por tio Carmelo, tia Giovanna havia construído uma grande garagem em seu Éden, na qual havia muitas camas dobráveis de lona para todos nós e às vezes até para alguns hóspedes. Tio Carmelo sempre se recusou a construir a casa, porque Cervia não era território dele e ele tinha outros planos para o futuro.

Para começar, tia Maria havia alugado um apartamento no andar térreo de uma casa de campo, fora dos muros da cidade. Havia árvores frutíferas e vinhas e um grande pátio. Havia muitas galinhas de que eu gostava. As galinhas podiam entrar na casa sempre que quisessem. Não tendo amigos com quem jogar, eu mesmo construí, com a resina que encontrei na lata de lixo, alguns homenzinhos de brinquedo que vesti de papel. O papel tinha aderido muito bem à resina e os homenzinhos podiam ser tocados sem que os dedos ficassem presos a eles. Um deles, cujo nome não lembro, era meu herói favorito e sempre vencia. Eu fiz para ele uma pequena espada com a qual ele derrotava os inimigos. Tinha também a bicicleta de minha tia, a qual eu conseguia pedalar sem sentar no selim, que era alto demais para mim. Foi a bicicleta que causou o inexplicável acidente que machucou meu joelho da perna direita, causando-me um ferimento profundo e sinovite.

Ainda hoje não consigo reconstruir os eventos que causaram aquele desastre. Estávamos correndo, uma garotinha da vizinhança e eu, cada qual com sua bicicleta, quando percebi que fui atingido pelo pedal no joelho direito. Naquele momento não me machucou, mas o mal veio depois. Tive uma febre muito alta e meu joelho inchou como um balão. Meus tios me levaram para o Hospital Sant'Anna, no final da Via Giovecca, em Ferrara, onde fui operado e fiquei alguns dias entre a vida e a morte, porque uma infecção havia se instalado. Quando a infecção foi domada, tiveram de engessar minha perna e, no gesso, deixaram uma abertura para poder curar a ferida. Soube depois que tio Carmelo quisera me devolver para tia Giovanna e minha avó, porque criar um filho como eu era uma responsabilidade grande demais para ele, que só teve gatos na vida. Quando as aulas começaram, eu já estava curado, mas minha perna direita ainda estava mais

---

[5] Nota do tradutor: termo usado para se referir aos nascidos em Ferrara.

fraca que a esquerda e eu andava como um pato, com o pé direito ainda mais torto. Eles me matricularam na terceira série do ensino fundamental de uma escola nos arredores de onde morávamos.

Lembro-me pouco daquela época, exceto que me integrei imediatamente e me tornei amigo de muitos. Eu era tão popular que, com a aprovação do professor, eles imediatamente me nomearam como chefe da classe.

Minha tarefa era escrever o bom e o ruim na lousa, quando a professora faltasse por alguns minutos. Tinha que desenhar uma linha reta dividindo o tabuleiro em dois. Bom à direita e ruim à esquerda. Observei o comportamento das crianças e escrevi os nomes. Antes de a professora chegar, eu rapidamente apaguei os ruins, então, quando ela entrou na sala de aula, todos estavam do lado dos com bom comportamento. A diferença entre o dialeto Romagna e o de Ferrara não é grande e, acima de tudo, o sotaque e a cadência da maneira de falar são muito semelhantes. A fala de Ferrara é tipicamente emiliana, com fortes influências venezianas e mantuanas, enquanto a da Romagna é especial, com estranhos sons nasais que lembram o francês. Talvez porque eu falasse quase como eles ou talvez porque fosse um pouco exótico, as crianças da minha classe pareciam fascinadas por mim e por minha personalidade. Um deles me deu um belo revólver que disparava cartuchos de papel em troca de uma velha bola quase vazia. Foi um negócio que não fez sentido para mim, que sempre fui fascinado por armas e valorizava o revólver cem vezes mais do que a bola. A professora também me tratou de maneira especial. Por quê? Porque era estrangeiro? Adivinhei a possível verdade muito mais tarde.

1.11 Via Gian Battista Aleotti

Depois de alguns meses, tio Carmelo, como veterano de guerra e funcionário público, conseguiu acomodação em uma nova vila da habitação social construída perto de Porta Mare. A aldeia estava localizada em um grande lote de terreno entre as antigas muralhas medievais e Via Mortara. O nome de Via Gian Battista Aleotti foi dado à nova estrada que cruzava a aldeia, em homenagem ao grande arquiteto ferraraense que viveu entre 1500 e 1600. A aldeia era composta de cinco edifícios de quatro pisos cada, contendo cada um 20 pequenos apartamentos. Ao longo dos anos, foram construídos outros dois edifícios, mais ou menos do mesmo tamanho, mas com um modelo ligeiramente diferente. Ao todo, em poucos anos, cerca de 140 famílias foram alojadas no mesmo número de apartamentos com aluguéis reduzidos. Éramos uma dessas famílias. Nosso apartamento era um dos menores. Consistia em um quarto, um banheiro, uma grande cozinha e uma sala de jantar. Minha tia armou uma cama para mim, que também servia de sofá, na sala de jantar. Entre os que conseguiram a casa, eram poucos os de Ferrara, e a maioria eram imigrantes do sul, napolitanos, sicilianos, apulianos etc. Pessoas deslocadas pela guerra que procuravam novas oportunidades e uma vida melhor no norte.

Também havia muitos refugiados da Dalmácia que escaparam da perseguição pelos croatas e eslovenos, que depois da guerra se alastraram contra as populações de origem italiana. A limpeza étnica dos eslavos contra os italianos causou, como soubemos mais tarde, 20 mil mortos, cujos cadáveres foram encontrados mais tarde nas famosas fossas e fossos do Karst.

Nosso prédio ficava no número 2, o primeiro à direita quando se entra pela Via Mortara. O edifício, como todos os outros, foi dividido em duas partes de 10 apartamentos, cada um com a própria escada, que era acessada por duas portas separadas. No andar térreo, existiam 20 áreas de convívio, uma para cada apartamento. No último andar havia dois grandes terraços, um coberto e outro descoberto, que servia para secar a roupa. Os prédios eram joias da arquitetura do pós-guerra, mas desde o primeiro momento não gostei de morar ali. Estava habituado a viver em uma grande casa à beira-mar de Rimini, a Pensione Primavera, no campo em Verucchio, no campo em Ferrara Ovest ou em uma antiga casa individual no centro histórico de Cervia com possibilidade de ir brincar no Éden, quando tinha vontade. Aquela promiscuidade, aquela uniformidade, aquela horrível falta de individualidade, aquela falta de privacidade que a vida em moradias públicas implica eram contrárias ao estilo de vida a que eu estava acostumado. Todos sabiam tudo de todos, todos sabiam como eram feitas as casas de todos, todos os porões eram iguais, todas as escadas e todos os apartamentos eram simétricos. Talvez eu fosse um esnobe desde cedo, mas adorava a individualidade e a independência.

Todas as famílias tiveram filhos que logo se integraram ao substrato local e se tornaram ferrasenses, adquirindo o sotaque e o modo de falar local, mas retendo pequenos resquícios do sotaque dos pais. Por sete anos e meio cresci com essas crianças, brinquei com elas e me lembro muito bem de todas, porque sei tudo sobre todos. Não havia segredos entre nós.

Minha tia me matriculou na terceira série do colégio G. B. Guarini, na Via Bellaria, um cruzamento da Via Mortara. Mudei de escola no meio

VIDA DE GEÓLOGO

do ano letivo. G. B. Guarini foi um poeta e escritor que em 1567 passou ao serviço de Afonso II d'Este, de quem foi poeta da corte com Torquato Tasso, famoso poeta ferraraense de sua época e autor da Gerusalemme Liberata. Em Ferrara, que se manteve quase intacta desde a Idade Média, a história medieval foi respirada em todos os lugares e principalmente nas escolas públicas. Nos primeiros dias, minha tia me levava para a escola e vinha me buscar, mas depois eu voltava com outras crianças, porque a estrada era reta e não muito perigosa. Havia calçadas dos dois lados e naquela época o trânsito nas ruas de Ferrara era mínimo. O trólebus, vindo do centro da cidade, cruzava a Via Mortara nos dois sentidos até Porta Mare, onde fazia meia-volta e retornava. Se eu quisesse, poderia ter pegado o trólebus, mas não valia a pena porque a distância a pé talvez fosse apenas uns 600 metros. Eu também me integrei imediatamente à nova escola. No terceiro ano tivemos um professor que foi substituído no ano seguinte. Estudamos com o professor Pedrocchi por dois anos. Infelizmente, lembro-me de poucos eventos daqueles dias, apenas me marcou algo um pouco triste que aconteceu quando eu estava na quarta série.

1.12 A visita ao gueto

Eu precisava de calçados novos para o inverno, então eu e tia Maria pegamos o bonde até a cidade para irmos comprá-los em uma lojinha do antigo gueto, que, segundo ela, tinha bons preços. Ferrara conservou um grande gueto medieval que ocupa grande parte da cidade velha, já que os judeus expulsos da Espanha foram recebidos de braços abertos pela família Este, senhores de Ferrara.

Os judeus, com sua perspicácia comercial e sua capacidade financeira, contribuíram muito para criar relações comerciais com o Oriente Médio e a República de Veneza, enriquecendo muito a família Este. Pode-se dizer que Ferrara, na Idade Média, tornou-se uma cidade onde as culturas judaica e cristã coexistiam em harmonia e se integravam. Na época de minha chegada, apesar das perseguições dos fascistas e dos nazistas, ainda havia muitas lojas administradas por judeus.

Entramos em um beco longo e estreito flanqueado por uma arcada antiga e encontramos a loja que minha tia estava procurando. Ela comprou para mim um belo par de sapatos marrons, dois números maiores do que o necessário — continuariam a ser utilizados quando eu crescesse. Toda a minha infância, com a desculpa do crescimento, sempre usei calçados dois tamanhos maiores do que precisava. Além de contribuírem para minimizar as dores das lesões no pé e no joelho direito, ajudavam-me a andar sempre como um pato e faziam meus pés crescerem. Hoje até o número 47 me cai bem.

Feito o negócio, com sapatos novos, fomos à praça visitar a bela catedral gótica de Ferrara, San Giorgio, um dos mais belos monumentos intactos da arquitetura italiana. O chão da igreja, que com o tempo afundou abaixo do nível da praça, está muitos metros abaixo do nível do Rio Pó, que corre alguns quilômetros ao norte de Ferrara. Milagrosamente, nunca arrebentaram os diques do rio, o que viria a inundar Ferrara. Parece que a cidade tem sido protegida pelo padroeiro, San Giorgio (*San Zorz*, no dialeto), até hoje.

No interior da catedral lemos a placa escrita pelo arquiteto Nicolao no primeiro vernáculo italiano registrado na história:

Lo millecentotrentacenque nato,
fò questo templo a San Gorgio dicato,
da Glelmo ciptadin per lo so amore,
e mea fu l'opra, Nicolao sculptore.

Depois de deixar a catedral, minha tia me levou para visitar, algumas centenas de metros adiante, a sinagoga da Via Mazzini, que o rico banqueiro romano, Ser Samuel Melli, comprara e doara à comunidade judaica de Ferrara em 1485. Na parede externa, minha tia me mostrou a placa com os nomes dos judeus mortos pelos nazistas.

Apontando com o dedo, ela disse: "Massimo, cocê pode ler que há três Mellis entre os nomes dos mortos nos campos de concentração". Eu perguntei "Por quê?" e minha tia concluiu: "Porque eles eram judeus. Felizmente, você é cristão...".

A visão de meu sobrenome escrito naquela lápide, com as vítimas dos nazistas em Ferrara, impressionou-me muito e despertou minha grande curiosidade e meu grande interesse, que continua até hoje, pelo mundo judaico.

Figura 3 – Sinagoga na Via Mazzini com as lápides dos mortos

Fonte: arquivo pessoal de Massimo Melli (anos 90, aproximadamente)

1.13 O Montagnone

Ferrara está em uma planície aluvial plana, a cerca de 50 km do delta do Pó e do Adriático. Portanto, um edifício tão imponente quanto as paredes, de seis a dez metros de altura, parecia-nos uma grande montanha. Aliás, nós a chamávamos de Montagnone. Quando nevava, estávamos prontos com os trenós para descer de tobogã até o Montagnone, que ficava a poucos metros de nossas casas. No verão, você podia deslizar na grama, nas encostas, ou jogar futebol na esplanada. Além das casas, do outro lado da Via Porta Mare, as paredes continuavam com as paredes dos Anjos e o bastião, talvez com mais de 10 metros de altura. Às vezes também nos aventurávamos nessa direção para roubar jujubas no jardim próximo ao cemitério judeu, que ficava do lado da cidade, dentro do círculo dos muros, ou roubar ameixas verdes no jardim ao pé dos muros, na outra parte, fora da cidade. Um teste de coragem consistia em entrar no túnel escuro que ficava sob o bastião. Poucos conseguiam superar 10 metros dentro do túnel e fugiam gritando. As paredes de Ferrara foram nosso campo de caça de lagartos e o local de inúmeras aventuras.

Todos os brinquedos eram feitos por nós mesmos, com madeira e pregos, inclusive os trenós. Eu tinha um estilingue, feito por mim com um graveto de árvore, que sempre carregava no bolso para me garantir. Meus melhores amigos eram Paolo Sisini, que morava na mesmo portão onde eu morava, e Donato, cujo sobrenome não lembro porque por algum motivo o chamei de Dunada, que morava no prédio ao lado. Paolo, Dunada, outras crianças da Via Aleotti e eu corríamos a pé, contornando os quatro cantões de Via Mortara, Via Porta Mare, depois pela estrada que corria ao longo das paredes, até a linha de chegada, que era a Via Gian Battista Aleotti. Chamamos a corrida de Giro d'Italia. Paolo era alto e louro, de olhos azuis, um verdadeiro exemplo da raça celta que viveu no vale do Pó antes da chegada dos romanos. Ele era um ano mais velho que nós e muito atlético, sempre nos vencia. Dunada e eu, quando estávamos saindo da esquina da Via Porta Mare, tínhamos que parar para tomar algo para recuperar as forças. Nós dois nos revezávamos para terminar em último lugar. Havíamos inventado a solução de trazer garrafas de uma bebida que chamávamos de "regurgitação", ou seja, água doce que bebíamos para continuar correndo. Éramos uns verdadeiros *scamorze*[6].

Dunada e eu, porém, éramos fortes nos carros de corrida que disputávamos nas calçadas ao redor dos prédios. A corrida foi chamada de Mille Miglia. Quem saía da estrada, ou seja, da calçada, tinha que voltar ao ponto de partida. Meu carro de corrida vermelho, que batizei de Nuvolari, sempre corria em linha reta e quase sempre me fazia vencer. Dunada tinha um sedan verde que também corria em linha reta e às vezes ele ganhava. Havia um menino chamado Dando que tinha uma grande coleção de carros de corrida. Um dia ele me disse: "Massimo, venha comigo até a Via Giovecca, na loja do Pesaro, porque vou comprar outros carros". Eu disse "Bom!" e fui com ele até a loja do Pesaro, um judeu que vendia brinquedos de todos os tipos. A loja cheirava a borracha de todas as bolas que ele vendia. Dando pediu para ver os carrinhos de brinquedo, e Pesaro tirou alguns. Dando começou a estudar detalhadamente. Quando o *signor* Pesaro se distraiu, Dando enfiou um no bolso e devolveu os outros a Pesaro, que os substituiu sem perceber que faltava um. Dando disse: "Não há nenhum que eu goste!" e saiu da loja comigo, que me senti afundar em constrangimento. Fiquei surpreso e perguntei: "Você roubou todos os seus carros?". Ele respondeu: "Bem, às vezes eu compro alguns. Pesaro está cheio de dinheiro!". Dando,

---

[6] Nota do tradutor: *scarmoza* é um típico queijo do sul da Itália, originalmente feito com leite de búfala e com alto teor de gordura. Melli usa a expressão *scarmoze* para indicar que ele e o seu amigo Dunada eram um tanto quanto indolentes e poucos aptos a vencer o Giro d'Italia, pois tinham a consistência corporal de um *scarmoze*.

VIDA DE GEÓLOGO

apesar de ter muitos carrinhos de brinquedo, nunca ganhou a corrida. Eu me perguntava: "Quem sabe o que vai acontecer quando ele crescer? Talvez ele acabe na cruz, como o ladrão Chilàz...".

1.14 Aranhas e lagartos

No Jardim do Éden, tornei-me um especialista em corridas de caracol. Depois da chuva, coletei caramujos no jardim e os alinhei no início da grande mesa de madeira fixada sob a pérgula. O caracol que chegava ao fundo primeiro vencia. Dirigia a corrida com uma longa agulha de pinho-bravo, furando as laterais dos caracóis para fazê-los ir até a linha de chegada sem se desviar. A tendência deles era serem desobedientes e quererem continuar com seus afazeres. Meu favorito tinha uma casa mais escura que as outras e corria rápido, mas tendia a ir para onde queria e muitas vezes queria voltar, então eu o provocava e o encorajava de todas as maneiras para fazê-la vencer. Não fui um árbitro imparcial. Em poucos meses, aprendi quase tudo que havia para aprender sobre caracóis: o sistema reprodutivo, como faziam seus ovos e como usavam os longos chifres em cima dos quais ficavam os olhos.

Em Ferrara, por outro lado, especializei-me em aranhas e lagartos. Gostava de colocar um chapéu de palha de explorador colonial e andar por aí armado com uma bengala.

Ao redor dos edifícios na Via Gian Battista Aleotti, havia terras não cultivadas cheias de grandes aranhas pretas e peludas. Eu as colocava em gaiolas que eu mesmo fazia com argila de rio que encontrava na areia usada pelos pedreiros para misturar o concreto. Havia vidros por todos os lados, até cacos de vidro bem quadrados, sobras de quando os carpinteiros colocaram os vidros nas janelas das casas. Também havia muita madeira ao redor, que eu usava para construir todas as gaiolas que quisesse. As de vidro me permitiram observar o comportamento das aranhas. Não faltava material de construção, pois os dois últimos prédios na Via Gian Battista Aleotti ainda estavam em construção e levou alguns anos para serem concluídos. Nas paredes, fiz expedições com Dunada para pegar lagartos. Não era uma tarefa fácil, mas às vezes conseguíamos. Eu também os colocava em gaiolas às vezes com as aranhas. Tinha observado que as aranhas atacavam os lagartos, se fossem pequenos, mordendo-os no pescoço e matando-os com seu veneno. Se os lagartos eram grandes, como os lagartos verdes, eram eles que atacavam as aranhas e as comiam com uma só abocanhada.

Dunada e eu ficávamos longe das inúmeras meninas, que eram travessas e babacas e sempre ameaçavam de nos dedurar a nossos pais. Elas estavam sempre prontas para criticar. Reuniam-se em grupos de quatro ou cinco e riam umas com as outras, apontando o dedo para nós. No andar térreo, ao lado de nosso apartamento, moravam as duas irmãs Valenziano, Anna e Lúcia, de origem apuliana[7]. Anna era um ano mais velha do que eu, mas Lúcia era alguns anos mais nova do que eu. Aquelas menininhas babacas da vizinhança enfiaram na cabeça que eu era noivo de Lúcia e brincavam aos gritos, enquanto Lúcia só ficava zangada comigo. Em vez disso, minha favorita era Pina, uma linda morena da mesma idade que eu, que morava na mesma escada que Dunada. Gostava de vê-la à distância e, quando ela chegava perto, fugia. Um dia Pina se aproximou de mim e disse: "Sabe, Massimo, quando eu crescer gostaria de ser dona Melli!". Fiquei todo vermelho e saí correndo sem dizer uma palavra, mas soube desde então que Pina tinha uma queda por mim. Quando estávamos correndo no Giro d'Italia, ao redor da praça Porta Mare, era ela quem me aplaudia mais do que todos, embora eu sempre terminasse em último.

1.15 Mickey e o comendador Faggioli

No primeiro verão depois de me mudar para Ferrara, voltei a Cervia com minha tia Maria para as férias de verão, que duraram três meses. Depois de me acompanhar a Cervia, ela voltou a Ferrara depois de alguns dias. No Éden, os preparativos e as obras para a construção da garagem estavam a todo vapor. Íamos todos os dias ao Viale Pola com tia Giovanna e passávamos o dia lá. Minha avó ficava em casa, na Via Mazzini, mas ao meio-dia ela ia ao Éden, caminhando lentamente com sua bengala, trazendo de casa o almoço que todos comíamos juntos sob a pérgula. Depois do almoço, as velhas se deitavam à sombra e cochilavam nas camas dobráveis que a tia mantinha no galpão. Depois, à noite, voltávamos todos juntos para a Via Mazzini para jantar. Nunca ficava entediado no Éden porque tinha caracóis e muitos insetos para estudar. Um dia encontrei um gatinho debaixo do galpão, pequeno mas não recém-nascido. Ele já devia ter uns dois meses, porque já estava andando sozinho e, se alguém tentasse pegá-lo, ele corria e se escondia embaixo do galpão. Consegui capturá-lo e comecei a acariciá-lo. Ele era um gatinho cinza muito bonito, com patas brancas e uma mancha branca no peito. Perguntei à tia Giovanna "Posso ficar com ele?". Ela respondeu "Claro, mas você verá que a mãe dele vai voltar para buscá-lo".

---

[7] Nota do tradutor: em italiano, *Pugliese* significa natural de Puglia, uma região da Itália meridional.

Continuei acariciando-o, e o gatinho começou a ronronar. A tia disse: "Amanhã vamos trazer um pouco de leite, então, se ele ainda estiver aqui, vamos alimentá-lo". Depois de um tempo eu o soltei, e o gatinho correu para se esconder embaixo do galpão, mas sem pressa. No dia seguinte. o gatinho ainda estava lá, então enchemos um pequeno prato de leite com um pouco de pão embebido em leite. O gatinho comeu tudo e finalmente lambeu os bigodes com satisfação. A mãe dele nunca apareceu. Minha avó comentou "Ela está obviamente morta... e ele é um órfão", e eu pensei: "Gosta de mim!".

Durante o verão continuei a alimentá-lo, e o gatinho continuou a crescer e se tornou meu gato. Dei a ele o nome de Mickey, como Mickey Mouse, e quando voltei para Ferrara no final do verão, tia Maria, que gostava de gatos, concordou em levá-lo conosco. Então, até Mickey se tornou um morador de Ferrara. No Éden, eu tinha um amiguinho que, quando eu chegava, corria a meu encontro até o portão. Ainda em Ferrara, Mickey vinha ao meu encontro miando de alegria com o rabo erguido como uma bandeira, até o início da Via Gian Battista Aleotti, quando eu voltava da escola.

Naquele verão houve também a visita bem-vinda do comendador Faggioli, gerente-geral da Sita, responsável pelos mensageiros que operavam os serviços de passageiros entre Florença e as praias de Romagna, cruzando o passo de Futa[8], nos Apeninos Toscano-Emilianos. Tia Giovanna o hospedou por duas noites no quarto de hóspedes e durante o dia íamos sempre ao Éden comer embaixo da pérgula. Era evidente que minha tia estava apaixonada por ele, com um amor naturalmente platônico, porque o comendador Faggioli era um pouco mais jovem que ela, nunca se casou e provavelmente não se importava com mulheres. Ele tinha uma bela barriga, o que testemunhava que ele era bom de garfo. Fazíamos boas refeições e Mickey ficava contente porque, além do leite, ele também comia tagliatelle com molho de carne. O *commendatore* usava suspensórios e dava gargalhadas colossais com minha tia. Depois de alguns drinques, a tia começava a recitar os famosos poemas dela e o comendador aplaudia. Minha avó entrou para a gangue, ela ficava bêbada demais e batia palmas também, embora não fosse poetisa. O único poema que ele escreveu foi o testamento espiritual, que eu memorizei e que ela nunca deixava de recitar em todas as ocasiões:

---

[8] Nota do tradutor: o Passo de Futa (*Passo dela Futta*, em italiano) é um caminho da cordilheira dos Apeninos, localizado na cidade de Florença, que liga essa cidade a Bolonha e tem uma elevação de aproximadamente 900 metros.

Da mãe, a casca de uma menina do campo.
Do pai, o coração:
Um grão de uva escolhido
Que enchia todos os vãos. [9]

Às vezes, todos, tomados de euforia, cantavam uma peça de ópera. O comendador cantava muito bem, com voz de soprano, mesmo sendo homem.

Embora minha avó e tia Giovanna se dessem bem, elas tinham duas personalidades diferentes. Quando jovem, tia Giovanna fora companheira de Donna Albina, tia de Mussolini, e muitas vezes passava o inverno em Roma para fazer companhia a ela, porque Donna Albina era uma velha camponesa romana que se sentia sozinha e desorientada em Roma. A tia também escreveu um famoso poema para o *duce*:

Como vai, Novo César?
Poeta eleito.
Você canta à pátria
O amor perfeito! [10]

Minha avó, por outro lado, era uma republicana, como o pai delas, Mingon d'Allegri, e *mazziniana* [11] até o cerne da alma. Ela também era uma antifascista. Quando Mussolini veio a Cervia para inaugurar o canal portuário, ela se aproximou do carro, apertou o braço dele com força e disse: "Mussolini, tenha piedade da nossa pobre Itália!". O *duce*, que havia ficado pálido, respondeu: "Não tenha medo, mulher!".

Sempre que ela bebia, contava-nos a mesma história.

---

[9] Adaptação livre em português feita pelo tradutor do texto original, em italiano:
Della madre la scorza campagnola,
del padre il cuore.
Raccoglievo un grano d'uva,
ne regalavo un cesto.

[10] Nota do tradutor: texto original, em italiano:
Salve Novello Cesare,
Poeta eletto,
Hai cantato alla Patria
L'amor perfetto!

[11] Nota do tradutor: adjetivo que faz referência a Giuseppe Mazzini, líder político italiano que lutou pela unificação da Itália no século XIX.

1.16 O professor Pedrocchi

Na turma do professor Pedrocchi éramos 30 alunos, três deles judeus — pelo menos é o que diziam os adultos. Quando falavam sobre judeus, nossos pais baixavam a voz, tapavam a boca com a mão e pareciam contar segredos uns aos outros. Ainda me lembro dos nomes: Finzi, Minerbi e Vissoli. Depois da visita ao gueto, tia Maria me explicou que os judeus eram diferentes de nós e por isso foram mortos pelos alemães nos campos de concentração, mas, para falar a verdade, do lado de fora não pude ver nada que diferenciasse os filhos dos judeus de outras crianças, até mesmo os nomes e sobrenomes pareciam absolutamente normais para os italianos.

Demorei anos para começar a fazer perguntas sensatas sobre os judeus e, naquela época, na quarta série, eu não tinha perguntas a fazer, embora um processo de pensamento tivesse começado, o que levou à minha primeira heresia em uma idade jovem.

Um dia, professor Pedrocchi leu-nos o famoso poema de Giosuè Carducci: *a árvore para a qual estavas a tua mãozinha*[12] e desatou a chorar porque uma criança tinha morrido de tifo, precisamente por causa da guerra. Chorando, ele explicou o que havia acontecido conosco e disse que, por causa da guerra, todos nós tínhamos morrido. Ele também nos contou brevemente sobre as mortes nos campos de concentração nazistas.

Por simpatia com o professor, que tinha perdido os pais em Auschwitz, Finzi e eu começamos a chorar com o professor, que enxugou as lágrimas e comentou: "Como a guerra é ruim!". As outras crianças judias também tinham lágrimas nos olhos e, naquele dia, senti-me espiritualmente próximo delas.

Na quinta série, tia Maria, temendo que eu estivesse atrasado nas aulas, mandou-me estudar com professor Pedrocchi, que morava com a esposa e o filho, que tinha minha idade, no último andar de uma velha casa do século XVIII na Via Montebello, próximo à escola. O professor era uma pessoa distinta, um homem alto e bonito, de aparência nobre, de uma excelente família de Turim. Mestres como ele não existem mais.

Então, eu conheci-o intimamente e acho que ele tinha muito respeito por mim. Na quinta série, ele me deu nota 9 pela redação que escrevi depois

---

[12] Nota do tradutor: Giosué Carducci (1835-1907) foi um poeta italiano agraciado com o prêmio Nobel de Literatura em 1906. O trecho citado por Melli, em italiano, é o seguinte: *"l'albero a cui tendevi la pargoletta mano..."*. Tal trecho se encontra na obra *Pianto Antico* e é um poema que Carducci dedicou ao filho Dante, falecido aos três anos de idade, provavelmente devido ao tifo.

de visitar a exposição de répteis com a classe. Sempre fui fascinado por víboras e, por isso, escrevi uma ótima redação para descrever a exposição. Para mim foi fácil escrever sobre répteis e, a partir desse dia, o professor ficou convencido de que eu escrevia bem. Percebi naquela época que às vezes é apenas o acaso que faz com que uma pessoa seja julgada pelos outros como boa ou má. Se os outros pensam que você é bom, você é bom.

Figura 4 – Escola elementar G. B. Guarini

Fonte: arquivo pessoal de Massimo Melli (aproximadamente, anos 1990)

1.17 O ensino médio na Via Borgoleoni

Em Ferrara havia duas escolas de ensino médio famosas: a minha era na Via Borgoleoni, que começava no Castelo Estense em direção ao norte e chegava à Via Porta Mare. A segunda era na Via Bersaglieri del Pó, que partia do meio do Corso Giovecca em direção ao sul. Finzi e Mirerbi vieram comigo para a Via Borgoleoni, enquanto Vissoli foi para a Via Bersaglieri del Pó, porque era muito perto de onde ele morava e do açougue *kosher* do pai dele, onde os judeus se abasteciam de carne. No ensino médio, nossa turma era composta de cerca de 30 alunos, dos quais três eram judeus: Finzi, Minerbi e Ottolenghi, que moravam a dois passos da Via Borgoleoni, em uma velha casa com um pátio.

Nos primeiros dias de aula, a diretora Adolfina Melloni nos chamou à presidência da escola. Finzi, Minerbi, Ottolenghi e eu fomos chamados para recebermos envelopes de cor laranja que deveriam ser levados a nossos pais a fim de confirmar se queriam que fôssemos dispensados da aula de religião. Minha tia leu a carta e disse: "Talvez o diretor, por causa do seu sobrenome, tenha pensado que você é judeu. Ao invés disso, você é cristão, e um pouco de religião é bom para você". Então a resposta foi que eu teria aula de religião. Joguei fora a carta com a resposta e a diretora se esqueceu de perguntar.

Finzi, Minerbi e Ottolenghi deixaram a sala de aula e foram jogar futebol no grande pátio da casa de Ottolenghi. Eu fiquei, mas tinha descoberto que o padre, Don Maddalena, não se incomodaria se eu saísse com os outros e não fizesse perguntas. Então, às vezes, se o dia fosse bom, eu saía com os outros e me juntava a eles para jogar futebol. Foi então que Ottolenghi me ensinou todas as letras do alfabeto hebraico, que eu usava para escrever mensagens secretas.

Na escola eu era bom em desenho e em italiano, mas era um desastre na ginástica por causa do meu pé torto e do joelho ruim. Eu também não era bom em aritmética, provavelmente porque ninguém havia me explicado bem a lógica dos números e, acima de tudo, a lógica do zero. Só agora, já velho, finalmente compreendo. Durante a aula da religião, fui o terror do padre, a quem sempre fazia perguntas estranhas que ele hesitava em responder, como "Se Deus é Espírito Puro, isso significa que o corpo d'Ele é zero?". Don Maddalena respondeu: "Sim, claro, Deus não tem corpo". Eu insisti: "Então é como se não existisse?". Uma vez perguntei a ele: "Deus é cristão ou judeu?". Ele explicou pacientemente que Deus não era religioso; nós éramos religiosos para nos aproximarmos d'Ele com a oração.

Os Melli eram todos judeus em Ferrara. Meu médico, doutor Melli, que foi me visitar de bicicleta quando eu estava doente, era judeu. O famoso pintor Roberto Melli era judeu. A sinagoga foi doada aos judeus de Ferrara por Samuel Melli, um banqueiro judeu. Todos sabiam que os Melli eram judeus e, quando alguém pronunciava meu sobrenome, o povo de Ferrara baixava o tom de voz, tapava a boca com a mão e me olhava secretamente, pensando: "Ele também é judeu!". Como se ser judeu fosse uma doença mortal ou um defeito.

Então eu estava convencido de que se os outros pensam que você é judeu, então você é judeu. Todos são o que demonstram ser.

Foi nessa época que comecei a me fazer as primeiras perguntas sobre os judeus, pois de alguma forma me sentia parte do pequeno grupo que saía da aula na hora da religião e secretamente sentia que, como um Melli, pertencia por direito a esse grupo.

1.18 Ragusa e Sicília

Deus só pode ser Espírito Puro se Seu corpo for feito de zeros infinitos que, somados, criam Sua Unidade.
(o Cabalista Melli — isto é, eu)

Mickey, meu gato, tinha morrido, ainda jovem, havia dois anos e eu o enterrei com uma comovente cerimônia fúnebre, com a ajuda de Dunada e Paolo Sisini, no fundo do jardim do nosso prédio. Ele havia sido vítima de sua sede de aventura e morrera em decorrência de ferimentos sofridos em uma guerra com um bulldog. Ele havia voltado para casa maltratado e, após dois dias de agonia, estava morto. Segundo os padres, ele não teria ido para o céu, porque era um gato e não tinha alma, além de não ter sido batizado. Mas pensei: "Besteira! Um Deus justo vai abrir as portas do céu para ele. São vocês, corvos negros de mau agouro, que ficarão de fora!".

Essa foi outra das minhas muitas heresias, e a morte de Mickey não foi a única tragédia que me atingiu.

O destino, que me deu à luz em Rimini há 15 anos e meio, fez com que meu tio Carmelo, a quem também comecei a chamar de "o sarraceno", pedisse uma transferência para Sicília. Depois de sete anos e meio morando na cidade de Ferrara, o sarraceno decidiu que se cansou de morar no Vale do Pó, com neblina e chuva de outono, invernos frios e chuvosos, e então pediu uma transferência para Ragusa. Sendo o único na Itália que queria ir para aquele país distante e perdido nas montanhas Iblei, conseguiu ser transferido. Então, de Ferrara, minha cidade, também me mudei para a Sicília, para Ragusa.

Salto o período da minha adolescência, porque é a besteira inútil de sempre, típica dos adolescentes, como a descoberta do sexo e a rebelião contra a escola e os pais, que no meu caso nem eram meus pais. As histórias daquela época não servem ao propósito deste memorial, a ser entregue ao

VIDA DE GEÓLOGO

Juiz. A única coisa a dizer é que, justamente quando cheguei a Ragusa, a American Gulf Company havia feito a grande descoberta do campo de Ragusa, logo abaixo da cidade. Essa foi certamente a ferramenta da Probabilidade para influenciar a escolha de minha futura profissão: geólogo de petróleo!

Eu tinha visto meu pai pela última vez quando ele veio para Ferrara se despedir, antes de partir para o Marrocos. A próxima vez que o vi novamente foi quando fui visitá-lo no Marrocos, dez anos depois, quando eu já tinha dezoito anos. Meu pai, porém, escreveu-me longas cartas cheias de palavras difíceis, incitando-me ao sacrifício e ao estudo constante, porque só por meio do estudo podem ser alcançados nobres objetivos.

O sarraceno lia as cartas e balançava a cabeça, dizendo: "É tudo mentira o que seu pai conta! Somente aqueles que são inteligentes ganham na vida". Ele olhava para mim com pena, pensando que eu não era inteligente o suficiente.

Uma vez, em Ragusa, durante dois longos anos, eu olhava severamente para o sarraceno, até que, depois de ter descoberto as belezas do mar da Sicília, acostumei-me com o lugar e comecei a me estabelecer. Logo criei ali também um ambiente, na casa do Diabo, como dizia minha avó. Para falar a verdade, a casa do Diabo tinha algum mérito, ainda que fosse o campo e o mar e, com não pouca importância, o clima. Por todos os anos que morei em Ragusa, nunca tive um casaco e nunca senti necessidade de um. Quando chovia, eu tinha uma capa de chuva bem leve, feita de algum tipo de plástico, que me protegia.

Em Ragusa, não havia judeus em minha classe. A escola secundária clássica estava localizada no final do distrito de Carmine, que dava para o vale que separava Ragusa de Ragusa Ibla.

Em Ragusa frequentei o quinto amo do Liceu e fui promovido com louvor, mas no ano seguinte a situação com o sarraceno tornou-se tão insuportável que escrevi a meu pai pedindo-me que fosse para o Marrocos ou para um internato algures.

Depois de longas discussões e negociações, minha tia matriculou-me no Colégio Episcopal Atestino, em Este, colégio dirigido por jesuítas. Foi naquele colégio interno que, após meses de lavagem cerebral religiosa, criei a base para todas as minhas heresias mais importantes.

Tive ótimos amigos em Ragusa, inclusive Frank Pezzino, Frank Sgarioto e Globo, meus três colegas de escola. Sgarioto também era meu colega de classe. Pezzino então seguiu meus passos e, quando cresceu, tornou-se geólogo de petróleo como eu. Todos os três foram fundamentais no processo de gestação e desenvolvimento de muitas de minhas heresias. Eles também concordavam comigo em quase tudo.

1.19 O Colégio Episcopal Atestino

Assim que cheguei a Este, na região do Vêneto, no início do primeiro ano do Liceu, o ranzinza reitor, verdadeiro descendente dos inquisidores de Santo Inácio de Loyola, chamou-me e me deu uma palestra. Ele era de Emilia-Romagna e evidentemente sabia quem eram os Melli, pois eles haviam sido rabinos de Parma e Mântua, bem como de Veneza e Trieste, "Melli?! Vejo que vossas origens são de Emilia-Romagna, que sempre foi a região mais anticlerical da Itália, não prometendo nada de bom. Aqui você tem de estudar e ser bom, e todas as manhãs há a Santa Missa e todas as noites há o rosário. Tente não errar demais, caso contrário, você está fora... Estamos entendidos?". Não respondi e não disse sim nem não, fiquei de pé em silêncio. Pensei "Eu caí da panela direto para o fogo...".

No internato imediatamente fiz amigos que pensavam como eu: Pradella, o magrinho de Mântua; Rebecchi, chamado Rebe, de Pádua; e Camuffo, chamado Cam, como o filho de Noah, de Chioggia. Devido a seu programa genético, Camuffo já era alcoólatra aos 16 anos. Quando a cerca do colégio desabou, à noite, nós três escapamos e fomos tomar uma *grappa* em uma taverna em Este onde fizeram vista grossa para nossa tenra idade. Nunca fomos descobertos e não fomos os únicos a errar.

Os meninos mais velhos transavam à noite (segundo eles) com as jovens empregadas universitárias que trabalhavam na lavanderia ou na cantina e se gabavam de suas habilidades no recreio noturno. Quem sabe se era verdade ou apenas um sonho erótico da vida pecaminosa deles? Nem mesmo eles, que eu saiba, foram pegos em flagrante enquanto eu estava no internato. A natureza humana evidentemente não se prestava a ser doutrinada pelos jesuítas.

Nosso padre preferido era Dom Guerrino, um verdadeiro santo, que sempre brincava conosco e ria até quando cantarolávamos para avisar a nossos companheiros da chegada de um padre: "Cuidado com o policial negro, padre!". Dom Guerrino era um de nós e ria.

Minha primeira heresia que teve um fundamento irrepreensível foi não acreditar no dogma da virgindade de Maria. A oração do credo dizia:

"Creio em Deus Pai Todo-Poderoso, criador do céu e da terra e em Jesus Cristo, seu único filho, nascido da virgem Maria...". Era o primeiro problema. Já uma criança mais velha, eu sabia como as crianças nascem e me perguntei como isso era possível. Era aceitável que, por um milagre divino, ela era a mãe virgem do filho de Deus, mas, por causa de um dogma posterior, devido a um Papa recente, ela sempre permaneceu virgem, mesmo depois de ter vários filhos.

No evangelho, encontrei evidências de que Jesus tinha irmãos e irmãs. Tudo foi escrito e documentado em Mateus 12:46-47: "Enquanto ele ainda falava para a multidão, sua mãe e seus irmãos, afastados, tentaram falar com ele. Alguém lhe disse: 'Aqui está sua mãe e seus irmãos tentando falar com você'".

Então eu, quando recitei o credo, parei de dar o nome de Maria a uma virgem.

Depois dos exercícios espirituais de primavera, nas Colinas Euganei, o frade dominicano, que pregava, convenceu-me da existência de Deus, pois havia feito a analogia com a aranha, que, usando a teia, havia descido do céu; quando chegou ao chão, ela cortou o fio e se esqueceu que veio do céu. Como nós, disse o frade, esquecemo-nos, geração após geração, que viemos de Deus. Se voltarmos ao início do Universo, encontraremos apenas Deus. Bem, então no credo eu tinha guardado Deus e o Espírito Santo, mas não tinha certeza sobre Jesus. Em outras palavras, tinha fortes dúvidas sobre a Trindade. Aderi à heresia do arianismo, que dizia que a Trindade existia apenas a partir do ano zero da era cristã, quando Jesus nasceu, porque antes do nascimento dele havia apenas o Pai e o Espírito Santo. Quando voltei a Ragusa (após o final do ano letivo, adiado para outubro por conta da segunda época em latim e em matemática) com meus amigos ragusanos, Pezzino, Sgarioto e Globo, questionamos também o dogma da criação do nada por um Deus Espírito Puro. Como isso foi possível? Era um conceito contrário à Teoria da Relatividade de Albert Einstein[13]. A matéria poderia ser criada da energia, mas não do Espírito, mesmo que o Espírito fosse puro. Essa foi a maior heresia de todas.

Depois de ser promovido em outubro e de comemorar com Rebe e Cam, que também tiveram os anos letivos adiados (Pradella havia sido promovido

---

[13] Nota do tradutor: talvez aqui Melli esteja se referindo à famosa equação da teoria da relatividade restrita de Einstein, segundo a qual há uma equivalência entre massa e energia, de tal forma que a conversão de uma à outra é dada pela aludida equação $E = mc^2$.

em julho), o reitor me entregou uma carta destinada a minha tia, em que estava escrito: "Massimo Melli, indivíduo refratário a qualquer vínculo de disciplina, apesar de todos os nossos esforços. Lamentamos anunciar à família que não podemos mais aceitar Massimo no próximo ano". Eu pensei: "Ótimo! Então talvez meu pai me leve com ele para o Marrocos". Mas não foi assim e, após uma frenética troca de cartas, minha tia me recebeu de volta em Ragusa, onde fiquei pelos próximos dois anos para concluir o Liceu. De volta a Ragusa, passei um ano inteiro no segundo ano do Liceu, estudando a Bíblia para embasar minhas teorias.

1.20 Escritório de Franco Pezzino

No chamado "escritório" de Pezzino, surgiu a heresia final e talvez a mais importante: decidimos que Deus era imortal, mas não onipotente. Até Globo, que por natureza era sempre do contra, também concordou com isso. Mas prossigamos, passo a passo, antes de tudo reconstruindo a atmosfera daquele "ofício" em que surgiu a grande heresia. Pezzino era filho do Diretor do INPS[14] de Ragusa e, como tal, vivia no sétimo andar do edifício do INPS, em dois amplos apartamentos unidos. Pezzino reservou um quarto grande para si e declarou à mãe: "Este é meu ateliê particular. Saia, eu estou no comando aqui". E a mãe, sorrindo, como uma boa escrava dos filhos, obedeceu.

No escritório, ele tinha uma grande mesa giratória, a mesa quadrada para o jogo de cartas com temas científicos[15] e uma escrivaninha. Havia também muitas poltronas velhas muito confortáveis. Encontravamo-nos todas as tardes, depois do almoço, para passar uma hora, esperando para ir ao cinema de graça, porque tanto Pezzino quanto eu tínhamos cartões para todos os cinemas de Ragusa e podíamos levar um amigo de graça.

O trilema que discutíamos há semanas era o seguinte: ou Deus não está sozinho e também existe uma divindade do mal, ou seja, Satanás, ou, se existir só Deus, Ele é culpado do mal na Terra. A terceira alternativa era que Deus não era culpado do mal, porque ele não era onipotente.

Essa foi a tese vencedora. A culpa não foi de Deus, pois todas as decisões sobre o futuro dos homens e sobre os acontecimentos que ocorreram no Universo foram tomadas por uma força abstrata, que Deus não controlava:

---

[14] Nota do tradutor: INPS é acrônimo de Istituto Nazionale della Previdenza Sociale.

[15] Nota do tradutor: em italiano, *scopone scientifico*.

a Probabilidade. Eu havia estudado o Livro de Jó em grande detalhe, que tratava do assunto do mal na Terra, e cheguei à conclusão de que essa era uma questão que nunca havia sido respondida nos tempos antigos. Mas, agora, as coisas mudaram por causa do progresso científico.

Só muitos anos depois é que percebi qual era o problema. Com a teoria quântica e a equação de Erwin Schrödinger governando o comportamento probabilístico da realidade, eu finalmente entendi que a função Ψ era a causa do mal. A função Ψ comandava o futuro e era ela quem dava as ordens, não Deus.

PARTE II

> *O Senhor dá, o Senhor toma, bendito seja o seu Santo Nome*
> *(Jó 1:21)*

2.1 O acaso

Por uma concatenação de causas e efeitos, justamente pela função Ψ, acabei por acaso em Ragusa, enquanto a exploração de petróleo da americana *Gulf* estava em pleno desenvolvimento. Os geólogos americanos haviam encontrado um grande campo de petróleo, logo abaixo da cidade, então, como é fácil imaginar, fui para a universidade e decidi estudar Geologia e me tornar geólogo, porque gostava de uma vida livre de compromissos de escritórios. Era assim que pareciam viver os geólogos americanos: percorriam o interior em um Land Rover, de *jeans* e camisa de manga curta (sem gravata, é claro). Então, depois de passar alguns anos no Marrocos, na África do Sul e na Líbia, desembarquei na Noruega e também me tornei um geólogo de petróleo.

Sempre acreditei no gato de Schrödinger, embora quando jovem não tivesse a menor ideia do que ele era. Agora todos sabem que o gato está vivo e morto ao mesmo tempo. Quando jovem, poderia ter me chamado de existencialista, mas agora, como um homem velho, sei que sou simplesmente alguém que acredita naquele gato.

Eu era e permaneci consistente com minhas ideias, o que pareceria estranho para muitos. Eu acreditava — e a vida nunca me fez mudar de ideia — que cada um de nós nasce com um par de dados nas mãos. Deus não joga dados, segundo Einstein, mas o homem, sim. Tudo é um jogo sete-onze, por assim dizer, porque você pode ganhar e pode perder, você pode perfurar um poço do qual são produzidos 10.000 barris de petróleo por dia ou pode perfurar um poço estéril do qual só sai água salgada — um buraco seco[16], no jargão técnico dos petroleiros.

E eu sou um petroleiro, coloque isso na cabeça!

Antes de perfurar, você nunca sabe se o poço será um sucesso ou um fracasso. Nossa vida, como petroleiros, é um jogo de dados. Até o preço

---

[16] Nota do tradutor: no texto original, "buraco seco" é designado pela expressão inglesa *dry hole*.

do petróleo, ao qual está atrelado nosso destino, sobe e desce sem motivo. Como dizem os árabes: os preços (do petróleo) e as vidas (dos homens) estão nas mãos de Allah.

Eu também conheço essa sabedoria em árabe e, na conferência da Norwegian Exploration Managers de 1987, projetei-a com um *slide* para torná-la conhecida por todos. Lembro que todos riram, quando deveriam estar chorando...

Abrindo o computador no Facebook, de manhã, encontrei a mensagem de um filósofo amador em um grupo denominado "Grupo público de filosofia", para o qual eu havia contribuído com algumas besteiras sobre o seguinte problema: por que Deus permite o mal na Terra? A minha resposta foi a minha besteira de sempre: porque Deus não é onipotente, é a Probabilidade, que é a função de onda Ψ, que decide tudo. Estava claro que o filósofo considerava o mal uma deficiência, e ele estava certo. Mas seguindo minha lógica — que para muitos pode parecer errada —, respondi ao filósofo: "Gosto da sua filosofia, mas penso assim: suponha que vivamos em um campo de probabilidade positiva entre 0 e 1, em que 0 é falha e 1 é sucesso (alguns chamam a probabilidade 1 de *Deus*), e que o campo é balanceado por um campo de probabilidade negativa entre 0 e -1, em que -1 é uma falha absoluta, uma má sorte infinita (alguns chamam essa probabilidade negativa de Satanás). Isso explicaria a existência".

Aguardei a resposta até a noite, pois o filósofo mora na América e há pelo menos sete horas de diferença entre os EUA e a Noruega. E então eu me divertiria falando sobre a Noruega e a sorte flagrante.

Fechei o computador e fui tomar o café da manhã, pois vai demorar horas para obter uma resposta. Sentei-me à mesa da cozinha e olhei a vista do fiorde de Oslo para apreciar a vista espetacular do mar e das ilhas. O dia estava lindo e percebi que a Noruega tem de tudo. Belas paisagens, um governo funcionando e, por causa do petróleo, muito dinheiro nos cofres do estado. O que os noruegueses fizeram para merecer isso?

Às vezes me pergunto: como vim parar aqui? Essa é uma pergunta fácil de responder apenas na aparência, por onde começar uma resposta? Seria pelo fato de estar aqui e me perguntar "Por que nasci?", "Eu estou aqui porque não estou lá?", "Eu sou um geólogo de petróleo?" ou pelo fato de eu ter vindo ao lugar certo na hora certa? Pelo fato de eu ter me casado com uma norueguesa? Esqueça: assim como o futuro é difícil de prever, porque está nas mãos de Allah, o passado também é difícil de julgar,

VIDA DE GEÓLOGO

porque você não sabe por onde começar para encontrar as verdadeiras causas do que aconteceu no jogo infinito de probabilidades que ajudam a criar a "história".

Mas uma coisa é certa, mesmo que todas as verdadeiras causas sejam desconhecidas, tudo começou com a *aventura do petróleo norueguês.*

Antes de começarmos a perfurar em busca de petróleo, deve-se saber que ele pode ou não estar lá, como o gato de Schrödinger.

O meu café da manhã foi frugal, ao estilo italiano: três biscoitos e um expresso feito com Moka[17]; depois de alguns minutos, eu abri o computador novamente na minha página do Facebook e encontrei um comentário de meu amigo Poggio de Bologna, escrita em caracteres grandes e emoldurada para se destacar mais: "As pessoas que gostam de comer são as mais simpáticas...". Pensei "Obrigado pelo elogio" e imediatamente cliquei em "Curtir". Então escrevi meu comentário: "Você tem razão, Poggio: até minha tia pensou a mesma coisa quando disse: 'Ela é boazinha... coma', referindo-se a minha mulher! Até meu pai falava: 'Desde que você tenha bom apetite, você é saudável. Ai de não ter apetite!'. E ele viveu até 99 anos".

Então percebi que o autor daquela verdade não era Poggio, mas uma jovem genovesa, obviamente inteligente, porque se formou em Psicologia: Isabella Torta. Procurei imediatamente a imagem dela no perfil do Facebook e devo dizer que era um pedaço de mau caminho[18]. Hoje nas universidades são ensinadas muitas coisas práticas, enquanto no meu tempo era só teoria.

Olhando para a página do Facebook dela, para ver que outras verdades o pedação de mau caminho havia escrito, descobri esta frase: "O acaso não existe. Cada pessoa que você encontra tem uma mensagem para você. Bom dia!".

Aí pensei: "Besteira! Sim, OK, a pessoa tem uma mensagem para você, mas primeiro ela precisa abrir a boca para anunciar sua mensagem e antes disso você tem que conhecer essa pessoa... Que besteira! O acaso é o mecanismo usado pelo Pai Eterno para fazer acontecer o que Ele quer que aconteça no mundo. Tudo o que acontece começa do zero, que contém todas as possibilidades, e uma delas é você, meu lindo pedaço de mau caminho!". Volto a olhar pela janela para apreciar a vista do fiorde e das ilhas Bolærne, que se estendem em fila indiana na foz do fiorde de Oslo em frente a minha

---

[17] Nota do tradutor: outra designação para a típica cafeteira italiana.

[18] Nota do tradutor: tradução livre da expressão italiana *una bela fetta di torta.*

casa, onde venho passar o verão e pensar: tudo o que eu vejo no meu presente é o resultado de uma concatenação de eventos que ocorreram no passado devido ao acaso, à Probabilidade, à função de onda Ψ.

Ao contrário de muitos italianos que vivem na Noruega, eu não moro na Noruega, mas na Sicília; e não sou um imigrante, mas um técnico em petróleo enviado aqui pela empresa para a qual trabalhei na Líbia para ajudar a Noruega a encontrar petróleo. Eles são o instrumento inocente da função de onda Ψ para enriquecer os noruegueses que já foram fartamente recompensados pela natureza. Foi apenas o *Deus Acaso* que me trouxe aqui, porque a empresa poderia ter me enviado para outro lugar, por exemplo, para a Indonésia, em vez da Noruega. E então meu futuro teria sido completamente diferente. Só por acaso eu vim parar aqui. Aliás, fui mandado aqui como punição, porque meu chefe na Líbia, aquele fanático André, tinha reclamado de mim na sede em Paris, acusando-me de ser lento.

Claro que eu era lento, tinha todos os motivos do mundo para ser lento. Só havia dois *mud loggers*[19] naquele canteiro em que estava sendo perfurado um poço no meio do deserto da Líbia: André e eu, e ele era o chefe da equipe por ser o mais velho. Eu era um simples capanga, ele tomava todas as decisões. Foi ele quem decidiu me obrigar a trabalhar no turno diurno, das 8h às 20h, nos horários mais quentes do dia, quando a temperatura na sombra ficava em torno de 50° C e também na porta de entrada do local onde estávamos localizados. O vento quente do Saara do Sul, o Ghibli, soprava, apesar de ser apenas o início da primavera. André tinha guardado o turno da noite para si e durante o dia dormia pacificamente com o ar-condicionado no máximo, enquanto eu me assava sem ar-condicionado na cabine. Lembro que, antes de chegar de carro de neve ao canteiro que ficava a poucos quilômetros do campo, bebi alguns copos de água doce. Depois de meia hora, naquele inferno que era nossa cabana, sem ar-condicionado e com a porta sempre aberta, eu já estava com sede. Claro que fui lento! Também fui lento para permitir que os coletores de amostra líbios, que eram mais lentos do que eu, entrassem e saíssem para me trazer os fragmentos de rocha para serem analisados sob o microscópio e descritos no Registro. Éramos todos lentos. Até os camelos no deserto não têm pressa!

---

[19] Nota do tradutor: *mud logger* é uma expressão inglesa que designa trabalhadores da indústria petrolífera que extraem e analisam amostras de materiais em que possivelmente pode ser encontrado petróleo.

2.2 Stavanger[20]

Do deserto da Líbia, a mando do *Deus Acaso* que tudo decide, cheguei a Stavanger jovem, bronzeado e moreno como um beduíno, com o avião vindo de Trípoli, em um lindo dia de maio de 1968, após ter feito uma breve parada na sede em Paris, onde meus chefes me informaram do trabalho que me esperava na Noruega. Surpreendentemente, não me repreenderam pelo que André havia dito sobre mim, talvez porque soubessem que André, depois de anos trabalhando no deserto, havia se tornado um paranoico, uma pessoa difícil de lidar.

Jacques Farinacci, o corso que comandava nossa equipe na Noruega, veio me buscar no aeroporto de Stavanger. O controle de passaportes era praticamente inexistente, ao passo que, para entrar na Líbia, era preciso passar por pelo menos nove policiais, todos em fila única, para analisar o passaporte e o visto; para sair também era necessário um visto. Farinacci tinha pernas curtas e era baixo como Napoleão, mas sempre andava de cabeça erguida como se mandasse — e, na verdade, mandava.

Farinacci fez-me participar de uma corrida em alta velocidade em sua *alfetta*[21] azul e, a uma velocidade alucinante, muito além do limite permitido pelas autoridades norueguesas, acompanhou-me ao hotel em Stavanger. No caminho, ele protestava contra os noruegueses, os quais considerava motoristas muito lentos de acordo com seus padrões da Córsega.

Falando comigo em francês, embora soubesse italiano perfeitamente, Farinacci me deu rudes boas-vindas, sem muitas palavras desnecessárias, porque era um homem de poucas palavras. Ele me disse: "Amanhã você abrirá uma conta bancária para que eu possa reembolsar suas despesas em coroas norueguesas; depois de amanhã, partiremos juntos de helicóptero para a plataforma Ocean Traveller, no Mar do Norte. Estamos fazendo um bom trabalho para a Phillips".

Vindo do pequeno aeroporto de Sola, contornamos o Mar do Norte e depois o fiorde Hafrsfjord a toda velocidade (porque Farinacci não dava a mínima para as "porras das regras das estradas norueguesas"), seguindo a estrada que, naquela época, era a única para chegar a Stavanger do aeroporto. Acredito que em Stavanger havia apenas dois policiais naquela época. Duas

---

[20] Nota do tradutor: cidade do sudoeste da Noruega.

[21] Nota do tradutor: *alfetta* é diminutivo de Alfa Romeo, fabricante de carros italiana cujos modelos eram muito apreciados na Europa dos anos 1970.

coisas imediatamente me impressionaram na Noruega: a rapidez com que minha bagagem me foi entregue quando cheguei, pois chegou antes mesmo de eu passar pelo controle de passaportes, e a ordem extrema das casas, todas meticulosamente pintadas e todas com belos jardins limpos e floridos. Por que não era assim na Itália? Achava que os noruegueses desperdiçavam muita tinta branca à toa e, acostumado como estava com a Sicília e a Líbia, toda aquela ordem parecia falsa e quase me incomodava. O que eles estavam tentando esconder por trás de toda essa ordem?

Instantaneamente respirei uma sensação incomum de liberdade naquele estranho mundo relaxado que era, e ainda é, a Noruega. Fiquei confuso porque estava acostumado a não ser livre, a ser enviado por alguém aqui ou ali. Eu era carne do deserto, forçado a comer areia, estava acostumado à prisão sem fim de areia ardente.

Entrando em Stavanger, passamos pelo pequeno lago chamado Mosvatnet e depois caminhamos ao redor de outro pequeno lago próximo ao porto, o Breiavatnet. Fui imediatamente atingido por um forte cheiro de mar, misturado com um leve cheiro de peixe, algas e gaivotas.

Mais casas limpas pintadas de branco: que desperdício!

As gaivotas eram as donas absolutas e indiscutíveis da situação. Elas dominavam a cidade, observando tudo o que acontecia de cima com seus olhos vidrados. Muitas vezes elas também saíam para passear pela cidade sem serem perturbadas, independentemente do trânsito.

2.3 Farinacci

Um livro não bastaria para descrever a complexa personalidade de nosso líder Farinacci, mas bastam algumas palavras para explicá-la: ele era um corso como Napoleão.

Nunca o chamávamos pelo nome verdadeiro, Jacques, apenas de *Farinàcci*, no estilo italiano, e não *Farinaccì*, com o acento na última sílaba, no estilo francês, porque ele não se importava em se passar por francês, mas tinha orgulho de sua identidade corsa.

Para entender a personalidade dos corsos e o percurso complexo, é preciso explicar que eles não eram nem mais nem menos que os italianos, com todos os méritos e defeitos que ser italiano acarreta, mas se sentiram traídos pela Itália, ou melhor, pela República de Gênova, que alguns anos antes do nascimento de Napoleão havia vendido a Córsega à França por

VIDA DE GEÓLOGO

algum motivo que não me lembro, mas que talvez tivesse o propósito de eliminar uma província inconveniente da República. A língua deles era um dialeto italiano com influências genovesas e catalãs, mas, para falar a verdade, eles eram de uma raça diferente: eles eram, como os sardos e os bascos, os descendentes de uma linhagem pré-histórica indígena muito antiga, que viveu na Europa antes da Invasão indo-europeia do Cáucaso e da Ásia. Eles nunca se tornaram realmente franceses.

Farinacci me disse que os italianos, que ele chamava de *putain des Italiens*, o irritavam. Quando ele estava com raiva de mim, nos primeiros dias, ele me chamava de *putain de Rital*, um termo depreciativo com o qual os franceses se referem aos italianos. Por isso, e para manter distância, preferia falar comigo em francês. Para mim não foi um problema, porque estudei francês na escola desde o ensino médio e usei o idioma na França e na Líbia com meus colegas franceses. Agora eu entendia todas as nuances do francês, incluindo as expressões dialetais mais comuns e, claro, os palavrões.

Em Stavanger, Farinacci me deixou no Hotel St. Svithun, no centro, e imediatamente escapuliu, gritando para mim da janela: "Vou buscá-lo às 9 da manhã!".

Depois de fazer um breve tour de reconhecimento da cidade e do belo porto, entrei em um pequeno bar perto do porto para jantar e pedi alguns sanduíches de camarão que engoli com uma cerveja de meio litro. A meu lado estavam alguns marinheiros noruegueses, decididos a beber cerveja e fumar, conversando sobre isso e aquilo. De vez em quando eles me olhavam com curiosidade, porque dava para ver a um quilômetro de distância que eu não era norueguês: estava bebendo em um copo de cinco decilitros. De longe notei o carinho com que todos acariciavam seus copos de cerveja de seis decilitros, como se fossem gatos. A relação entre os noruegueses e suas cervejas era evidentemente uma relação de amor verdadeiro, passada de pai para filho no DNA.

Mais tarde dei outro passeio pelo porto e pela cidade velha e voltei cedo para o hotel, porque estava muito cansado e com sono.

Naquela noite, tive minha primeira experiência com duas instituições tipicamente norueguesas: a *light of the night sun* e a *dyne*, uma espécie de colcha de penas de ganso que os noruegueses usam na cama em vez de lençóis e cobertores. A *dyne* substitui lençóis e cobertores em um único corpo rígido que segue leis físicas diferentes de todos os outros corpos. Em primeiro lugar, é leve, quase como uma nuvem; depois, é uma combinação de um

61

lençol e um acolchoado leve semirrígido, que poderia ser considerado um edredom, e tende a escorregar da cama quando alguém se vira. Se o corpo gira para a direita, ele gira para a esquerda e vice-versa, devido à lei física de fricção e conservação de energia. Se você tem calor e se atreve a movê-la alguns centímetros, acaba batendo os dentes com as costas congeladas ao amanhecer porque a colcha escorregou por conta própria e caiu da cama. Então, às 3h, quando você tenta voltar a dormir e restaurar o calor do corpo para 37° C, já existe um raio de sol em seu quarto que o impede de dormir. Para aprender a eliminar a luz ofuscante que entra na sala às 3h, é preciso aprender a manobrar o *rulle gardiner*, outra instituição norueguesa que todos os noruegueses sabem usar, mas que apenas alguns estrangeiros, com formação em engenharia mecânica, podem operar. Na manhã seguinte, apesar das dificuldades da noite, depois de um farto desjejum norueguês à base de um longo café com ovos cozidos e arenque defumado, estava pronto para enfrentar Farinacci. Às 9h ele veio buscar-me a pé, depois de ter estacionado o carro no porto.

Atravessamos juntos uma pequena praça em frente ao hotel, perturbando algumas gaivotas que, por direito de cidadania, ocupavam a parte da praça em frente ao Banco, em vez dos habituais pombos a que eu estava habituado. As gaivotas reclamaram da intrusão, gritando em voz estridente, depois que Farinacci as insultou, chamando-as de *putain de mouettes*, mas nós as ignoramos e entramos no Banco.

O caixa era um senhor de meia-idade que gentilmente me perguntou o que eu queria. Eu disse em inglês: "Gostaria de abrir uma conta". "Sem problemas, quanto você deseja depositar nessa conta?". "É que tenho uma conta em francos franceses em um banco suíço. Posso depositar um cheque em francos franceses da minha conta na Suíça neste banco?".

Farinacci ficou em silêncio, a alguns passos de distância, e gostou da cena.

O senhor respondeu: "Sem problemas, me escreva o cheque com a quantia em francos franceses".

Preenchi o cheque e dei a ele, ele transformou a quantia em coroas norueguesas, convertida pela taxa de câmbio daquele dia, e me fez assinar um pedaço de papel. Em minutos eu tinha uma conta bancária na Noruega e um talão de cheques norueguês. Pedi algum dinheiro em coroas e ele imediatamente me deu a quantia solicitada.

VIDA DE GEÓLOGO

Farinacci imediatamente me disse: "O dinheiro que você precisa aqui para hospedagem e alimentação eu lhe darei, depois faremos as contas. Aqui você é pago por tudo: a GEOservices paga[22]".

Quando eu disse a Farinacci que estava surpreso com a facilidade de abrir uma conta na Noruega, ele comentou: "As pessoas confiam em você aqui. Você percebeu que o caixa aprovou imediatamente o cheque do seu banco suíço? O caixa imediatamente confiou em você porque os norueqgueses são poucos e muito ingênuos (*les Norvégiens sont tous naïfs*), você vai perceber que este é um país especial".

Era verdade e logo eu percebi.

Em seguida, com Farinacci, fomos até o porto, para nosso laboratório. Ele havia alugado um quarto da North Sea Oil Services, uma empresa norueguesa que fornecia vários materiais e equipamentos para empresas que operam *offshore*. Além de nós, a empresa francesa de mergulhadores Comex de Nice, fundada pelo famoso explorador francês Jacques Cousteau, também alugou uma casa da NSOS[23].

Farinacci me explicou a finalidade do equipamento que tínhamos no laboratório. Em primeiro lugar, a serra de diamante era usada para cortar as pedras ao meio. Os núcleos, chamados de *cores*, em inglês, eram grandes amostras de rocha cilíndrica, tiradas durante a perfuração subterrânea com uma ferramenta especial, um tubo oco com uma coroa de diamante chamado *corebarrel*. Metade das pedras deveria ser enviada para a sede da Phillips em Bartlesville, Oklahoma, EUA, e uma parte estava à disposição da empresa norueguesa Olje Direktoratet e deveria permanecer em Stavanger, na base de operações da Phillips. Em seguida, havia uma ferramenta para tirar pequenos cilindros de rocha, *plugs* de núcleo, que eram usados para medir a permeabilidade, a porosidade e o teor de óleo da rocha com nossos instrumentos. Tínhamos também instrumentos de todos os tipos, que eram usados para analisar as propriedades da rocha: microscópios de reserva, cromatógrafos a gás, detectores de gás etc. e várias peças de reposição para substituir as que tínhamos na plataforma *offshore*, em caso de acidentes em que elas quebrassem.

---

[22] Nota do tradutor: GEOservices, LLC é uma empresa americana de extração petrolífera em que trabalhava Melli à época dos acontecimentos narrados aqui.

[23] Nota do tradutor: NSOS é um acrônimo de *North Sea Oil Services.*

Tínhamos também muitas caixas de madeira para alojar e guardar as pedras e caixas de papelão para conter os fragmentos de rocha que saíam do poço e que precisavam ser preservados religiosamente.

Antes de sairmos, fomos dar uma risada com os dois líderes dos mergulhadores da Comex no laboratório ao lado do nosso. Eram belos rapazes, na casa dos 30, ambos de Nice, cidade que fora dada à França pelo rei italiano Vittorio Emanuele II para recompensá-la pela ajuda que prestou na guerra de independência contra os austríacos. Não só Napoleão, mas também a França, no decorrer dos séculos, depenou-nos como uma galinha para jogar na panela! Pobre Itália.

Os dois rapazes da Comex, como eram corsos, tinham origem italiana, então nos entendíamos bem com eles, porque tínhamos as mesmas ideias. Poucas ideias, mas boas. Além do trabalho, ao qual se dedicavam com meticulosa atenção aos detalhes, porque se não arriscavam a pele, eles só tinham uma coisa na cabeça: garotas — *mulheres a dragar*. Fomos almoçar com eles na cafeteria do Hotel Atantic, que era a melhor sala de estar de Stavanger, onde todos os jovens se reuniam e onde nós, os petroleiros, também nos encontrávamos quando estávamos em terra no Mar do Norte. Lá passamos algumas horas brincando e ouvindo as aventuras dos dois rapazes, que nos deram uma imagem detalhada da situação. As histórias deles eram reforçadas por pérolas linguísticas frequentes como *putain, salope, cocu, fils de pute*, que eu entendia muito bem e que transmitiam bem os temas das conversas. Houve até referências ocasionais aos noruegueses: *putain des Norvégiens*. O lugar estava cheio de meninos e meninas noruegueses que pareciam estar em casa, porque passavam a tarde e às vezes até a noite ali, muitas vezes sem consumir nada; a cerveja custava caro para as escassas finanças deles ou às vezes se contentavam com um café. Os dois rapazes pareciam conhecer todos e, acima de tudo, conheciam a vida, a morte e os milagres de todas as garotas.

A cafeteria Atlantic precisa ser descrita com mais detalhes e farei isso mais tarde, mas primeiro vamos falar sobre espiões.

Naquela noite, Farinacci me levou para jantar no Hotel Alstor, que, além de restaurante, tinha uma pista de dança. Usei meu terno marrom claro, que combinava com a cor da minha pele bronzeada e me fazia parecer uma beduíno. Naquela noite, percebi que estávamos cercados de espiões. Havia espiões americanos e havia espiões russos. A atividade de exploração na Noruega foi monitorada por vários motivos, de fácil compreensão, pelas grandes potências mundiais.

A questão era: existe petróleo na Noruega ou não? E, se houver petróleo, valerá a pena investir muito capital para obter licenças no Mar do Norte? Os americanos olharam para o aspecto econômico do problema, enquanto os russos espionaram tudo. Não esqueçamos que estávamos na época da Guerra Fria.

Antes do jantar, Farinacci e eu estávamos no bar Alstor, bebendo uma cerveja, quando um russo se aproximou de nós, apresentou-se como adido militar na embaixada russa em Oslo e insistiu que bebêssemos outra cerveja pela saúde dele. Então, falando comigo em inglês, ele me perguntou: *"Where are you from?* (De que país você é?)"*. Mas meu inglês não era tão bom quanto é agora, então respondi: "Sou da Líbia.", o que significa que eu tinha acabado de chegar da Líbia à Noruega. Ele se iluminou com um grande sorriso e disse que eles, os russos, tinham excelentes relações com os irmãos líbios e haviam estabelecido fortes laços comerciais e políticos com aquele país do norte da África. Não podemos esquecer que a Líbia, naquela época, tinha um enorme potencial petrolífero, poucos habitantes (apenas um milhão e meio) e era governada por um velho rei, Idriss el Sanussi. Ao voar pela Líbia, também notei a presença de russos lendo o *Pravda* no voo Trípoli-Benghazi. O russo insistiu que jantássemos com ele, seríamos convidados. Aceitamos e nos sentamos com ele em uma mesinha ao lado da pista de dança. Durante o jantar, discutimos isso e aquilo e o russo fez muitas perguntas sobre nosso negócio de petróleo. Eu disse que tinha acabado de chegar e não sabia de nada e Farinacci era um túmulo de poucas palavras, porque não confiava no russo.

Quando a verdade veio à tona durante a conversa, que eu não era líbio, mas italiano, o russo mudou de cor, de avermelhado para pálido, e ficou mudo pelo resto da noite. Naquela ocasião, entendi perfeitamente que os russos estavam espionando os americanos em toda parte e, no ano seguinte, percebi que foram os russos que ajudaram Gaddafi a realizar seu golpe contra o rei Idriss.

Farinacci era um excelente técnico e conhecia perfeitamente o trabalho, mas o calcanhar de Aquiles dele era não ser geólogo como eu e não ser tão bom quanto eu na identificação das rochas para reconstruir a série estratigráfica do terreno cruzado. Com o passar dos meses, tornamo-nos bons amigos e passamos a nos respeitar, pois descobrimos que nossas especialidades se complementavam bem.

Depois de um tempo, ele parou de me chamar de *putain de Rital*, quando estava chateado, e começou a me chamar simplesmente de Max, como os americanos. Eu, por outro lado, sempre o chamei de Farinacci, porque parecia certo que seu sobrenome conservasse um resquício do antigo espírito italiano que era seu por direito.

Nós dois juntos formamos uma equipe de especialistas que rapidamente construiu uma reputação no setor de petróleo de Stavanger. Eu era o geólogo e ele, o técnico. Nosso nome está intimamente ligado à maior descoberta de petróleo da história da Noruega: o campo Ekofisk, descoberto em novembro de 1969.

Embora eu já fosse um geólogo experiente, tendo trabalhado no Marrocos, na África do Sul e na Líbia, foi Farinacci quem me ensinou os primeiros fundamentos práticos da exploração de petróleo *offshore*, e foi aquele país tranquilo e ingênuo, que era a velha Noruega, que me deu a certeza de que se um evento tem uma probabilidade diferente de zero de ocorrer, eventualmente ele ocorre. Vou explicar o porquê.

Como a senhora pedaço de mau caminho disse no Facebook, "O acaso não existe. Cada pessoa que você conhece tem uma mensagem para você". Acho, em vez disso, que o acaso existe e é ele quem faz com que os eventos aconteçam, mas para capturar os eventos positivos, alguém deve mostrar o caminho, enviar a mensagem. Que mensagem Farinacci estava me enviando?

Graças à Noruega e a meu professor Farinacci, tornei-me o otimista que sou. Hoje Farinacci não está mais lá. Um dia, alguns anos após a descoberta do Ekofisk, enquanto eu trabalhava com a Phillips em Londres, liguei para a GEOservices em Paris para obter o endereço e o número de telefone de Farinacci. Uma voz entediada me disse que ele não estava e eu perguntei: "Onde ele está, ele foi embora?". Recebi a resposta: "Claro que ele se foi, ele está morto! Na Indonésia...". Assim terminou o ciclo de meu mestre nesta Terra. Paz para a alma dele. Aprendi com ele que para fazer bem as coisas é preciso começar de baixo, com bases práticas sólidas. Também graças a ele me tornei membro de uma dualidade geológica que era constituída por Farinacci e por mim. Cada um de nós construiu uma boa reputação em nosso campo, o que me levou mais tarde a ingressar na Phillips como geólogo de petróleo. No entanto, para completar a cadeia de causa e efeito que levou ao Ekofisk, também é preciso muita sorte. Enquanto aprendia a parte prática com Farinacci, aprendi os fundamentos teóricos da exploração com meu segundo professor em Oslo: Hank Heikkila. Paz também para a bela alma dele.

Muitos livros foram escritos para descrever o início da aventura do petróleo na Noruega, mas, que eu saiba, jamais alguém começou a contar essa grande descoberta do ponto de vista do gato de Schrödinger e do aspecto humano. O petróleo é encontrado na mente dos homens, onde está e não está ao mesmo tempo, antes de ser subterrâneo.

2.4 Bereshit

A Bíblia começa com a palavra hebraica *bereshit,* que é traduzida como "no início", e é com essa palavra que quero começar a história dos eventos que levaram à descoberta das enormes riquezas de petróleo que estavam escondidas no mar. No começo (*bereshit*), não havia poço de petróleo na Noruega, mas o petróleo estava e não estava nas mentes de alguns homens ao mesmo tempo — e o Espírito da função de onda Ψ pairava sobre as águas do Mar do Norte...

A Noruega não tem rochas sedimentares aflorando no território, com exceção de um pequeno afloramento de terras antigas preservadas da erosão no Fiorde de Oslo. As rochas que afloram na Noruega são aquelas lindas rochas suavizadas pela erosão das geleiras que vemos nas laterais dos fiordes e que os noruegueses chamam de *svaberg*. Trata-se principalmente de antigas rochas cristalinas, granitos e gabros ou antigos solos metamórficos do Erciniano, isto é, pertencentes a uma fase muito antiga da evolução da crosta terrestre — todas as rochas que não são adequadas para conter óleo. Para encontrar o petróleo, são necessárias rochas sedimentares, ou seja, rochas formadas no meio marinho, areias porosas, calcários organogênicos formados por esqueletos de animais marinhos e, sobretudo, argilas ricas em substâncias orgânicas que podem ser transformadas em petróleo. Ninguém esperava que a plataforma continental norueguesa, sob o Mar do Norte, tivesse rochas sedimentares contendo as enormes reservas de petróleo que foram encontradas mais tarde.

Os pessimistas de sempre diziam: "Eu bebo todo o óleo que você encontrar na Noruega". Consequentemente, não havia um único geólogo norueguês que estivesse na Noruega à época e que entendesse alguma coisa sobre petróleo.

A Noruega, naquela época, era considerada um país "pobre", embora eu nunca tenha notado sinal de pobreza. O povo vivia bem, embora frugalmente, da agricultura, das florestas, dos vastos recursos hídricos e do rico mar de peixes. Havia trabalho no mar para todos, homens e mulheres, já que a Noruega tinha a quarta maior frota mercante do mundo, apesar de ter uma população de pouco mais de três milhões de habitantes. Os navios e marinheiros noruegueses percorriam incansavelmente os sete mares, transportando mercadorias, petróleo e minerais de um país a outro.

Na manhã seguinte, partimos de helicóptero ao amanhecer, com céu claro e o Sol já brilhando no céu, pois estávamos na primavera na latitude de 59° ao norte, portanto, a cerca de 7°30' ao sul do Círculo Ártico, que está localizado a 66°33'39" de latitude norte e é teoricamente o ponto mais meridional da latitude, onde o sol da meia-noite pode ser visto ao norte do Equador. Não é à toa que os pilotos de helicóptero noruegueses são pessoas especiais. Como um deles disse para mim um dia: "Nós somos *polar apekatter* (Nós somos macacos polares)". Foi preciso muita coragem para fazer a viagem de helicóptero de 200 km para levar os petroleiros até as plataformas, em pleno Mar do Norte, muitas vezes com ondas de 10 a 30 metros de altura que balançavam as plataformas para cima e para baixo de modo imprevisível. Mas eles conseguiram. E eles não foram os únicos heróis da atividade *offshore*[24]. Havia também os marinheiros dos barcos de abastecimento, que estavam permanentemente ancorados perto das plataformas para trazer materiais pesados e vários equipamentos para terra firme, que eram usados para a atividade de exploração.

Em cerca de duas horas, pousamos na plataforma semissubmersível Ocean Traveller, da americana ODECO. Essa foi a primeira vez que viajei de helicóptero e apreciei de cima a vista dos fiordes e depois a do Mar do Norte, que parecia não ter fim.

2.5 Ocean Traveller[25]

Saindo do helicóptero com a cabeça baixa, por medo de que as hélices cortassem meus "chifres", pus os pés em uma plataforma de petróleo *offshore* pela primeira vez na vida.

Costumava manter os pés no chão, na areia do deserto, e estava habituado ao campo, às oliveiras da Sicília, sob as quais se pode deitar para tirar uma soneca à sombra. Algumas vezes eu já tinha pescado no mar com pescadores, mas nunca tive uma experiência desse tipo. Fiquei imbuído dos pés à cabeça com a cultura mediterrânea clássica herdada dos gregos e latinos, e nosso mar, chamado pelos romanos de *mare nostrum*, era um mar

---

[24] Nota do tradutor: a atividade petrolífera *offshore* faz a extração do petróleo em alto-mar, ao contrário da *onshore*, que faz a mesma extração em terra firme.

[25] Nota do tradutor: Ocean Traveller é uma plataforma americana de extração de petróleo.

azul geralmente calmo. Para mim, a Ocean Traveller, na qual acabávamos de pousar, à primeira vista parecia um enorme monte de sucata flutuando no meio do mar, longe de tudo, longe do mundo.

Mais tarde, porém, comecei a entender que aquela imensa jangada, mantida unida por pilares e vigas de aço, era uma fantástica obra da engenhosidade humana, cada parte dela era essencial ao funcionamento de tudo para obter um resultado ambicioso: perfurar um poço no mar de uma estrutura flutuante em um dos ambientes mais perigosos do mundo.

O Mar do Norte é um mar especial. A profundidade média não ultrapassa os 100m e, portanto, pode ser considerada uma extensão marinha ou uma plataforma continental da Europa. Com exceção da Fossa da Noruega, formada pela ação das geleiras, que atinge uma profundidade de 600m e envolve todo o norte da Noruega a partir de alguns quilômetros ao sul de Mandal, o Mar do Norte é um mar raso. Devido à profundidade modesta, quando uma tempestade ocorre com ventos fortes para se tornarem verdadeiros furacões, a profundidade rasa do mar se combina com o vento para criar ondas monstruosas. A Ocean Traveller foi um feito de engenharia construído para resistir a essas ondas. Era uma plataforma flutuante, ancorada no fundo do mar, com oito enormes âncoras penduradas em grandes correntes. Estava dividida em vários andares e sustentada por oito enormes pilares que, por sua vez, repousavam sobre dois enormes pontões flutuantes submersos. Esses dois pontões eram vazios e cheios de ar para permitir que a estrutura pesada flutuasse, mas, se necessário, poderiam ser parcialmente preenchidos com água ou esvaziados por enormes bombas operadas pela sala de controle da casa de máquinas. Marinheiros noruegueses estavam encarregados dessa delicada operação que permitia a flutuação. Tudo tinha de estar perfeitamente coordenado, porque, não podemos esquecer, além de flutuar, a plataforma tinha que suportar o peso considerável das hastes de perfuração que podiam chegar a várias centenas de toneladas. A nação norueguesa, que não tinha experiência em petróleo, por outro lado, tinha os marinheiros mais habilidosos do mundo.

A Ocean Traveller se tornou minha casa por algumas semanas, quando concluímos o primeiro poço de exploração 7/11-1 da Phillips na instalação identificada como *Cod*. Sendo, na época da Universidade de Bolonha, um especialista em jogos de azar, não ignorei o fato de que o número que identificou aquela exploração era um número da sorte, pelo menos para mim. Eu acreditava no gato de Schrödinger sem saber, mas estava convencido de que teríamos muitas esperanças de ganhar, de rolar o número 7 no primeiro lance de dados.

Para entender como se desenrolaram os acontecimentos e para descrever o aspecto humano daquela vida, que se tornou minha, é preciso também dizer algumas palavras sobre como os vários departamentos operacionais da plataforma foram organizados e explicar a função deles. Muitos anos se passaram e acho difícil lembrar a estrutura exata da Ocean Traveller, porque, em minha vida, já estive a bordo de inúmeras plataformas, todas um pouco diferentes umas das outras, mas acho que me lembro mais ou menos como era.

O convés do helicóptero estava naturalmente localizado em um dos lados da plataforma, no ponto mais alto, para evitar que a hélice batesse em qualquer obstáculo. Localizava-se acima das cozinhas, da sala de jantar e das cabines, com os aposentos da tripulação. Depois de pousar, descia-se de uma escada para o convés principal no centro do qual estava a sonda, que é a torre de perfuração sobre uma estrutura elevada chamada convés superior, mais ou menos na mesma altura do convés do helicóptero. A cabine da GEOServices foi colocada no convés superior, ao pé da plataforma, ao lado das cabines do empurrador de ferramentas e do supervisor da plataforma, que compartilhavam o comando da plataforma. O empurrador de ferramentas da ODECO, empresa americana proprietária da plataforma, era o responsável absoluto por todas as operações de perfuração e estabilidade da plataforma, enquanto o supervisor da plataforma era o gerente de construção que executava o programa de perfuração como representante e funcionário da Phillips. Os dois homens costumavam se consultar sobre a melhor forma de realizar as operações ou a melhor maneira de resolver os problemas. Havia um homem encarregado da segurança e havia homens encarregados da casa de máquinas, para garantir a estabilidade e a flutuação da plataforma.

Sob o convés superior, havia um segundo convés inferior, o convés hiperbárico, no qual permaneciam por horas, após cada mergulho, para evitar as perigosíssimas embolias de gás. A cantina, as cozinhas e os camarotes, além de chuveiros e banheiros, ficavam no convés principal. Depois havia o *deck*, mais abaixo, onde a sala de controle da casa de máquinas deveria garantir a flutuação 24 horas por dia — simples na aparência, mas extremamente complicada nos detalhes. Os perfuradores eram dividos

VIDA DE GEÓLOGO

em *drillers*[26], todos americanos ou canadenses, e *rustabouts* e *roughnecks*[27], valentões que eram todos jovens aprendizes noruegueses e ajudavam os perfuradores a realizar os vários trabalhos. O homem da torre ficava no topo da torre de perfuração e ajudava a enganchar as hastes durante as manobras de perfuração. Estranhamente, ele era um índio vermelho de alguma tribo do Canadá. Os sondadores explicaram-me que os índios eram estranhamente pessoas que não sofriam de vertigem, devido a alguma mutação genética que ninguém entendia, e deviam ser mantidos longe do álcool, porque bebiam feito esponjas.

Chegando a nossa cabine, no convés superior, cumprimentamos os outros dois *mud loggers,* a quem estávamos substituindo no comando. Após uma breve troca de instruções e muitas risadas eles partiram, depois de meia hora, com o helicóptero e alegremente deixaram a cabine toda para nós. Soubemos, por meio deles, que havíamos acabado de entrar nas areias do Paleoceno, na altitude esperada, mas não havia indícios de gás ou fluorescência. O geólogo do local do poço Phillips ainda não tinha visto as amostras de rocha (cortes) no microscópio, mas parecia que o poço estava estéril, pelo menos naquele objetivo principal. Os dois colegas mal podiam esperar para fugir, porque já estavam a bordo há um mês e morriam de vontade de desembarcar. Isso explicava por que eles haviam analisado as areias apenas superficialmente.

2.6 *Cod* 7/11-1

Entrando na cabine, fui imediatamente ao microscópio para estudar meticulosamente as amostras das areias do Paleoceno e decidi que não havia dúvida de que eram areias finas, mas bastante porosas e ligeiramente calcárias, com vestígios de pirita, glauconita e com algum resíduo microscópico de carbonato, três minerais que, juntos, indicavam um ambiente de deposição deltaica. Essas areias faziam parte de um antigo delta que ocupou o centro do Mar do Norte há cerca de 60 milhões de anos, durante o Paleoceno. Também notei que, sob a lâmpada ultravioleta, as amostras de rocha apresentavam uma leve fluorescência azulada de baixa intensidade, mas não zero. Até mesmo o cromatógrafo de gás mostrou algum gás metano, não zero, mas

---

[26] Nota do tradutor: *drillers* é um termo inglês que, no linguajar da indústria petrolífera, significa "aqueles que prospectam uma região onde potencialmente há petróleo" ou "prospectores".

[27] Nota do tradutor: *rustabouts/roughnecks* são termos ingleses que designam pessoas rudes ou que exercem atividades menores.

não uma quantidade que sugerisse que as areias foram mineralizadas com petróleo. Fiz o teste de ácido, para dissolver as amostras e diluir eventuais vestígios de óleo, e coloquei o tubo sob a lâmpada ultravioleta. Percebi um traço de fluorescência esbranquiçada leitosa, de baixa intensidade, mas não igual a nada. Evidentemente, algo estava lá!

Farinacci me observava trabalhar e ficava em silêncio. Fui buscar mais amostras nos agitadores de xisto e não as lavei desta vez para ver o que acontecia. A fluorescência aumentou um pouco em comparação com as areias lavadas e a cor das areias, no microscópio, parecia ligeiramente amarela. Eu relatei esse fato a Farinacci, que imediatamente correu para fora para falar com o empurrador de ferramentas. Quando voltou para a cabine, ficou pensativo e começou a fazer alguns cálculos com uma calculadora e um livro de dados técnicos e, de repente, exclamou: "Oh, *putain*! Claro que há pouco gás: o peso da lama de perfuração é tão alto que desloca todo o gás da rocha. *Putain de foreurs*, deixe-me ver também!". Ele havia calculado exatamente a pressão da coluna de lama, em profundidade, que deslocava o gás, começou a estudar as amostras e concluiu que havia fluorescência esbranquiçada o suficiente para indicar que as areias estavam mineralizadas com gás, e não óleo. O óleo teria causado uma fluorescência amarelo-dourada. Eu disse: "Concordo com você. Quando a fluorescência não é zero, algo é certo". Farinacci saiu novamente e foi falar com o supervisor da plataforma americana; pediu-lhe que baixasse o peso da lama para nos dar uma maneira de medir o gás. Todos os geólogos sabem que supervisores e perfuradores de sonda estão especialmente interessados em fazer poços limpos que atinjam seu objetivo sem complicações devido a pedidos estúpidos de geólogos, mas, daquela vez, milagrosamente, o supervisor de sonda se deixou convencer.

Depois de algumas horas, tempo necessário para equilibrar o sistema, com o peso da lama reduzido um pouco, finalmente percebemos um aumento do gás. Quase todo o gás era metano C1 e etano C2, o que foi a confirmação de que tínhamos mineralização de gás. Depois de estudar outras amostras de rocha, que mostraram fluorescência mais consistente, ficamos convencidos de que as areias continham gás. Havíamos descoberto o primeiro campo de gás da história da Noruega, que mais tarde foi chamado de *Cod*.

Eu havia confirmado que, como no jogo de dados em que pode acontecer o par sete-onze, *uma probabilidade diferente de zero sempre pode ocorrer.*

Nos dias seguintes, por ordem do geólogo do sítio Phillips, Jerry, o texano, pegamos algumas rochas nas areias do Paleoceno e, após atingirmos

VIDA DE GEÓLOGO

TD (*total depth*), segundo os registros elétricos da Schlumberger,[28] confirmamos a descoberta. Apenas após duas semanas nós pudemos voltar a pisar em terra. O poço foi concluído e foi um achado.

2.7 A cafetaria do Atlantic Hotel

A célebre batalha do Atlantic Hotel entre os *degos* e os noruegueses ocorreu alguns meses antes de minha chegada. Meus colegas franceses imediatamente me contaram e ouvi o testemunho de Gaetano Cavallo, que esteve presente nessa batalha. Ao chegar à Noruega, soube quase imediatamente que também eu era um *dego* e devo a honra de ter recebido essa homenagem, da qual ainda me orgulho, aos italianos que me precederam na Noruega e que conquistaram esse título nobre graças ao suor de suas atividades sexuais. Havia muita gente, cerca de 2.000 pessoas, quase todos jovens, que tinham sido enviados pela empresa italiana, a Saipem, para construir a refinaria em Sola, perto de Stavanger, um ano antes de eu chegar. Mas vamos primeiro descrever as causas desses eventos de acordo com a história da única testemunha italiana que permaneceu em Stavanger, quando todas as outras haviam retornado à Itália.

A história começa assim: um *maná* inesperado de jovens italianos famintos, como de costume, por mulheres choveu do céu em Stavanger, e esses italianos encontraram um pasto infinito de mulheres, ávidas por experiências exóticas. As mulheres maduras em busca do amor de suas vidas, as esposas de marinheiros que estavam há meses a bordo, as meninas em crise da adolescência e as mulheres em busca de aventuras colidiram com uma horda de famintos, sexualmente reprimidos, que nunca tinham visto tanta abundância na vida. Os italianos estavam acostumados a construir refinarias nos países árabes do Golfo, no Marrocos ou na Tunísia, onde só havia camelos ou no máximo algumas cabras, e não lhes parecia verdade que tivessem todo aquele pasto norueguês à disposição. Entre os primeiros a se beneficiar da situação estavam os sulistas, cujas mulheres eram tradicionalmente inacessíveis, mulheres de bigode e bundas baixas, que não condescendiam com os ferozes apetites deles, exceto sob o sagrado vínculo do casamento. As duas tendências, positivas dos atacantes e negativas dos receptores, combinaram-se para criar a bagunça de estilo italiano usual: um equilíbrio dinâmico precário entre dar e receber.

---

[28] Nota do tradutor: *Schlumberger* é uma empresa norte-americana que presta serviços à indústria petrolífera.

As relações com mulheres casadas, os noivados temporários, as relações clandestinas e as relações carnais transitórias e breves caracterizaram o pós-trabalho dos italianos que, bebendo pouca cerveja e pouco álcool, podiam dedicar às mulheres seus inesgotáveis recursos. Em primeiro lugar, Gaetano Cavallo, um siciliano de Salaparuta, nunca conheceu tanta abundância na aldeia perdida nas montanhas do centro oeste da Sicília. Tamanha era a alegria dele por aquele paraíso em Stavanger, que tomara a decisão de largar o emprego estável e bem remunerado para ficar na Noruega, fazendo o trabalho precário de pintor de paredes. A ele juntaram-se dois outros sicilianos, pessoas de baixa estatura, mas com excelente equipamento reprodutivo. Cavallo e eles formaram uma companhia de pintores que não só pintavam as casas, mas também pintavam os navios do porto de Stavanger, que precisavam de manutenção. Todos viviam juntos em uma casa alugada no centro, onde as meninas iam todas as noites para aprender os mistérios do sexo. Era uma espécie de Academia, como a fundada pelos pitagóricos na Calábria: em vez de ensinar Matemática, ensinavam sexo em benefício das meninas.

O fato é que os noruegueses começaram a coçar os chifres e uma faísca, uma palavra a mais, foi o suficiente para começar a batalha. A batalha do Atlantic, que mais do que uma batalha fora uma escaramuça entre algumas centenas de pessoas, aconteceu na calçada em frente à cafeteria do Atlantic Hotel e foi resolvida quase imediatamente com alguns olhos roxos e um nariz sangrando. Os dois únicos policiais que Stavanger tinha para todas as eventualidades intervieram apenas para acalmar os mais turbulentos, e tudo se resolveu em pouco tempo e com pouco derramamento de sangue. Gaetano Cavallo levou um merecido olho roxo e correu para ser consolado pelos entes queridos (tinha mais de um ao mesmo tempo), todas à disposição.

Quanto a mim, nunca tive o complexo de ser um *dego*[29]. Aliás, sempre me senti honrado com esse título honorífico. Se por algum motivo eu era parado pela polícia de trânsito por ultrapassar o limite de velocidade permitido, imediatamente percebia que eu era diferente dos noruegueses; então, quase para confirmar as suspeitas dos noruegueses sobre mim, falava com a polícia em inglês com sotaque indiano de Calcutá e, mais tarde, depois de aprender norueguês, com sotaque paquistanês de Islamabad. Eles

---

[29] Nota do tradutor: *dego* é um termo norueguês pejorativo para se referir aos italianos. Também designa uma comuna italiana da região da Ligúria, na província de Savona.

VIDA DE GEÓLOGO

regularmente não tinham pena de mim e me puniam com uma multa. Se eu tivesse falado como um cavalheiro inglês, não teria sido multado, porque os noruegueses sempre foram fascinados pelos ingleses.

É a vida!

2.8 Jerry, o texano

É mais fácil escolher quando existem duas ou três opções, e é muito difícil escolher entre inúmeras opções. Todo mundo sabe, até mesmo nosso jovem geólogo de poço, o texano Jerry, sabia disso muito bem. Mas vamos descrever os fatos para melhor entendimento. Lembro que um dia meu tio Carmelo trouxe para casa uma garoupa grande para nosso gato Nerino, que gostava muito de peixe. Ele chamou Nerino e colocou a garoupa no chão em uma bandeja, convidando-o a comer. Nerino começou a miar com um miado assustador, como se quase tivesse enlouquecido. Ele caminhou ao redor da bandeja, incapaz de decidir por onde começar. No final fizemos a garoupa no forno e Nerino ficou com a cabeça; começou a comer também, mais tranquilo.

Nós, meninos — e especialmente Jerry — agíamos como Nerino com as meninas. Para jovens como nós, Stavanger era como um pasto verdejante do Éden, e o pasto eram as meninas; não sabíamos por onde começar. Havia muitas garotas para escolher, mas antes de escolher você tinha que ser escolhido e colocado na lista de espera. O mais magro, o mais franzino, tinha uma longa lista de espera; e Jerry, como outras pessoas, inclusive eu, nunca estivera no topo da lista. As mais populares entre as meninas eram as instrumentistas de orquestra de diversas nacionalidades que tocavam no salão de baile do Atlantic Hotel ou em outros hotéis. No topo da lista vinham os mergulhadores ingleses, seguidos de perto pelos mergulhadores franceses e, em terceiro lugar, os geólogos e engenheiros, pessoas muito orientadas para a matemática e a geometria para interessar às mulheres. Os *mud loggers*, como eu, pescavam no escuro, onde podiam perceber que, quando desaparecessem por um mês na plataforma, as garotas seriam regularmente consoladas por pessoas de outras categorias mais interessantes, como mergulhadores ingleses ou franceses.

Éramos todos constantemente residentes habituais, quando estávamos em terra, daquele salão especial que era representado pela cafetaria Atlantic, onde decorriam reuniões e dramas, dragavam-se mulheres, realizavam-se discussões e, sobretudo, muitas gargalhadas, sentados todos juntos, meninos e meninas, bebendo cerveja ou café. Jerry era um caso especial: ele era americano, jovem e cheio de dinheiro. Mas ele não sabia como escolher uma garota da enorme oferta que Stavanger lhe oferecia. Ele tinha longas discussões com as meninas, explicando-lhes que nunca havia sido amado por uma garota séria. Ele era sozinho e sempre ia às prostitutas, pois, pagando-as, sentia-se livre de laços afetivos que não podia e não sabia dividir. As cidades favoritas dele eram Londres e Amsterdã, onde encontrava todo o conforto de que precisava. As garotas, é claro, ouviam-no horrorizadas e tentavam dissuadi-lo dessa filosofia autodestrutiva. Jerry, às vezes (ele fazia isso na minha frente), pegava um talão de cheques e, voltando-se para a garota de quem gostava, dizia: "Aqui está! Quanto tempo você quer dormir comigo aqui no Atlantic?". Claro, ninguém aceitava tal proposta feita na frente de todos. Então Jerry ia embora balançando a cabeça. Pelo resto da noite, discutíamos o que havia acontecido e ele não voltava a aparecer. Para mim, ele era apenas um menino tímido. No final daquele verão, entretanto, ele foi transferido para a Nigéria pela Phillips e substituído por outro geólogo de poço, mais velho que ele, que já era casado: Sid Warner.

Depois de voltarmos da Ocean Traveller, Farinacci se organizou e alugou uma casa em Sola, não muito longe do aeroporto. Os outros *mud loggers* e eu mudamos para a nova casa. Éramos quatro, e cada um tinha seu próprio quarto. Essa nova casa era melhor do que o hotel e, acima de tudo, a GEOoservices economizou nas despesas com o pessoal em terra. Tínhamos uma grande cozinha com tudo de que precisávamos para cozinhar e uma grande sala de estar com a plataforma giratória de Farinacci para organizar festas com as meninas. Nenhum de nós tinha as chaves da casa porque Farinacci havia decretado que fechar a porta não fazia sentido, já que os noruegueses são todos gente honesta e, em toda Stavanger, não havia ladrões nos procurando com lanternas.

Quando não estávamos na plataforma, estávamos todos sentados em vários pontos estratégicos da cafeteria Atlantic para tentar dragar algumas garotas e muitas vezes, à noite, organizávamos festas levando para casa as garotas que havíamos conseguido convencer a ficar conosco, com bastante cerveja e licor comprados no Vin Monopolet, uma instituição governamental tipicamente norueguesa, que nós, latinos, nunca entendemos e que odiávamos de todo o coração. Na hora de dormir, não era raro encontrar algum mergulhador, mais sortudo que nós, que havia pegado de empréstimo nosso quarto para passar a noite com uma garota, caso em que dormíamos

VIDA DE GEÓLOGO

no sofá da sala ou na adega, onde havíamos instalado um *berço* para essa eventualidade. Nossa casa era um burburinho de garotas, mergulhadores e *mud loggers* que entravam e saíam, dormiam e tomavam banho e depois desapareciam para se sentar na cafeteria do Atlantic Hotel.

Os perfuradores americanos eram pessoas mais velhas do que nós, na casa dos 45 anos, e viviam separados. Assim que pousavam, voavam de volta para os Estados Unidos ou Canadá. Os patrões tinham esposas esperando por eles em Stavanger. No entanto, acho que eles nos invejavam por nossa liberdade de ação e nossas rodas de meninas. Repito que não fui a primeira escolha, mas sempre peguei alguma coisa porque era impossível não pegar — só Jerry conseguia essa façanha.

2.9 Sid Warner

O *Cod* não foi o único poço que a Phillips planejou para aquele verão. Havia outros em outras áreas, todos interessantes do ponto de vista geológico, mas muito secos. Jerry partiu para outras praias, mais propícias a seu gosto por bordéis, e foi substituído por outro geólogo mais velho, Sid Warner, de quem ainda me lembro com carinho depois de tantos anos.

O *Deus Acaso*, que alguns chamam de Pai Eterno, enquanto outros o chamam de Adonai e outros, ainda, de Allah, não só funciona sozinho, mas frequentemente usa um operador terreno para realizar projetos que só Ele conhece. Sid foi o operador que se utilizou do *Acaso* para me contratar como geólogo de um poço da Phillips no ano seguinte. As circunstâncias que levaram a minha contratação passam pelo mundo clássico da Grécia antiga e pelo Instituto de Mineralogia da Universidade de Bolonha, porque está escrito em algum lugar: "Os caminhos do Senhor são infinitos".

Sid era um homem enorme e adorava filosofar sobre as complexidades da comida. Ficava horas em nossa cabine da GEOservices para debater conosco sobre os mais variados temas, desde bifes *T-bone* até filé grelhado e a forma de preparar o cuscuz. Ele raramente falava sobre Geologia, que era um tópico secundário na lista de prioridades dele. Um dia, falando de cozinha mediterrânea, em uma concatenação de ideias, que como sempre acabava nas mulheres e na estranha forma de elas trabalharem, chegamos às ilhas gregas e citei o famoso poema de Safo, a poetisa lésbica, que começa com as famosas palavras: "*Egò dé mòne kathéudo*". Traduzindo: "E vou ter que dormir sozinha", Safo naturalmente se referiu ao fato de que a jovem amante dela havia fugido com outra mulher, deixando-a sozinha. Acho que talvez a conversa sobre Safo tenha começado pela constatação do comportamento de uma garota famosa, uma conhecida e gostosa garota *pin-up* de Stavanger que enlouquecia quase todos os perfuradores ao vê-la passar gingando no Cafetaria Atlantic. Sid também a havia notado, pois via muito bem. Eu tinha milagrosamente conseguido pegá-la por alguns dias, despertando a inveja de todos.

Entre as muitas garotas que conheci e que preferiram um mergulhador a mim, foi ela quem me deixou com a boca mais seca, porque, em vez disso, começou um caso com um jovem *mud logger*, indo muito baixo no *ranking* de pretendentes. O pior era que os dois costumavam usar meu quarto para os encontros. Farinacci, que nunca foi desequilibrado em termos de mulher, e eu nunca o vi com mulher, tinha feito um comentário ácido, como uma solteirona, e disse-me com pena: "*Ce salaud!* Ele fodeu sob seus olhos *ton amour!*". Então, depois de um curto período de tempo, aquela vagabunda fugiu com um mergulhador inglês, abandonando o jovem *mud logger* que havia me substituído na longa lista de corações partidos por ela. O pobre *mud logger* caiu em depressão... mas eu ria, dizendo: "O que vai volta!".

Sid ficou viciado na história: "Conte-me o fato!". E eu disse: "Há pouco para contar. É a vida! Cada um de nós segura seus chifres". Então Sid perguntou: "Você sabe grego?". "Claro, estudei durante seis longos anos no Liceu Clássico e ainda me lembro de uma coisa ou outra". "E você também sabe ler e escrever?". "Claro...". E escrevi uma frase em grego em uma folha de papel.

Sid ficou chocado. Ele pegou o papel, estudou-o por alguns instantes, depois colocou-o no bolso e disse: "Vou levá-lo para minha esposa, que é grega, Mariella. Nós nos conhecemos em Trípoli quando a Phillips me mandou lá para trabalhar".

O segundo pedaço de papel que Sid colocou no bolso, alguns meses depois, continha a fórmula da *muscovita* e da estrutura molecular, que desenhei para fazê-lo entender o que tinha acontecido no poço da Murphy, que Farinacci e eu tínhamos acabado de analisar naquele verão de um ponto de vista geológico. A *muscovita* era um dos dois tipos de mineral chamados mica, do qual uma variante era preta e era chamada de biotita, e a outra era amarelo-ouro e era chamada de muscovita. A rede cristalina da muscovita apresentava buracos entre os tetraedros de quartzo que a formavam, dos tamanhos certos para abrigarem um átomo de potássio cujo isótopo K40 era radioativo. A história é um pouco complicada e requer uma boa explicação técnica.

2.10 Murphy's Well

Durante um hiato no programa de exploração de Phillips, a empresa texana Murphy, uma pequena e rica empresa que, entre outras coisas, era dona da Ocean Traveller e da empresa ODECO, havia emprestado a sua sonda para perfurarmos alguns poços no bloco 2/3. Nós, da GEOservices, continuamos fornecendo nossa cabine e obtivemos o contrato para o serviço de registro de lama. A bordo veio um geólogo texano da Murphy, uma pessoa de certa idade, um cara muito simpático que sabia viver e se tratava como um cavalheiro com todos os confortos.

Ficamos impressionados com o fato de esse geólogo, que só me lembro de se chamar Jack, ter se estabelecido no Atlantic Hotel e alugado uma suíte inteira, incluindo um escritório no último andar. Jack vivia com o estilo de vida que gostaríamos de ter. À medida que a perfuração prosseguia, Farinacci enviava-lhe uma mensagem codificada pelo rádio, por intermédio da Phillips, informando-o dos progressos realizados, enquanto ele, Farinacci, permanecia no escritório ou na barra do Atlântico. Um dia, durante a perfuração, enquanto ainda estávamos em baixa altitude, a uma profundidade de 1.000 metros, registramos um forte aumento de gás em algumas areias de quartzito mal cimentadas do mioceno — areias geologicamente jovens que tinham apenas cerca de 30 milhões de anos e nas quais nunca havia sido registrado qualquer indício de mineralização de hidrocarbonetos. Jack veio imediatamente à plataforma em um vôo especial de helicóptero, que deve ter custado a Murphy um braço e uma perna, e juntos estudamos aquelas areias estranhas. Além da glauconita usual, essas areias continham abundante mica muscovita, representada por manchas transparentes e brilhantes de cor amarelo-ouro. As areias, porém, eram — como dizem — limpas, pois não continham argila. Eu disse isso a Jack, que estudou as areias por alguns segundos e — sem maiores comentários — começamos a falar sobre mulheres, tópico favorito dele. Jack decidiu pegar uma amostra naquelas areias e pudemos ver que de fato as areias eram limpas e porosas; pareciam mineralizadas por gás, de acordo com nossos cálculos.

A perfuração continuou e cruzamos todas as areias do mioceno com gás. Em seguida, continuamos a perfuração até TD (*total depth*), ou seja, profundidade total, sem encontrar outros amostras. Jack há muito já havia se exaurido e voltado à suíte de costume e ao bar do Atlantic, quando recebeu a mensagem de Farinacci informando que o poço estava estéril, exceto por aquele gás mioceno. Jack ligou para a Schlumberger e voltou para buscar as toras elétricas, o que confirmou a mineralização do gás. Porém, havia o problema de as areias serem obviamente muito argilosas, segundo o engenheiro da Schlumberger, e, portanto, de pouco valor econômico. Elas mostravam forte radioatividade no registro de raios gama, registro esse que foi usado para medir o conteúdo de argila da rocha. De acordo com a teoria dos raios gama, três elementos e sua desintegração são responsáveis pela radiação emitida pelas argilas na forma de raios gama: potássio, tório e urânio. As argilas geralmente contêm potássio e também tendem a absorver tório e urânio; por isso, um registro especializado indicava a radioatividade total naquele momento, sem distinção entre os elementos radioativos. Jack ficou preocupado, pois havia anunciado no quartel-general a descoberta de um campo de gás em areias limpas e de alta porosidade. O dilema parecia não ter solução.

Normalmente os lenhadores não eram consultados para questões de interpretação dos registros elétricos, mas, quando soube do ocorrido, sugeri que talvez o problema fosse devido à muscovita, que continha potássio 40, um isótopo radioativo. Ninguém sabia que a muscovita continha potássio, nem mesmo a Schlumberger. Jack exclamou "Mesmo?!" e imediatamente correu para discutir minha ideia com o engenheiro. Farinacci mostrou-lhes as amostras de rocha que havíamos colhido: não havia vestígios de argila e, portanto, essa devia ser a solução para o problema. A honra de Jack no quartel-general foi salva e eu me tornei o herói dele. Notícias das areias muscovitas radioativas do mioceno circularam no Mar do Norte e logo foram incorporadas aos livros e cálculos da Schlumberger. Eu me tornei famoso. A Universidade de Bolonha, na seção de Mineralogia, fez um bom trabalho ao me ensinar essa fórmula. Não só me lembrava, mas conhecia muito bem a estrutura cristalina, porque entendia a geometria dela.

Além de ter conquistado Sid Warner, por puro acaso, ganhei a admiração de Jack e, consequentemente, da Murphy. Quando o chefe de Jack, doutor Taylor, subiu a bordo do Ocean Traveller para estudar os resultados, ele me disse: "Bravo! Se você precisar de um emprego, escreva-me!" e me deu um cartão de visita.

Eu simplesmente respondi: *"Yes, sir, thank you"*.

2.11 Natal em Stavanger

O outono veio e, com ele, as tempestades formidáveis do Mar do Norte. Às vezes, a atividade de exploração era interrompida por alguns dias para deixar a tempestade passar.

Claro que isso não impediu que os pilotos do helicóptero nos carregassem até a plataforma. A Ocean Traveller juntou-se à irmã mais nova e mais robusta, a Ocean Viking, que, a julgar pelo nome, foi construída especificamente para enfrentar as difíceis condições climáticas do Mar do Norte, um setor norueguês.

As plataformas, mesmo que estivessem ancoradas, flutuavam e, portanto, eram submetidas aos movimentos de rolamento e lançamento. A rolagem se dava devido à oscilação da plataforma em torno do eixo longitudinal paralelo aos pontões flutuantes, o *pitch,* que era o mais perigoso — é quando a plataforma afunda com a proa no oco das enormes ondas e então sobe quando as ondas passam. Dormir em meu beliche fazia meu sono nervoso e inquieto. Meu cérebro dizia: "Direita-esquerda-frente-trás". Às vezes eu acordava assustado porque parecia que estávamos afundando com o nariz em um buraco negro, sem esperança de voltar. Meu cérebro dizia "Baixo, baixo, baixo" e então se perguntava "Quando voltaremos à superfície?". Mas os marinheiros noruegueses, na casa das máquinas, eram muito bons em manobrar os pontões para diminuir o passo e podíamos voltar a subir. Às vezes a plataforma se movia porque algumas âncoras caíam do fundo e aí havia um problema: era preciso reposicionar a plataforma no lugar certo. Não podemos esquecer que embaixo da torre estava o poço, a 100 metros de profundidade, e a cabeça do poço deveria estar perfeitamente centrada. A ligação entre a plataforma e o poço era feita por meio de um sistema flexível especial, um grande tubo denominado *riser,* que, quando havia uma grande tempestade, precisava ser levantado.

Um dia Farinacci, antes de partir de helicóptero para o Ocean Viking, apontou com o dedo para as gaivotas que, atrás de uma grande rocha, estavam todas dormentes e protegidas do vento: "Hoje até os *putain de mouettes* estão no chão, enquanto temos de voar". Por causa do mau tempo, nós, *mud loggers,* éramos obrigados a ficar longos períodos no solo. Costumávamos nos divertir e frequentar o Atlantic Hotel. No outono, um novo *mud logger* se juntou a nós, Rudy Nagel, um holandês muito jovem que se tornou meu companheiro durante os dois anos que passou na Noruega. Rudy viera direto da Holanda de carro, levando seu novo cupê Volkswagen Karmann-ghia, porque, como pessoa organizada, precisava do carro para as viagens terrestres. Rudy era muito alto, com um rosto sempre sorridente e positivo. Por algum motivo evolucionário, continuou crescendo com o rosto de um bebê. Por isso, ele induziu um instinto maternal nas mulheres.

Ele era um excelente técnico eletricista e foi quem substituiu Farinacci na plataforma, enquanto Farinacci ficava em terra firme para realizar outros trabalhos administrativos que exigiam a presença dele no laboratório de Stavanger. Tínhamos vários núcleos para cortar ao meio e muitos *plugs* para analisar, acumulados de muitos poços já perfurados.

Foi Rudy quem, pouco antes do Natal, convenceu-nos a aprender a esquiar para aproveitar o tempo livre. Muita neve havia caído e fomos até o centro da cidade, na melhor loja de artigos esportivos, para nos organizarmos para essa façanha. Afirmo que sempre fui um homem do mar, nasci em uma cidade litorânea como Rimini, sempre morei perto do mar em Cervia ou na Sicília e não tenho experiência em esqui. Até Farinacci, nascido em uma ilha cercada pelo mar Mediterrâneo, a Córsega, nunca havia usado um par de esquis até aquele dia. Foi Rudy, com o entusiasmo de um bebê, quem nos convenceu a aprender a esquiar, já que havia caído uma grande nevasca. Era preciso aproveitar.

Assim, compramos o melhor equipamento para esquiar, botas de *slalom*[30], esquis adequados, escorregadores para andar mais rápido, bastões reforçados, luvas e protetores de ouvido para nos proteger do frio. Tínhamos tudo e partimos em uma expedição punitiva para Hunnedalen, a estação de *slalom* mais próxima de Stavanger. O Karmann-ghia de Rudy estava sobrecarregado com equipamento e eu estava enrolado no banco de trás sem me mover por falta de espaço.

Não tínhamos ideia de como nos equilibrar ladeira abaixo com os esquis colocados. Quando chegamos ao topo da ladeira, carregando o equipamento nos ombros, porque não havia teleférico, começamos a nos organizar. Rudy, que obviamente já sabia esquiar, foi o primeiro a descer, balançando elegantemente, em equilíbrio, com curvas curtas em *slalom*. Depois de alguns minutos, eu estava pronto e comecei a descer lentamente, freando com o *manche*, enquanto Farinacci estava atrás de mim, tentando amarrar as botas. A certa altura eu o vi passar a toda velocidade com a cabeça baixa e ele me lançou um olhar aterrorizado, gritando: "*Putaiiiiin!*". De cima

---

[30] Nota do tradutor: *slalom* é uma modalidade de esqui que implica realizar percursos em zigue-zague.

VIDA DE GEÓLOGO

eu o vi desaparecer, levantando uma nuvem de neve fresca. Eu soube mais tarde que ele havia caído milagrosamente em um grande monte de neve onde havia sido enterrado por alguns minutos antes que pudesse se livrar daquela situação. Ele teve sorte em comparação a mim, porque continuei a todo vapor até o vale, caindo de costas no chão. Eu estava imobilizado e incapaz de me mover, então lentamente me levantei e tirei meus esquis. Não tinha ossos quebrados, mas minhas costas doíam terrivelmente. Naquela noite, assim que voltamos ao vale, Farinacci e eu jogamos nossos novos esquis e os novos bastões pela janela de nossa casa em Sola e ficamos apenas com as botas, jurando: "Nunca mais!". Rudy correu para pegar os esquis e os levou para o porão, porque não sabia se mudaríamos de ideia um dia. Tive uma febre intensa e fiquei dois dias pregado na cama sem conseguir me mover, com as costas em pedaços.

Rudy decidiu que na véspera de Natal deveríamos dar um passeio em Stavanger para fazer compras. Entrei em uma loja do centro e comprei um gravador com rádio para poder ouvir a música que ia ao ar no Natal e as notícias da Itália e da França. Farinacci e Rudy compraram mais equipamentos elétricos, depois voltamos para a casa de Sola. Ouvimos minha música até a noite, filosofando sobre isso e aquilo e então decidimos ir jantar em Stavanger para comemorar o Natal. Todos os restaurantes em Stavanger, em um um raio de 100 km, foram fechados para permitir que os noruegueses celebrassem o Natal.

Havia neve e o clima de Natal estava perfeito, mas não havia onde comer. Além disso, esquecemos de fazer as compras, por isso não tínhamos nada para comer em casa, apenas algumas garrafas de vinho, que nunca nos faltavam. Decidimos ir para casa e ficar bêbados para deixar a raiva passar. Sentamos para beber vinho, enquanto Rudy silenciosamente nos observava e esperava que arranjássemos uma de nossas garrafas para ele. Enquanto isso, ouvíamos uma estação de rádio da França. Lembro-me de que em algum momento havia percebido que quem falava em francês não fazia a ligação dos sons vocálicos aos fonemas consonantais. Não fazer essa ligação é um gesto muito sério e profundamente antifrancês. Por exemplo, não se deve dizer *comment allez vous*, pronunciando as palavras separadamente; deve-se dizer *commentallez vous*, com os sons anexados, pronunciando o "t", que é usado para fazer a ligação. Farinacci percebeu isso e disse: *"Putain de salaud!"* e ergueu a garrafa de vinho vazia no ar para acertar meu rádio. Eu disse:

"*Vas-y!*"[31], fazendo uma bela ligação fonética. Então Farinacci bateu com a garrafa vazia violentamente no rádio, deixando-o silencioso, amassando-o, sem possibilidade de reparo. Depois jogou-o pela janela, da mesma forma que havia jogado os esquis dias antes.

Eu ri como louco, e Farinacci também se juntou a mim para uma risada libertadora, o que no caso dele raramente acontecia, porque no máximo sorria, mesmo que dificilmente e muito raramente. Rudy ficou horrorizado com o desperdício de tecnologia avançada (da Holanda) que havíamos acabado de comprar. Ele olhou pela janela e me perguntou: "Se eu pegar, é meu?" Eu disse, fazendo a ligação fonética, "*Oui, bien sur, vas-y!*". Então ele correu para pegar o rádio. Durante todas as férias de Natal, ele trabalhou no rádio e, finalmente, fez com que funcionasse.

Depois do Natal, Rudy e eu fomos transferidos pela GEOservices à Inglaterra para trabalhar *offshore* no setor inglês, enquanto Farinacci saiu de férias para a Córsega. Com uma terrível tempestade de neve, Rudy e eu partimos no Karmann-ghia para Kristiansand, onde pegaríamos a balsa rumo à Dinamarca para uma nova aventura. No telhado, Rudy amarrou os esquis, inclusive os meus, que eu havia dado a ele, e trouxe meu rádio, que agora estava funcionando. Antes de partir, por sugestão de Sid Warner, candidatei-me à Phillips, escrevendo uma carta esquelética de apresentação, com pouquíssimas linhas, na qual me declarei pronto para trabalhar com boa vontade e entusiasmo. Durante o inverno, não soube de nada, também porque tinha dado o endereço da GEOservices e o número de telefone de meus primos de Bolonha, na Itália. Nunca pensei seriamente em conseguir um emprego em uma companhia petrolífera americana, então logo me esqueci disso.

É a vida!

2.12 Londres e New Castle

A viagem para a Inglaterra durou dois dias, pois paramos em Amsterdã para nos despedir da mãe de Rudy e fazer compras. Para me proteger do frio, comprei uma enorme jaqueta peluda de falsa pele cinza que me fazia parecer um urso. Rudy comprou um anoraque com capuz, muito mais humano e naturalmente mais adequado ao clima da Inglaterra. Partimos com a fiel Karmann-ghia saudada pela mãe (não me lembro do pai dele, talvez a mãe

---

[31] Nota do tradutor: "Vá em frente!", em francês.

VIDA DE GEÓLOGO

fosse divorciada), que encheu nossas malas com potes de geleia feitos por ela. Chegando de balsa ao porto inglês, fomos imediatamente recebidos com suspeita pela polícia. Um *hippie*, acompanhado por um urso pardo, tentou se infiltrar no Reino Unido. Um policial inglês metódico inspecionou a bagagem, pegou um pote de geleia e questionou: "O que é isso?". Rudy era engraçado (não vamos esquecer que ele sempre tinha seu sorriso de bebê nos lábios) e disse: "Geleia de haxixe!" O policial não sorriu e perguntou: "Vocês têm dinheiro britânico?" Rudy tinha uma nota de 10 xelins e eu nada, zero! Expliquei, com sotaque inglês, com inflexões paquistanesas: "Temos muito dinheiro no banco na Suíça!". Em resposta, o policial disse: "Estacione o carro ali, naquela praça, e venha comigo". Ele nos levou a uma cela estreita que tinha dois beliches e trancou a porta.

Cerca de meia hora depois chegou um dos habituais oficiais pedantes, que se parecia com Alec Guinness, o capitão do filme *A Ponte sobre o Rio Kway*, que nos perguntou, com uma ironia velada: "Como achas que podes viver no Reino Unido com apenas 10 xelins?". Rudy, ainda sorrindo, respondeu: "O representante de nossa empresa em Londres nos dará todo o dinheiro que precisarmos durante nossa estrada" e tirou da carteira o endereço e o número de telefone do representante. Infelizmente já era noite e o escritório da GEOservices estava fechado. Pegamos os talões de cheques de nossos respectivos bancos, mas não havia como ele mudar de ideia. Ele trancou a cela e disse que deveríamos ficar presos até a manhã seguinte, quando ele entraria em contato com o representante de nossa empresa. Comemos muita geleia e rimos. Na manhã seguinte, tudo foi resolvido com alguns telefonemas, mas pensei: "Que diferença de estilo entre a Inglaterra e a Noruega!".

Passamos uma semana em Londres como turistas. À noite havia clubes onde as pessoas dançavam e não era difícil encontrar garotas com quem fazíamos amizade. Garotas estrangeiras estão dispostas a aventuras exóticas e gostam de nós. Foi nessa ocasião que Rudy conheceu uma portuguesa com quem teve um tórrido romance que conseguiu manter vivo ao longo do tempo e que dois anos depois resultou em casamento.

Portugal foi evidentemente escrito no futuro dele em letras garrafais. Fiz amizade com um menino judeu de Nova York, com quem *draguei* algumas garotas dinamarquesas. Por uma semana tive algo a fazer além de conversar sobre o *Talmud*. Em Londres, nossa estada durou quase dez dias, pois esperávamos ordens para embarcar em uma plataforma para New Castle, mas nunca reclamamos. Era uma cidade fantástica e cheia de vida na época dos famosos Beatles[32]. Quase comprei um velho Bentley de prata usado, mas ainda em excelentes condições, por apenas £1.100. Rudy me convenceu de que isso complicaria minha vida. Estávamos cheios de dinheiro e não sabíamos como gastá-lo — as meninas eram suficientes para iluminar nossos bolsos.

Rudy comprou um par de sapatos vermelhos de salto alto para sua portuguesa, que era baixinha e com salto alto ficava à altura dos ombros dele. Eu pagava drinques a todos, ao amigo judeu e a seus amigos libaneses, todos quebrados e sem um xelim para investir em cerveja, assim como as dinamarquesas, que apreciavam a cerveja inglesa.

A glória durou até o dia em que partimos para New Castle, saudados por amigos e corações partidos. Em New Castle, onde embarcamos em uma plataforma inglesa, passamos o resto do inverno e parte da primavera seguinte. Não me lembro de nenhum acontecimento particularmente interessante, exceto que a Geologia havia mudado e a cerveja, quando estávamos em terra, havia se tornado a cerveja marrom de New Castle. Os objetivos geológicos haviam mudado: procurávamos gás sob o sal do Permiano, um antigo período geológico que é o último dos seis períodos em que se divide a era geológica Paleozoica. O Permiano se estende de 299 a 251 milhões de anos atrás. Sob o sal do Permiano Superior, que era chamado de *Zechstein,* grandes depósitos de gás em antigas areias chamadas *Rotliegend* foram encontrados no setor inglês do Mar do Norte. Nossos poços ao largo de New Castle estavam todos secos, para grande raiva do velho geólogo canadense que cuidava de nossas atividades. Ele imediatamente se declarou um especialista em extração de lama e afirmou que conhecia todos os nossos truques: "Cuidado para não ser esperto, porque eu noto imediatamente!". Ele nos proporcionava situações inesperadas, injetando gás no coletor de gás ou diretamente no tubo de plástico que conectava o cromatógrafo ao poço. Então, assobiando, ele ia ver se tínhamos registrado o gás. Rudy o viu saindo da janela da cabine e falando comigo em africâner, a língua que eu havia aprendido na África do Sul, me disse: "*Hier kom die ou Meester, ou Beest!* (O velho mestre está chegando, vaca velha!)". Em africâner, Rudy me chamava de *ou Beest,* que significa "vaca velha". O *ou Meester* perguntava então: "Por que você não me disse que havia gás?". Rudy respondia, com seu sorriso ingênuo de bebê: "Porque é você o responsável pela tubulação e, portanto, você a conhece muito bem". O *ou Meester* havia pensado que o

---

[32] Nota do tradutor: banda de rock cujo nome, em inglês, seria algo como "Os Besouros do Ritmo".

VIDA DE GEÓLOGO

gás estava lá, mas que era nossa culpa não o termos registrado. Como era possível que a empresa estivesse fazendo furos secos? Por dentro pensei, rindo: "Para encontrar gás, você tem que procurar nos lugares certos, *putain de Canadiens!*".

Enquanto estava na Inglaterra, também fiz uma pergunta básica a doutor Taylor, da Murphy, que também tinha sede em Londres. Em minha mente, eu tinha o modelo do fabuloso estilo de vida de Jack, o geólogo bem-sucedido da Murphy: mulheres e dinheiro em abundância. Não vamos esquecer que estava convencido de que a vida era um jogo de sete a onze e que sempre poderia ocorrer uma probabilidade diferente de zero. Por que não tentar, já que doutor Taylor quase me ofereceu um emprego.

2.13 Hank Heikkila

Depois dos poços na Inglaterra, que estavam todos estéreis, a GEOservices, esperando que eu retornasse à Noruega, à Ocean Viking, mandou-me de férias de um mês para meu país, na Sicília, esperando que as tempestades se acalmassem e a perfuração recomeçasse. Rudy partiu com os portugueses para Portugal e eu para Milão, para uma entrevista com a Agip, que, tendo aumentado exponencialmente as atividades, voltou a contratar geólogos depois de muitos anos. Em Milão, fui a uma entrevista com um burocrata da Agip, de lábios finos e olhar severo, que demonstrava pouco senso de humor. O burocrata fez questão de provar que eu não tinha experiência em geologia do petróleo, o que talvez fosse verdade, e que meu inglês era ruim. Quanto ao francês, todos os italianos falam francês e espanhol — ele argumentou para baixar o preço do salário que me ofereceria. A entrevista foi mais desastrosa para a Agip do que para mim, porque eles perderam a oportunidade de contratar um potencial gênio geológico (desculpe-me, *Hybris*)[33] e eu estava com a porta aberta para trabalhar com americanos por um salário quatro vezes maior.

Chegando a Bolonha de trem, em total tranquilidade, meus primos me informaram que alguém que falava inglês havia telefonado e dado o número de telefone, pedindo que eu ligasse para ele o mais rápido possível. Liguei imediatamente para aquele número e Sid Warner atendeu: "Nosso chefe Hank Heikkila quer entrevistá-lo em Oslo. Quando você retornar à Noruega, venha ao nosso escritório em Akersgaten 45. A Phillips pagará

---

[33] Nota do tradutor: termo grego que significa "os excessos e a falta de modéstia".

todas as suas despesas de viagem e acomodação no Bristol Hotel. Não se preocupe, é apenas uma formalidade, porque você já está contratado!". "Obrigado, Sid, estarei de volta em algumas semanas!". Pensei "Belo golpe da sorte!".

Por algumas semanas, em vez de ir para a Sicília, fui com alguns amigos *hippies* bolonheses festejar pela Itália, combinando todas as cores — às minhas custas, claro, porque eu era o petroleiro que tinha o dinheiro. Depois de duas semanas, eu voltei para a Noruega.

Hank Heikkila era um tipo completamente diferente, muito diferente daquele sombrio burocrata da Agip. Em primeiro lugar, ele era um homem alto e louro, com um sorriso eterno nos lábios. Nós demos algumas risadas e a entrevista foi usada para contar algumas piadas. Então Hank fez um desenho com algumas estruturas geológicas complicadas, algumas falhas, um diápiro de sal, alguns estratos geológicos. Era necessário identificar a sucessão temporal entre as várias estruturas. O diápiro ou a falha veio primeiro? Depois de meia hora, dei a resposta errada, mas Hank, rindo, disse que também poderia estar certa, se minha teoria estivesse certa, mas infelizmente estava errada. "De qualquer forma, a sua teoria era interessante!".

Achei que tivesse falhado no teste, mas Hank me animou dizendo: "Em Geologia, não é importante estar certo, mas ter teorias interessantes, e você certamente tem. Parabéns, bem-vindo a bordo da Phillips!". Ele apertou minha mão sorrindo, com seu fabuloso sorriso finlandês de Nova York. Assinei um papel e voltei a Stavanger para me despedir de Farinacci, que não ficou nem um pouco triste, porque disse: "Vamos trabalhar juntos de novo! Você só precisa nos dar um mês para substituí-lo e você estará livre".

Em 1º de julho de 1969 comecei a trabalhar em Oslo com a Phillips.

2.14 O escritório da Phillips em Oslo

Quando eu estava em Oslo, no escritório da Phillips, na Akersgaten 45, eu era o membro mais jovem da equipe de exploração liderada por Hank Heikkila, um excelente geólogo, americano de origem finlandesa. Ele era um homem na casa dos 50, sempre sorrindo, um verdadeiro cientista que era o gerente de exploração e, portanto, estava encarregado da pesquisa de petróleo e gás na Noruega para a Phillips.

Havia outro geólogo, alguns anos mais velho que eu, casado e com filhos, Sid Warner, que costumava subir à plataforma para acompanhar as operações. Sid cuidou de grande parte do trabalho de escritório, enquanto eu passava a maior parte do tempo na plataforma. Meu trabalho, quando estava no escritório, era preparar o *Composite Log*, um registro que indicava manifestações de gás, litologia, profundidade de perfuração, velocidade de perfuração e cargas elétricas medidas no final do poço. Era um documento muito importante porque nele estava registrada toda a história do poço.

O trabalho de Hank era correlacionar nossos poços com outros poços em nosso setor do Mar do Norte, atribuir a idade geológica às formações rochosas encontradas durante a perfuração, correlacionar os vários campos potenciais entre si e, em seguida, construir mapas geológicos. Hank também foi um excelente intérprete sísmico e correlacionou os resultados dos poços perfurados com os horizontes sísmicos que foram mapeados pelos geofísicos do escritório de Londres. Sob a liderança dele, muitas vezes eu tinha permissão para brincar com algumas interpretações sísmicas e construir meus próprios mapas no tempo livre de minhas outras tarefas. Aprendi rapidamente porque era apaixonado por esse trabalho.

A arte da exploração para encontrar petróleo é semelhante à nobre arte dos caçadores de cogumelos ou trifola, que aos italianos é transmitida de pai para filho. Deixe-me explicar melhor, com exemplos. Sou especialista em cobras e cogumelos venenosos pelo simples fato de que, em minha vida de geólogo, aprendi a manter uma distância religiosa das primeiras no deserto, na África ou na Ásia e a escolher apenas cogumelos comestíveis nas florestas. da Noruega, descartando meticulosamente os venenosos. Cogumelos bons só são encontrados aparentemente por acaso: não é o caso de você saber onde os encontrar e quando os encontrar nem saber por que eles estão lá; os cogumelos só são encontrados em lugares bons se eles estiverem lá, porque se eles não estiverem lá, você não pode encontrá-los. Se existem, onde estão? Naturalmente, nos lugares dos cogumelos, que os italianos guardam em segredo e deixam como herança, antes de morrerem, para os amigos mais próximos ou para os filhos primogênitos.

Bem, hoje, atrás de minha casa em Foynland, eu sabia que iria encontrar alguns cogumelos bons para fazer refogados com manteiga e alho. Na verdade, estamos em meados de agosto e amanhã é o *Ferragosto*[34], que não é festejado na Noruega, mas é o momento certo para ver os cogumelos se proliferarem, principalmente depois das chuvas abundantes. Fui ao local

---

[34] Nota do tradutor: feriado nacional italiano que teria sido instituído pelo imperador romano Augusto. No calendário cristão, é a data comemorativa da assunção da Virgem Maria.

dos cogumelos, que conheço há anos, e encontrei um grande *Porcino (Boletus edulis)*, que os noruegueses chamam de *Steinsopp*, vários *Leccini (Leccinum auranticum* ou *Bolete de vidoeiro laranja)* e outro excelente cogumelo que os noruegueses chamam de *Rødskrubb (Leccinum versipelle)*. Enquanto preparava uma omelete jogando os cogumelos em uma frigideira, disse a mim mesmo: "A analogia com a exploração é clara: para encontrar petróleo na Noruega era preciso saber onde procurar".

Diz a lenda que 32 poços estéreis foram perfurados na Noruega, metade dos quais foram perfurados pela Phillips antes de encontrarem o Ekofisk, mas a lenda não diz a verdade. Já em maio de 1968 tínhamos descoberto gás na terra do bacalhau e mais tarde, no verão, gás no poço explorado pela Murphy. Onde há gás, normalmente também há petróleo, assim como onde há *Rødskrubb*, normalmente também há *Steinsopp*.

Na verdade, o primeiro poço perfurado na Noruega pela Esso, que mais tarde mudou de nome e se tornou Exxon, encontrou petróleo no verão de 1966 no bloco 25/11, que se tornou o campo de Balder muitos anos depois, mas a notícia era mantida em segredo. Como bons caçadores de cogumelos, evidentemente os membros da Exxon não quiseram revelar o lugar de cogumelos a outros caçadores. Eles queriam encontrar outros lugares bons primeiro, antes que a multidão voraz de competidores chegasse.

Diz a lenda que o primeiro poço perfurado pela Phillips nas instalações da Ekofisk foi o último que a sede de Bartlesville aprovou antes de suspender as operações. Era preciso a todo custo encontrar o lugar certo para perfurar.

O local certo foi decidido por Hank, após estudar a sísmica e fazer as correlações geológicas necessárias com todos os poços já perfurados. A instalação do Ekofisk parecia o lugar ideal. Antes de partir para a Ocean Viking, nosso gerente, Ed Jobin, chamou-me em seu escritório e, olhando-me nos olhos, falou: "Max, traga-nos um tanto de óleo!". Eu disse: "Sim senhor! Quanto você quer?". E ele respondeu: "Muito óleo!".

A figura a seguir, mostra os lençóis petrolíferos que foram posteriormente encontradas no setor sul da Noruega após as primeiras falências. Os cogumelos estavam lá, nós só tínhamos que os encontrar!

VIDA DE GEÓLOGO

Figura 5 – Lençóis petrolíferos

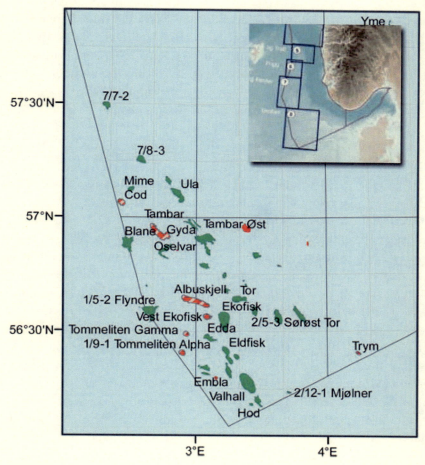

Fonte: arquivo pessoal de Massimo Melli (final dos anos 1960, aproximadamente)

2.15 O (quase) desastre do poço 2/4-1

Minha primeira tarefa para o novo empregador foi o poço 2/4-1 (o nome original é 2/4-1X), localizado no topo das instalações do Ekofisk. O poço quase terminou em um desastre terrível, mas mostrou que realmente havia muito óleo por baixo. Esse poço foi inaugurado no dia 21 de agosto pela Ocean Viking e eu estive lá desde o início. Eu estava pronto para descrever as monótonas argilas quaternárias e terciárias que havia no fundo do mar a uma profundidade de mais de 3.000m antes de chegar ao alvo pretendido, que eram as areias do Paleoceno. As argilas quaternárias e terciárias são macias como a lama e os americanos as chamam de *gumbo*, como a famosa sopa de peixe nos restaurantes de Nova Orleans. Perfurar essas argilas foi, portanto, rápido. Após apenas uma semana, os dois primeiros invólucros foram fixados em 146m (30") e 623m (20"). Depois de arranjar os invólucros para proteger o poço do tronco, que tinha tendência a ruir, bloqueando o poço, retomamos a perfuração rapidamente. Já a partir da profundidade de 900m tínhamos começado a registrar fortes indícios de gás, não só do metano, mas de toda a gama de gases mais pesados, que, com traços conspícuos de óleo, indicavam que havia a possibilidade de encontrar algo melhor do que o gás.

Na manhã de domingo, 31 de agosto de 1969 — não me lembro se Rudy e Farinacci eram os dois perfuradores de lama a bordo comigo, mas quem quer que fosse tinha ido dormir ou tomar café —, eu estava sozinho na cabine em frente ao cromatógrafo. O gás continuou a subir e, de repente, na profundidade de 1.662m, o gás fez a agulha do cromatógrafo ultrapassar o limite da escala: a pressão da formação aumentou enormemente, conforme um óleo escuro e fluido começara a jorrar do poço, e eu enchi vários baldes com a lama de perfuração do xisto. Um jovem trabalhador norueguês veio me alertar, alarmado, que o óleo estava saindo do poço com a lama da perfuração. Eu deveria ter tirado algumas amostras de rocha, mas, ao invés disso, peguei um balde e o enchi com óleo, sem saber o que fazer naquele momento dramático. Ao me aproximar dos agitadores de xisto, vi Eddie Seabourn, o famoso supervisor da plataforma Phillips, a quem os perfuradores deram o apelido de "casca". Eddie era durão, acostumado a todas as situações e tinha visto todos os tipos de coisas na vida, mas desta vez vi que ele empalideceu, enquanto dava ordens pelo telefone para os perfuradores.

Quando estudei os fragmentos de rocha que eu havia recuperado, descrevi-os como argilas calcárias, ligeiramente dolomíticas, duras e de cor cinza fragmentada. Não era uma bela rocha capaz de armazenar petróleo, mas certamente foram argilas calcárias que foram quebradas.

Ninguém estava preparado para esse evento, o que significava que o peso da lama era muito baixo para suportar a pressão da formação. Graças a uma equipe de perfuradores muito competente, o "chute" de sobrepressão foi mantido sob controle antes de se tornar um verdadeiro estouro. O incidente foi mais tarde relatado pela imprensa norueguesa como uma ocorrência muito próxima de uma explosão real que teria causado um

VIDA DE GEÓLOGO

desastre ambiental no Mar do Norte. Graças a Eddie Seabourn, o famoso superintendente da Phillips, o poço foi bem inspecionado e foi retomada a perfuração em 3 de setembro. Em 7 de setembro houve outro "chute" poderoso a uma profundidade de 1.686m e Eddie aumentou o peso da lama para controlá-lo, mas a lama pesada fraturou a formação e começou a vazar no fundo do poço. Demorou dias para equilibrar o poço e controlá-lo, mas agora o poço estava perdido. O óleo jorrou do buraco assim que a lama desapareceu dentro da formação e demorou muito para que pudesse ser controlado. A luta dos perfuradores para manter o poço sob controle e evitar um desastroso estouro durou dias, mas o poço acabou sendo abandonado a baixa altitude, sem atingir a meta. Mas o óleo estava lá... e como estava!

2.16 Ekofisk 2/4-2: a descoberta

Depois que o primeiro poço perfurado na instalação Ekofisk havia sido abandonado em uma profundidade rasa, comecei a criar um mapa próprio, sob a orientação paterna de Hank e com a ajuda fraterna de Sid, para identificar a localização dos poços e entender por que teríamos que perfurar ali mesmo. O resultado de meu trabalho, que Hank considerou um trabalho altamente inovador, identificou a instalação do Ekofisk como o local mais adequado para a perfuração. Parece trivial e óbvio, mas, para encontrar os cogumelos que são bons para comer, você tem de olhar onde outros já foram encontrados.

O mapa que eu construí está esquematicamente representado na Figura 6. Esse mapa mostra a localização de poços fictícios apenas para ilustrar o método. Na verdade, eu já tinha quase todos os 33 poços perfurados no Mar do Norte, no setor norueguês. A altitude fictícia em que as primeiras dicas de gás em cada poço foram registradas é indicada ao lado de cada poço. Meu método era indicar com uma seta a direção de migração ascendente do gás em relação aos três poços adjacentes, tomados três de cada vez.

A partir da etapa 1, há três poços, A, B e C. A profundidade em que o metano é registrado (medido em pés) é em A igual a 4.000, em B, 4.800 e em e C, 5.000. Portanto, B fica entre A e C. Projetamos 48.00 entre A e C e traçamos uma linha conectando B a 4.800 na linha CA. No ponto médio dessa linha, a seta indica a direção de migração para cima. Na etapa 2, adicionamos mais dois poços, D (3.800) e E (3.000). D fica entre A e E, então traçamos uma linha entre D e EA, até que cruzasse 3.800 na linha EA. No meio dessa nova linha está a seta indicando a migração do metano.

Na etapa 3, mais dois poços, F (4.500) e G (4.800), são adicionados e, então, procedemos da mesma forma pela qual obtemos a migração do metano, com todas as setas apontando na direção de E (Ekofisk). A altitude mais alta em que encontramos o gás foi precisamente a do poço abortado 2/4-1, ou seja, 3.000 pés, e todas as setas apontavam para o topo da instalação Ekofisk.

Figura 6 – Mapa de Melli

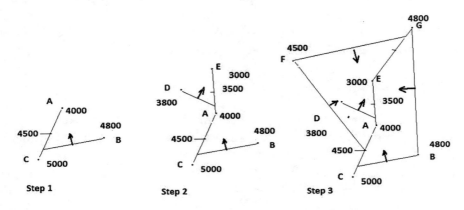

Fonte: arquivo pessoal de Massimo Melli (anos 1960, aproximadamente)

Era um mapa que cobria um vasto território e, estranhamente, a direção da migração apontava para o Ekofisk em todos os lugares. Já havíamos encontrado petróleo a uma altitude de apenas 1.663m em argilas fraturadas, mas meu mapa dava esperança de que um grande acúmulo de petróleo estivesse escondido bem no fundo. Eu tinha sido um *mud logger* até então e não tinha ideia do que os geólogos do petróleo faziam quando estavam no escritório, mas Hank gostou muito de meu método e me elogiou pelo conceito geométrico de migração. Na verdade, o que eu havia inventado era o método que todos os geólogos conhecem e é chamado de "contorno", que é a arte de encontrar a curva que representa a profundidade média entre uma elevação e outra, e depois juntar todas as curvas que indicam a mesma elevação. O resultado é um mapa geológico que indica o topo do gás no subsolo. Sempre fui forte em geometria, e Hank percebeu isso; então ele me ensinou a interpretar a sísmica para construir mapas estruturais sob a orientação dele. Eu construí os mapas, e Sid gostou de embelezá-los ao arredondar artisticamente minhas curvas excessivamente geométricas.

2.17 Petróleo!

O poço 2/4-1AX, que mais tarde foi reclassificado como 2/4-2, foi iniciado em 18 de setembro com a mesma sonda, a Ocean Viking, os mesmos perfuradores, o mesmo supervisor, Eddie Seabourn e, é claro, o mesmo geólogo de poço — esse era eu. Assim, éramos a mesma equipe do poço que esteve perto de explodir, ou seja, o poço 2/4-1. Os dois poços estavam separados por apenas um quilômetro. A perfuração continuou por mais de um mês e, para a surpresa de todos, o novo poço não encontrou óleo de alta pressão na mesma profundidade do primeiro poço. Calcário fraturado e argilas dolomíticas — preenchidas com óleo — não estiveram presentes no segundo poço perfurado nessa mesma estrutura.

Em retrospecto, agora sabemos que o primeiro poço foi perfurado no centro de uma anomalia sísmica. No topo da estrutura, havia de fato o que mais tarde foi chamado de "zona de colapso", onde os sinais sísmicos eram muito perturbados devido ao que mais tarde se chamou de "efeito-gás", que retarda as ondas sísmicas. A sísmica indicou que no nível do alvo, que eram as areias do Paleoceno, a estrutura parecia muito semelhante a uma área colapsada.

O segundo poço na estrutura foi então perfurado a partir dessa anomalia e isso explica por que não se encontrou óleo nas argilas do Terciário. Agora também sabemos que a má resposta sísmica na crista da estrutura foi causada por vazamentos de gás do reservatório subjacente na seção argilosa acima. O gás retarda os sinais sísmicos e transforma a área acima da estrutura em um buraco aparente ou zona de colapso, o que é, na verdade, um efeito sísmico e não reflete a realidade geológica.

Não havia refletores sísmicos na zona de colapso. Obviamente, a presença do gás indicava a existência de hidrocarbonetos, mas era muito difícil, dadas as limitações do processamento de dados sísmicos da época, construir um modelo geológico útil.

Após a perfuração de 38 dias, em 25 de outubro, o volume de gás que sai do poço aumentou dramaticamente. A uma profundidade de 3.050m, encontramos uma bolsa de gás e experimentamos um forte "chute". A agulha do cromatógrafo não parava de sair da escala. Como de costume, eu estava na cabine da GEOservices, estudando as amostras de rocha que saíam do poço. Comigo estava Farinacci, que exclamou: "Oh, *putain!*". Ele também estudou as amostras no microscópio. As amostras indicaram que a rocha que penetramos era giz e, a uma profundidade de 3.081m, as amostras de giz estavam saturadas de óleo. Em vez de encontrar areias do Paleoceno, havíamos penetrado o famoso giz Daniano, uma rocha formada pelos esqueletos de um plâncton de pequenos animais unicelulares, os cocólitos, que floresceram repentinamente após a extinção em massa do final do Cretáceo, que exterminou os dinossauros.

O momento em que vi o óleo pela primeira vez veio de repente. As amostras emitiram uma luz dourada brilhante sob os raios ultravioleta, uma luz transparente de um amarelo brilhante que parecia ouro. Pareceu-me que havia descoberto um depósito de ouro. Corri para contar a Eddie, que veio ver as ferramentas e as amostras de giz. Os astronautas americanos tinham acabado de pousar na Lua em 21 de julho de 1969 e me lembro de Eddie Seabourn exclamando: "O que os astronautas fizeram é fantástico, mas e o que nós fizemos!".

2.18 O campo

O depósito de giz consistia em duas unidades, o giz Daniano (doravante denominado "formação Ekofisk"), que era a porção mais espessa e porosa, e o giz do Cretáceo Superior (doravante denominado "formação *Tor*"), separado do primeiro por uma impermeável área sem porosidade constituída de calcário sílex. Tiramos amostras dos dois depósitos e, embora a rocha parecesse muito porosa, à primeira vista parecia ter permeabilidade pobre. As cascas calcárias microscópicas dos cocólitos, que pareciam ovos de caviar bege, eram ocas por dentro e cheias de óleo, mas infelizmente foram soldadas entre si por um cimento de calcário que parecia impedir que o óleo escapasse. No entanto, ficamos imediatamente felizes ao ver muitas pequenas fraturas que poderiam ter compensado a falta de permeabilidade que favorecia a produção de óleo do reservatório.

Depois de concluir a perfuração da seção mineralizada, executamos os registros elétricos para descobrir o que exatamente havíamos encontrado. Durante a gravação, feita por engenheiros da Schlumberger, eu estava em contato constante, por rádio, com Hank, o diretor de exploração, e com Sid, o geólogo, em Oslo. Estávamos discutindo os resultados em código para evitar que fôssemos ouvidos por empresas concorrentes. Assim que tive os registros finais da Schlumberger em mãos, voei para Oslo, levando-os comigo. Passamos a noite inteira no escritório, fazendo os cálculos de porosidade, saturação de água e saturação de óleo. Não podíamos acreditar:

foi incrível o que medimos. Um experiente geólogo irlandês, Pat McGuire, veio de Londres para se juntar a nós. Fizemos os cálculos repetidamente, mas sempre obtivemos os mesmos resultados surpreendentes. Tínhamos até 50% de porosidade no topo do tanque e quase zero de saturação de água. Obviamente as cascas do cocólitos[35] eram como casquinhas de ovo, vazias por dentro, mas cheias de óleo. O óleo evitou que a rocha se compactasse, criando uma alta pressão dentro dos cocólitos que contrariava a pressão geostática da coluna de rocha acima do reservatório. A permeabilidade visível era pobre, mas isso foi compensado por um alto grau de fraturamento da rocha. A rocha era muito frágil e apresentava muitas fraturas do tamanho de um cabelo quando vista ao microscópio. Calculamos reservas de tamanho gigantesco, pois a estrutura sísmica mapeada era muito grande.

Os chefões de Bartlesville, em Oklahoma, a sede da Phillips Petroleum, começaram a chegar a Oslo. Muitos chefes das empresas que eram nossas parceiras se juntaram ao grupo, e começaram as comemorações. E eles tinham boas razões para fazer isso. A Phillips foi a primeira empresa a descobrir o que parecia ser um campo gigante de petróleo comercial no setor do Mar do Norte na Noruega. Tínhamos mostrado que o Mar do Norte tinha um grande potencial e era uma província petrolífera promissora.

Hank, sabendo que eu tinha uma certa inclinação artística para trabalhar o cobre, pediu-me para preparar uma pintura, em cobre forjado, de Ekofisk, um peixe mitológico que ele inventou e que teria vivido no mar da Noruega há 60 milhões de anos.

Criei minha obra-prima de cobre e prata, um peixe ao estilo de Picasso, que parecia uma galinha depenada. Emolduramos em um belo cenário e Hank deu de presente ao presidente de exploração, Ward Dunn, com os cumprimentos da equipe de exploração de Oslo. Mais do que minhas habilidades como geólogo de canteiros de obras, minha habilidade artística italiana é a qualidade que foi especialmente apreciada por meus chefes.

Minhas estranhas teorias foram explicadas pelo fato de eu ser um artista!

O mapa a seguir mostra a estrutura de Ekofisk no topo da formação e foi publicado pela Phillips alguns anos após a descoberta.

---

[35] Nota do tradutor: cocólitos são carapaças de algas marinhas mortas que se sedimentam no fundo do mar.

Figura 7 – estrutura de Ekofisk

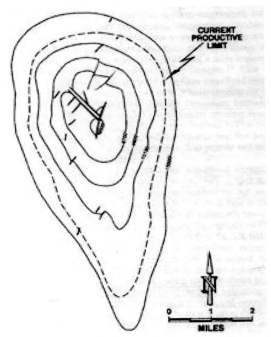

Fonte: arquivo pessoal de Massimo Melli (anos 1960, aproximadamente)

2.19 A vida a bordo da Ocean Viking

Na vida sempre fui atraído por pessoas estranhas e originais, porque acho as pessoas normais monótonas e me aborrecem com seus clichês. Quando eu estava a bordo da Ocean Viking, além de Farinacci e Rudy, naturalmente também ali frequentava Eddie Seabourn, em seu escritório, que contava histórias para o empurrador de ferramentas ou ouvia as histórias do empurrador de ferramentas. Eram histórias que eu achava muito interessantes, porque aqueles dois sempre tinham histórias estranhas de quase acidentes para contar e eu gostava da forma como se expressavam, intercalando a cada três ou quatro palavras uma pontuação especial feita de "filho da puta" na hora de descrever as pessoas ou adicionando "foda" como um reforço a qualquer substantivo que descrevesse um objeto. Exemplo de conversa: "Que porra é essa! Fui para a porra da plataforma e aquele filho da puta estava perfurando tão rápido como o inferno, sem verificar a porra do peso da lama. Então eu disse: Ei, filho da puta, cuidado com a porra da pressão! Você está causando uma explosão!". Se o intelectual é uma pessoa que sabe expressar bem o que pensa, eles também eram intelectuais à maneira dele.

Eu não tinha amigos entre os *rustabouts* e os valentões noruegueses porque eles trabalhavam em turnos por doze horas e falavam uns com os outros em norueguês. No máximo trocávamos algumas palavras na sala de recreação antes de dormir.

O único com que eu me relacionava era o soldador da plataforma, um jovem bonito de cabelos grossos e precocemente grisalhos, cujo nome não me lembro, mas acho que era Ola — quase todos os noruegueses se chamavam Ola. Bem, o soldador era um grande artista que soldava parafusos velhos, tubos velhos, engrenagens velhas, porcas grandes de ferro e qualquer pedaço de sucata para fazer esculturas que ele modelava com um maçarico e polia com uma escova de aço. Passei horas com ele enquanto ele trabalhava e também comprei algumas esculturas que dei a meu pai para decorar a casa dele em Siena. As esculturas foram posteriormente roubadas pelos trabalhadores que reformaram a casa e agora provavelmente estão em algum lugar da Toscana.

Na sala dos fundos, ele e outro norueguês, provavelmente também chamado Ola, haviam construído um engenhoso alambique para destilar o álcool de uma pasta fermentada que fervia em um grande recipiente de alumínio em um canto, coberto por um cobertor. Basicamente, faziam belas *grappas* e cervejas, de uma bela cor amarela, que bebiam na cara dos americanos quando estavam de folga. Note-se que, ao contrário das plataformas italianas ou francesas, onde é permitido beber álcool com moderação, na Ocean Viking era estritamente proibido beber álcool ou trazer álcool a bordo, mas eles encontraram uma maneira de fazer seu próprio álcool. Fiquei fascinado com os negócios e o espírito de independência. Eles realmente não se importavam com as regras.

O fato é que meus dois amigos um dia decidiram dar um mergulho no Mar do Norte, do alto da plataforma, para se refrescar de uma ressaca colossal, na cara dos americanos. Coisas para matar, porque o mergulho era cerca de 20 metros, além de a água estar bem fria. Eles foram localizados e pescados e passaram a noite trancados em uma cabine especial, sob estreita vigilância do empurrador de ferramentas. No dia seguinte foram mandados de volta à costa e dispensados. Ainda me lembro dos rostos sorridentes quando embarcaram no vôo que os levou para Stavanger, felizes por terem recuperado a liberdade de usar os pênis. Ao observá-los embarcar no helicóptero e se despedir de nós, pois permanecemos a bordo, admirei a coragem. Farinacci havia comentado o incidente dizendo: "Uma pessoa sem liberdade é uma pessoa sem poderes, um escravo. Até a pessoa mais humilde quer um pouco de liberdade para beber o que quiser e quando quiser. Você entendeu? *Putain d'Américains!*". E voltou para a cabana, balançando a cabeça.

A bordo, eu era amigo de um jovem mergulhador inglês que era barbeiro nas horas vagas e adorava treinar conosco, provavelmente na tentativa de encontrar um trabalho menos perigoso em uma barbearia no futuro. Graças a ele sempre estive com o cabelo curto e bem modelado. Às vezes ele até me barbeava. Para ter meu cabelo cortado, bastava que eu lhe oferecesse uma cerveja em troca.

Lembro que antes de cada mergulho ele admitia estar com medo e parecia preocupado, mas aos poucos se vestia de mergulhador e afundava na água sem muito barulho. Enquanto eu estive na Noruega, um acidente sério com mergulhadores nunca aconteceu, mas alguns anos depois eu soube que Mike havia morrido em um acidente e percebi que ele tinha um motivo sagrado para querer ser barbeiro.

No Mar do Norte, como todos sabem, também houve muitas mortes e não foi apenas glória e alegria em nossa vida, mas nenhum acidente fatal ocorreu durante meu tempo.

2.20 *Search for the guilty, punishment of the innocent, reward for the uninvolved*[36]

Descrito o início, o resto é "história". Em minha opinião, a "história" é uma probabilidade fóssil, porque é uma probabilidade que já ocorreu. E eu não gosto do passado, porque é o que é e não há nada a prever com minhas teorias geológicas.

Todo mundo sabe que a Noruega, depois daqueles primórdios, tornou-se um dos países produtores mais importantes do mundo e um dos mais ricos. A Noruega havia vencido no jogo de dados!

Mas poucos sabem que, por trás daquela vitória sortuda, no jogo de sete-onze, havia seres humanos, com sonhos, ideais e teorias.

---

[36] Nota do tradutor: um ditado popular no mundo dos petroleiros cujo significado e tradução serão dados mais tarde no texto.

VIDA DE GEÓLOGO

Enquanto havia uma celebração em Oslo, os chefes da Phillips, assim como os chefes das outras empresas parceiras, brindavam à descoberta. Alguém em Barlesville, Oklahoma, fez as contas e descobriu que era necessário muito dinheiro para desenvolver o campo encontrado.

Nesse ínterim, nós, capangas, continuávamos nossas pequenas vidas despreocupadas, entre Oslo, Stavanger, o Mar do Norte e o escritório 45 de Akersgaten. Não sabíamos o que estava acontecendo nos distritos superiores de finanças e administradores. Dois madeireiros em particular me ajudaram a preparar as toras compostas dos poços que constantemente perfurávamos: Rudy, que era muito bom em desenho, e um jovem inglês, formado em Física, de quem mais tarde me tornei um grande amigo, Gordon Alexander McLanachan.

Esses dois *mud loggers*, quando não estavam ocupados no mar, ajudavam-nos no escritório, revezando-se. Sid Warner supervisionou nosso trabalho, enquanto Hank deu sua bênção final quando o trabalho foi concluído, atribuindo os nomes e as idades geológicas às várias formações encontradas durante a perfuração. Embora eu estivesse chegando aos 30 anos, ainda era jovem o suficiente para dividir meu tempo livre com Rudy e Gordon, que eram mais jovens do que eu. Foi por uma série de coincidências que me lembrei de que tinha na carteira o número do telefone da operadora com a qual falávamos muitas vezes de Stavanger, para nos ajudar a ligar para Paris. Normalmente tenho horror ao telefone e nunca mantenho uma lista de números atualizados, mas daquela vez, antes de partir para Oslo, Farinacci me disse: "Quando você estiver em Oslo, ligue para Gerd, que fala francês perfeito e também é simpático. Você pode fazer a ligação?". Eu disse: "Claro!". Ele então ele escreveu o número, que coloquei casualmente na carteira. Rudy e eu morávamos no Bristol Hotel, onde ele havia *dragado* uma faxineira. Uma noite liguei para Gerd para ver se ele queria ir jantar conosco e dançar em algum lugar. Acontece que também Gordon tinha recebido o mesmo número de telefone de Farinacci e já conhecia Gerd[37] e a amiga dele, Eva, com quem Gerd dividia um apartamento em Maiorstua. Farinacci foi o instrumento da probabilidade Ψ para concretizar esse acontecimento entre milhões de outras possibilidades. O fato é que pouco mais de um ano depois me casei com Gerd, mas o objetivo de minha história não é falar sobre minha vida privada, mas ilustrar o impacto da indústria do petróleo na vida dos petroleiros e de suas famílias.

---

[37] Nota do tradutor: como ficará claro no texto posteriormente, Gerd (um nome norueguês feminino) será a futura esposa de Melli.

Um famoso aforismo do mundo do petróleo diz: "As fases de um projeto, depois da euforia inicial, são três: a busca do culpado, a punição dos inocentes e a recompensa para os que não estão envolvidos". E eu tenho todos os elementos para testemunhar que é tudo verdade.

Para economizar dinheiro, as eminências cinzentas, ou seja, os contadores e os chefes de gabinete de Barlesville, decidiram que era necessário cortar algumas pessoas, a começar pela chamada "madeira morta". "Agora que você encontrou enormes recursos de petróleo, para que você precisa de todos esses geólogos? Corte pela metade". As eminências cinzentas disseram isso aos vários gerentes ao redor do mundo e eles seguiram as ordens. Hank Heikkila, tendo dois geólogos, não teve como escapar: sem eu saber de nada, ele decidiu que, entre mim e Sid, aquele com mais potencial era eu, e Sid foi demitido. Mas o grande Hank, o inocente descobridor de Ekofisk, também foi punido. Em vez de ser promovido, ele foi rebaixado, e de gerente de exploração em Oslo tornou-se geólogo-chefe em Londres, quando a Phillips decidiu fechar o escritório de Oslo para abrir o de Stavanger. A lógica era simples: agora que temos petróleo, precisamos de engenheiros para desenvolvê-lo, e o melhor lugar é Stavanger. As eminências cinzentas não viram além do nariz e não sabiam que ninguém encontra petróleo sozinho, a exploração é sempre o resultado do trabalho em equipe. Alguém em Londres fez a interpretação geofísica da estrutura, enquanto Hank definiu as prioridades para a exploração. Sid e eu tínhamos feito a maior parte do trabalho geológico *offshore*: havíamos descrito as amostras em detalhes e preparado as toras compostas. Sid havia preparado a maioria dos mapas e seções geológicas.

O que aconteceu com nossa equipe de exploração? Seria de se esperar que fôssemos recompensados, mas essa não é a lógica dos grandes projetos financeiros e de capital intensivo. As pessoas não importam. Sid foi demitido no final dos anos 1970 e voltou com a esposa Mariella e os filhos para o Colorado. Hank foi rebaixado de gerente de exploração a geólogo-chefe e mudou-se para Londres. Em contrapartida, muitos engenheiros que não participaram do projeto foram promovidos, obviamente porque não se envolveram.

Exatamente um ano após minha contratação na Phillips, fui transferido para Lagos, na Nigéria, um "paraíso de férias no Golfo da Guiné". O escritório de Oslo foi fechado. Antes de partir levei comigo uma lembrança da Noruega, minha namorada Gerd. Em outubro de 1970, casamo-nos diante de um oficial nigeriano. Eu tinha 31 anos; ela, 27 — hora de começar uma família!

É a vida!

2.21 Nigéria

Meu primeiro impacto com a Nigéria foi muito positivo, porque tinha fome de aventura e aquele mundo tropical e exótico tinha muito a oferecer a quem tinha a atitude certa para o apreciar. Bendita imprudência da juventude: a Nigéria era um país muito perigoso, recém-saído da guerra de Biafra.

A Agip, que era nossa parceira no setor norueguês do Mar do Norte, tinha acabado de perder 13 homens, mortos pelos rebeldes no Delta do Níger, no campo de Kwale, e teve de encerrar a operação. O pano de fundo, de que eu não sabia, era que a Phillips, que comprou 50% das concessões da Agip na Nigéria, havia prometido à Agip fornecer os homens para retomar as operações no delta — e eu era um desses homens. A sede da Agip ficava em Lagos, e a Agip continuava a ser a operadora, mas, por razões políticas, não podia enviar outros italianos para serem massacrados em Biafra. Na verdade, a guerra já havia acabado há quase um ano, mas sempre havia rebeldes por perto e a segurança dos trabalhadores estava em risco porque era garantida apenas pelo exército nigeriano. A Phillips tinha um escritório em um prédio no centro de Lagos para monitorar as operações da Agip e também tinha algumas pequenas concessões próprias no delta, onde havia feito algumas pequenas descobertas.

Substituí Jerry, o texano, que havia pedido e conseguido ser realocado depois de menos de dois anos naquele paraíso tropical. A Nigéria tinha uma abundância extraordinária de mulheres negras de *virtudes fáceis*; vê-se que Jerry se exauriu rapidamente. Vindo atrás dele, herdei a mesa de escritório, os mapas geológicos (Jerry era um excelente geólogo) e também o apartamento e o cozinheiro nigeriano, Michael.

Trouxe da Noruega o meu Triumph Spitfire vermelho, igual ao da figura a seguir, com o qual vasculhava as ruas de Lagos depois das atividades do escritório ou aos fins de semana. Os motoristas da Phillips me buscavam todas as manhãs na Mercedes e me levavam para casa à noite, como um figurão. Durante os primeiros meses trabalhei no escritório da Phillips, à espera do recomeço das operações no delta. Até quase o final do ano, pude desfrutar das belezas de Lagos e dos arredores. De um italiano da Agip, comprei uma lancha de madeira, com motor Johnson 45 cavalos, e instalei um gancho atrás do Triumph para levar o barco até a rampa de lançamento perto de casa, no riacho que dividia a Ilha Victoria, onde eu morava, da Ilha Ikoyi, onde ficavam nossos escritórios. Alguns meninos nigerianos me ajudaram a lançá-lo na água por alguns nairas (a moeda local).

Figura 8 – Triumph Spitfire de Melli

Fonte: arquivo pessoal de Massimo Melli (anos 1970, aproximadamente)

Assim, além de correr com minha esposa por Lagos e pelas ilhas, Victoria e Ikoyi, em uma aranha conversível, estávamos arando os canais de Lagos a toda velocidade, seguindo o riacho Badagry, com minha poderosa lancha indo em direção à praia oceânica, que era na barra de areia que se estendia até Dahomey. Chegamos depois de uma corrida de cerca de dez quilômetros ao longo do porto de Lagos, navegando nas águas calmas e lamacentas do riacho, em total segurança. Talvez houvesse crocodilos à espreita nos juncos, mas não nos importávamos muito com eles. Mais uma vez, fui um vencedor no jogo sete-onze e continuei vencendo.

Vale a pena descrever nossa vida de aventuras naqueles anos que passamos na Nigéria.

Em primeiro lugar, havia as frutas exóticas que você podia comprar por um pouco de dinheiro nos mercados nigerianos que estavam por toda

VIDA DE GEÓLOGO

parte: abacaxi, mamão, banana, manga. Foi bom mergulhar no folclore local, fazendo caminhadas pelos mercados. Depois, havia a fabulosa arte primitiva dos nigerianos, que produziram obras-primas artísticas em um estilo que me lembrava Picasso. Havia máscaras de todos os tipos, estatuetas de Ibeji[38] representando gêmeos, que em um passado não muito distante eram mortos ao nascer e substituídos por aquelas estatuetas, porque os nigerianos pensavam que gêmeos traziam azar. Depois vieram as pinturas de arte abstrata, obras primitivas, geométricas e muito coloridas. Nos últimos três anos e meio, na Nigéria, coletamos uma grande quantidade desses objetos de arte, que agora enfeitam nossa casa em Foynland. Nos fins de semana havia um passeio ao mar, para chegar à bela praia de areia branca da barra que separa o Atlântico do riacho Badagry. Este último era um braço da lagoa de Lagos e era navegável apenas por canoa ou lancha, sendo geralmente de baixa profundidade. Era um canal longo e estreito que ia de Lagos a Daomé, que agora se chama Benin. A cidade deve o nome Lagos aos primeiros navegadores portugueses que a descobriram na Idade Média justamente pelas lagoas.

Após longas negociações e muitas risadas com o chefe tribal local, depois de dar a ele algumas garrafas de cerveja e cinco nairas, consegui fazer uma linda cabana de toras, construída na praia, com madeira e folhas de palmeira entrelaçadas, na qual nos protegíamos do forte sol tropical. O mar estava perigoso devido à forte ressaca do oceano, mas eu era um bom nadador e algumas vezes salvei Gerd, que não conseguia voltar para a costa devido à ressaca. Soube depois que uma senhora inglesa, esposa de um embaixador, havia se afogado naquele lugar, mas nossa tendência era minimizar o medo do perigo. Godson, o filho de 16 anos do chefe, e eu gostávamos de surfar nas ondas. Quanto maiores, mais nos divertíamos. Um dia até resgatamos um inglês incauto que havia entrado no mar depois de beber alguns litros de cerveja e corria o risco de se afogar em nossa frente, tendo adicionado um bom litro de água do mar à cerveja na tentativa de voltar para a costa. Atravessando a barra de areia do riacho até a praia, não era incomum encontrar uma mamba verde cruzando o caminho para desaparecer no mato. Depois de ignorá-la nas primeiras vezes, um dia resolvi segui-la para ver para onde ela estava indo e descobri com horror que ela não ia a lugar nenhum; ela estava ali atrás dos arbustos, a um centímetro do meu nariz, esperando para ver quais eram minhas intenções. Desde então eu deixei para lá, porque, como se sabe, mambe verdes são as cobras mais venenosas do mundo.

---

[38] Nota do tradutor: divindade da mitologia Iorubá que representa a reconciliação entre opostos.

2.22 Os amigos de Lagos

Quando eu era um geólogo muito jovem, no Marrocos, muitas vezes ouvia uma canção de Françoise Hardy — *Le Temps de l'Amour* — cujo refrão dizia: "É o tempo do amor, o tempo dos amigos e da aventura". Bem, para nós, o tempo passado em Lagos foi assim em todos os sentidos. Havia amor entre minha esposa e eu, é claro, e havia amor entre os jovens casais de nossos novos amigos, mas a coisa era mais complicada do que se podia imaginar à primeira vista. Tentarei explicar o que descobri, com alguns exemplos, naturalmente sem citar nomes, usando letras do alfabeto latino para indicar as personagens, em espírito de silêncio.

A maioria de nossos amigos, com quem ainda saímos por todo o mundo, são velhos conhecidos de Lagos e com quem partilhávamos aquela aventura juvenil. Não que Lagos fosse um lugar legal, aliás era um lugar ruim, nós éramos gente bonita e compensávamos a feiura de Lagos com nossa despreocupação juvenil. Éramos uma categoria de pessoas que podiam ser chamadas de neocolonialistas que, após o período do colonialismo, haviam retornado à África para substituir os antigos colonialistas e ajudar os africanos a desenvolver o imenso potencial do continente em nosso benefício. Naturalmente, os primeiros amigos foram alguns italianos da Agip que Gerd e eu conhecemos logo após chegarmos a Lagos. Morávamos na Ilha Victoria, em um apartamento no meio da rua Elsie Femi Pierce, enquanto os italianos da Agip moravam em um prédio no final da mesma rua, a 200m de nós. Nossos amigos eram de três nacionalidades principais: italianos, noruegueses e ingleses, mas também havia alguns americanos e franceses. Não tínhamos contato com os nigerianos, exceto no trabalho.

Nossos melhores amigos, com quem dividíamos nosso tempo livre, eram Riccardo e Paola Coen: ele era um geofísico romano que trabalhava na Agip, e ela era a jovem esposa dele, americana de origem italiana. Os dois testemunharam nosso casamento frugal. Depois, havia o leal Jan Andersen, norueguês que trabalhava na embaixada norueguesa como balconista, com o objetivo de promover a venda de bacalhau norueguês àquele país rico e faminto por peixes. No mesmo nível também estavam Pone e Annamaria Bonardi: ele um engenheiro da Agip e ela, uma professora de italiano. Personagem de enorme profundidade intelectual e humana, além de dotada de considerável *sex appeal*, Annamaria foi o polo de atração de todos os solteiros da Agip. Devo mencionar também os cônjuges Gigi e Anna, que estavam com a Gulf Oil[39] e viviam a dois passos de nós, na Via Uaziri Ibrahim, e Beppe e Carla Errico, da Agip. Beppe era meu chefe quando fui designado para a Agip e, desde então, tenho mantido contato çom ele, pois nossas vidas têm sido constantemente entrelaçadas por motivos de trabalho: ele sempre foi um gerente com pensamentos estratosféricos; e eu, quase sempre, um capanga geológico.

Devo me lembrar também dos americanos Dave e Joan Dreisker, com quem passamos muitas noites lindas e com quem nos encontramos por todo o mundo, especialmente em Bartlesville, Oklahoma. Mas o propósito desta história não é narrar a vida de todas essas pessoas, mas explicar o impacto do mundo do petróleo na vida de todos nós e em nossos destinos. Como estou falando em amor, também tentarei explicar a geometria dos diferentes amores que foram criados devido à situação que o mundo do petróleo criou.

O equilíbrio que se criou entre os vários personagens, a maioria dos quais não mencionei, era uma situação de equilíbrio dinâmico, como a que ocorre em um recipiente cheio de gás, em que as moléculas colidem entre si, mas mantendo uma pressão estável entre as moléculas colidentes.

Vamos pegar o par *Aa*, em que o *A* maiúsculo representa a mulher, o que obviamente é mais importante, e o *a* minúsculo representa o homem. Eu tinha descoberto que *Aa* se amavam, mas *A* também amava o solteiro *b*, do casal de namorados *Bb*, enquanto *b* amava *C*, do casal *Cc*, e B amava o solteiro *b*. Estranhamente, descobri depois de anos que *C* também estava apaixonada por *A*, do casal *Aa*, um amor lésbico inconfessável. É o bastante?

Não, também havia os solteiros *F*, *G* e *H*, que estavam todos apaixonados por *A* e olhavam para ela com olhos lânguidos, cheios de teóricos sucos hormonais. Eram amores platônicos que, no entanto, mais tarde causaram problemas: alguns divórcios e alguns casamentos infelizes. Você entendeu quem era *A*? Fique calado e cuide de sua vida!

Fazíamos boas festas em nosso apartamento; convidávamos todos os italianos e Jan Andersen, para estarmos felizes na companhia de amigos. Durante essas férias, observei esses entrelaçamentos platônicos sem nenhum interesse particular, porque tudo acontecia em um nível teórico e sem consequências. Nunca faltava a Amstel, a cerveja holandesa mais vendida em Lagos, e, claro, também havia muito vinho de excelente qualidade que comprávamos no supermercado: a Nigéria era um país muito tolerante em

---

[39] Nota do tradutor: Gulf Oil é o nome de uma empresa norte-americana de extração de petróleo que existiu até a década de 1980, quando foi incorporada a outras empresas do ramo petrolífero.

termos de álcool. Em nossa grande sala de estar, havia espaço para todos. Uma vez que ficássemos bêbados, mas nunca bêbados de verdade, Pone e eu começávamos a cantar canções da montanha piemontesa, acompanhados pelo coro de todos os outros. Tínhamos a impressão de cantar bem! Ensinei meu cozinheiro, Michael, a fazer *tortellini* recheado com carne e temperado com noz-moscada. Festejamos o primeiro Natal em Lagos em grande estilo, segundo a tradição italiana, com *tortellini* e *zampone*. Então saíamos à rua para acordar todos os vizinhos cantando *Adeste fideles*.

É a vida!

2.23 O trabalho na Agip

No final do ano, a Agip solicitou a ajuda da Phillips para retomar as operações no Delta do Níger, e a Phillips me disponibilizou o geólogo do local, James Blasdel, como engenheiro de petróleo, e dois supervisores de plataforma, Ed Gatlin e BJ Brown. Enquanto James e eu trabalhávamos a maior parte do tempo no escritório da Agip, em Ikoyi, os dois supervisores da plataforma estavam sempre no local, porque novos poços estavam sendo perfurados o tempo todo. Beppe Errico se tornou meu chefe. Apesar de ter a minha idade, Beppe já era gerente de exploração e um organizador incansável, especialista em registros elétricos e em um aparelho infernal que servia para coletar amostras de fluidos de formações, quando havia dúvidas se essas formações continham óleo, gás ou água. O aparelho se chamava *RFT* (*repeat fromation tester*) e era o burro de carga de Beppe, que conhecia a vida, a morte e os milagres daquela engenhoca e usou sua formidável cultura para me torturar no rádio com perguntas intermináveis quando eu estava no delta para acompanhar as operações dos *logs* Schlumberger[40].

Ele sempre me pegava desprevenido com perguntas engenhosas que eu não conseguia responder: "Por que não havia óleo?", "Você se certificou de que a ferramenta suportava bem o treinamento?", "Você se certificou de que o coletor de amostras estava aberto?", "Qual foi a pressão hidrostática?", "Qual foi a pressão do treinamento?" e assim por diante. Sempre fui um homem de visão ampla, projetado para o futuro e descuidado com o presente; na verdade, eu me importava com o passado, de que não gostava, e considerava esses detalhes supérfluos e desinteressantes. Para mim, se

---

[40] Nota do tradutor: *logs* Schlumberger são procedimentos de medição eletrônica das propriedades de amostras de petróleo desenvolvidos pela empresa americana de extração petrolífera Schlumberger.

houvesse óleo, teríamos encontrado... e pronto! Mas com Beppe, e com a equipe de geofísicos, aprendi muitas coisas, incluindo a interpretação sísmica das estruturas dos campos do delta e as características fundamentais. Não nos esqueçamos de que eu era, acima de tudo, um geólogo de poços que só interpretava um pouco da sísmica sob a orientação de Hank Heikkila. Na Nigéria, era uma questão de compreender o mecanismo de falhas de crescimento, que aprisionava petróleo em nossos campos.

A Figura 9 ilustra o Delta do Níger em cinza, com as principais falhas de crescimento, prendendo o petróleo nos vários campos. A armadilha foi formada pelo anticlinal de *roll-over* causado pela falha, demonstrado pela linha sísmica da Figura 10.

Figura 9 – Delta do Níger

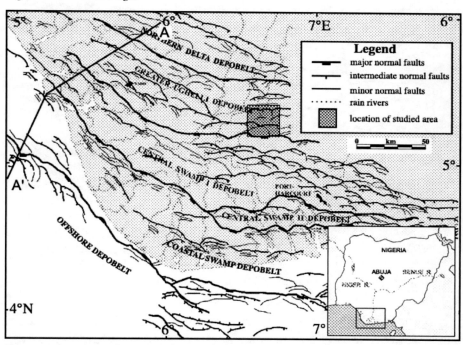

Fonte: arquivo pessoal de Melli (anos 1970, aproximadamente)

Figura 10 – anticlinal de *roll-over*

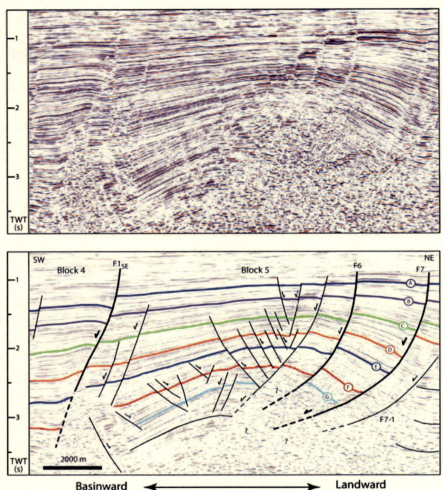

Fonte: arquivo pessoal de Massimo Melli (anos 1970, aproximadamente)

Graças a Beppe e aos geofísicos italianos, incluindo Riccardo Coen e um solteiro famoso pelas brilhantes interpretações, Vittorio Picardi, aprendi a arte sutil de interpretar as linhas sísmicas para criar os mapas de que precisávamos para identificar as elevações a serem perfuradas. Como a história termina? Tornei-me um bom intérprete de sísmica, enquanto Vittorio, com o tempo, tornou-se o novo marido de Annamaria, após o divórcio de Pone, que se juntou com uma congolesa chamada Léontine quando esteve no Congo. Está claro o mecanismo de causa e efeito?

Cada um de nossos poços resultou em uma vitória do Departamento de Exploração e foi uma descoberta. Meus chefes de Bartlesville ficavam contentes e vinham nos visitar de vez em quando para tentar descobrir quanto petróleo havíamos descoberto. Meu trabalho na Agip durou apenas seis meses, porque alguém descobriu que eu era italiano e, se alguém tivesse me matado no delta, o governo teria caído: "13 mortos não eram o suficiente para você? Você mandou outros italianos para serem massacrados?" — teria sido a questão da oposição aos dirigentes da Agip nomeados pelo governo.

Mas aqueles poucos meses foram extremamente interessantes do ponto de vista do conhecimento da natureza humana. Refiro-me à bela figura de BJ Brown, um texano de Eagle Pass Texas[41], e Ed Gatlin, que era o braço-direito dele.

A figura a seguir mostra as concessões da Agip-Phillips, no Delta do Níger, que foram o cenário de minhas aventuras com BJ Brown e Ed Gatlin.

Figura 11 – Concessões da Agip no Delta do Níger

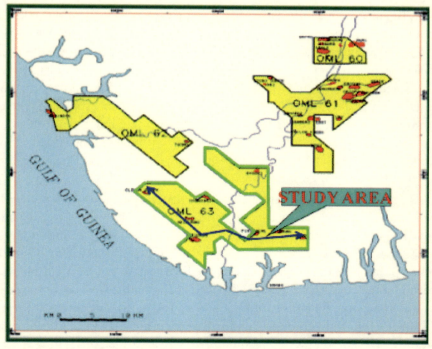

Fonte: arquivo pessoal de Massimo Melli (anos 1970, aproximadamente)

---
[41] Nota do tradutor: Eagle Pass Texas é uma cidade dos Estados Unidos situada no condado de Maverick, no Texas.

BJ era magro e esguio e ria com uma risada alta que parecia o relincho de um cavalo. Sentados na vasta sala de estar que a empresa francesa Forex (substituta da italiana Saipem) atribuiu aos supervisores da plataforma, Ed Gatlin e eu ouvíamos as histórias de BJ Brown em silêncio, exceto para rir quando necessário.

Nunca faltou uma cerveja Amstel, mas bebíamos com moderação. Lá fora, na noite tropical e na floresta do delta que nos cercava, os jipes dos soldados nigerianos, armados até os dentes, mantinham a distância os demais guerrilheiros, agora poucos, mas não zero. Lembro a qualquer leitor que minha ideia era que sempre poderia ocorrer uma probabilidade diferente de zero.

BJ nos contava as histórias dos muitos casamentos infelizes: "Estávamos sentados em um bar em Eagle Pass Texas, eu e uma bela garota que conheci naquele bar, discutindo isso e aquilo enquanto bebíamos uma cerveja saudável. Aí veio aquela barraqueira, minha primeira mulher, começou a atirar e acertou algumas garrafas atrás do balcão". Gatlin questionou: "Por que você não se machucou?". "Ela tinha péssima pontaria... Eu perguntei por que ela estava fazendo aquilo e ela respondeu: 'Você sabe o porquê, filho da puta!'". BJ riu, com a risada de cavalo, que foi seguida por nossa gargalhada estrondosa, enquanto Ed Gatlin servia mais cerveja. "Desnecessário dizer que aquela bela menina e eu corremos pela porta dos fundos e me mudei para a casa dela, sem nem mesmo ir para a minha casa para fazer as malas". Outra risada de cavalo, porque BJ se achava engraçado e ria das próprias piadas. "Bem, aquela garota se tornou minha segunda esposa...". Gatlin continuou questionando: "E por que você terminou com ela?". "Depois de alguns meses ela começou a reclamar disso e daquilo e nunca mais parou... Um dia ela disse 'Vou fazer minhas malas e vou embora' e eu disse a ela 'Boa mulher, eu vou te ajudar a fazer as malas'". E mais risadas.

Outras vezes, ele nos contava as aventuras dele pelo mundo: "Uma linda aeromoça americana, uma gata que conheci no voo Houston-Londres, me convidou para tomar uma cerveja de leve em seu apartamento em Londres. Ao passar pela janela do porteiro noturno, ela me disse para rastejar perto do chão para que o porteiro não me visse. E eu fiz isso tão bem que ele não percebeu nada". Gatlin perguntou: "Como acabou a história da aeromoça? Ela se tornou uma de suas esposas?". "Não, foi só uma aventura, porque em Londres eu não teria conseguido viver com a mentalidade inglesa. Imagine que, na manhã seguinte, quando descia a escada com minhas botas de *cowboy* e meu chapéu texano, me abaixei novamente em frente à janela do *concierge*. Ele me viu e saiu pela entrada do prédio, dizendo: 'Posso perguntar-lhe, senhor, quem é você e o que está fazendo aqui?' Eu disse: 'Sou BJ Brown, de Eagle Pass Texas, e o que estou fazendo aqui pergunte à senhora do quarto andar!'". Novamente mais risadas. Nós ríamos também porque BJ havia imitado perfeitamente o sotaque londrino do porteiro, que contrastava com o sotaque texano. Saindo dessas reuniões noturnas, um soldado nigeriano bêbado às vezes nos parava, apontando o fuzil para nós, e BJ, sem se aborrecer, dizia-lhe: "Baixe essa artilharia, filho de uma boa mãe. Você não pode nos ver no escuro? Você não pode ver que somos brancos?". Algumas nairas foram suficientes para tranquilizar o soldado e restaurar a boa visão dele. Descobri então que, quando saímos, uma linda negra ibo[42] entrou para fazer companhia àquele astuto Ed Gatlin, que era um homem de pouca conversa e muitos fatos!

Então o tempo passou, e depois de apenas seis meses daquela vida a Agip me substituiu por outro geólogo da Phillips, um índio sul-americano de Bogotá, e eu voltei ao escritório da Phillips para interpretar minha sísmica e calcular quantos barris de petróleo tínhamos encontrado. Normalmente eu sempre calculava o dobro da Agip para o deleite de meus chefes de Bartlesville. Em 17 de outubro de 1971, meu primeiro filho, Aleksander, nasceu na Noruega. Quando ele tinha apenas quatro semanas de idade, minha esposa voltou para Lagos com o bebê. Então, em casa, tínhamos o passatempo do bebê, que preenchia todas as nossas horas livres do dia e às vezes até as noites com os "golpes" de bebê. Aos seis meses já dizia com entusiasmo: "Gegè!", olhando para nós com olhos astutos. Sempre o carregávamos conosco, no assento, até o barco e até a praia. Gerd encontrou para ele uma babá iorubá em Lagos, chamada Rebecca.

Em um ano, meu filho falava iorubá corretamente e dava ordens a Rebecca, dizendo: "Béka, bàmma!". Rebecca, que entendia de tudo, ria e o levava para passear pela rua Elsie Femi Pierce até o complexo da Agip, onde havia outros bebês com as babás iorubás. Só Deus sabe o que eles diziam um ao outro.

Meu filho cresceu com um pai petroleiro ao redor do mundo. Quando ele ficou adulto, tornou-se escritor e escreveu o livro SNU, com outros escritores, e sugeriu ao governo norueguês que parasse toda a exploração de petróleo na Noruega por razões ambientais. Meu filho adulto se tornou o nêmesis dos petroleiros.

É a vida!

---

[42] Nota do tradutor: ibo é uma etnia africana bem presente na Nigéria.

2.24 Londres

Depois de mais dois anos daquela vida em Lagos, a Phillips, que me considerava um gênio por causa de meus cálculos otimistas das reservas nigerianas, nomeou-me geólogo sênior de reservatórios, membro da comissão do gás da Nigéria e chefe de um grupo de geólogos de desenvolvimento, sob a responsabilidade de Hank Heikkila, em Londres. Nossa alegria foi infinita.

O piloto da British Air que nos levava para Londres, com um lindo sotaque inglês, apontou a cidade de Londres se aproximando à direita do avião.

Em Londres, o bebê Gegè (descobrimos que Gegè era o nome de Aleksander em iorubá), agora com dois anos, assim que entrou no táxi jogou os sapatos pela janela, obrigando-nos a manobras perigosas no meio do tráfego de Londres para recuperá-los. Invariavelmente, isso acontecia todas as vezes que pegávamos um táxi: a explicação mais provável em sua cabecinha iorubá era: "Para que preciso desses sapatos se eu sou africano e sempre ando descalço?".

Fiquei muito feliz com essa mudança, porque Lagos estava começando a se tornar um lugar realmente perigoso e eu estava começando a temer pela segurança de minha pequena família.

Havia gás suficiente em nossos campos na Nigéria? Na minha opinião, sim, e meus chefes gostaram muito disso; mas de acordo com a Agip, não. Meu trabalho em Londres era acompanhar geologicamente os muitos poços que estavam sendo perfurados no mar e esse era um trabalho que eu conhecia muito bem. Era preciso preparar as toras compostas, acompanhar o andamento da perfuração, receber os relatórios das plataformas e decidir se — e quando — era a hora de tirar algumas toras dos campos e de ligar para a Schlumberger para fazer as medições elétricas.

Estávamos bem em Londres. Morávamos muito bem em uma casinha em Wimbledon, na Dora Road, e tínhamos conhecido um jovem casal inglês que morava na mesma rua e tinha um filho da mesma idade de Aleks, cujo nome era James. Eles eram os Bryants, Susan e John, com quem fizemos uma grande amizade que continuou no decorrer do tempo. O filho deles costumava brincar com Aleks em nossa casa ou Aleks ia até ele. Os dois juntos eram selvagens e criaram uma bagunça incrível porque gostavam de jogar tudo o que encontravam. Aleks falava em iorubá, e James em inglês, mas entendia muito bem as ordens de Aleks quando jogavam coisas fora:

VIDA DE GEÓLOGO

"Bamma!". Quando conseguíamos uma babá, os Bryants e nós muitas vezes saíamos juntos para ir aos *pubs* de Wimbledon, onde me tornei um aficionado de *fish and chips*, acompanhado de um litro de cerveja lager inglesa.

Mas minha genialidade geológica me traiu e, no final de 1974, fui transferido para Bartlesville, Oklahoma. Minha esposa estava grávida de seis meses quando chegamos à América, onde passamos um breve período de férias em Pittsburg, convidados pelos amigos Caflisch, que havíamos conhecido e cuja casa frequentamos em Lagos, para passar o Natal com eles. Foi um "Natal branco": foi a primeira vez que Aleks viu neve.

2.25 Barlesville

Assim que chegamos a Barlesville, imediatamente admiramos a vastidão dos horizontes e as pradarias que haviam sido o terreno de caça dos índios Cherokee. A cidade era pequena e me lembrava vagamente as cidades típicas de filmes de *cowboys*, mas todo o resto era grande: os prédios da sede da Phillips, a limusine que nos buscou no aeroporto de Tulsa, as ruas da cidade e os supermercados. Quando chovia, as pedras de granizo eram grandes, quase como ovos de pombo. Depois de alguns dias em um motel, encontramos uma casa em uma modesta área residencial e compramos um carro de segunda ou terceira mão. Então, após o nascimento de minha filha Karoline, que se autodenominava "Babì", mudamos para uma bela casinha alugada no campo, em Osage Hills, a alguns quilômetros do centro. Em Tulsa, tínhamos comprado a prazo todos os móveis de alta qualidade de que precisávamos e ainda os temos em nossa casa em Foynland.

Na nova casa, estávamos cercados por rebanhos de vacas pastando e tínhamos um grande jardim com vista para as colinas Osage. Aleks, que agora falava muito bem inglês, com sotaque londrino, aprendeu imediatamente o sotaque americano e começou a frequentar o jardim de infância de Bartlesville. Um vizinho, o pequeno Danny, que sempre tinha um chapéu de *cowboy* na cabeça, tornou-se amigo inseparável e companheiro de aventuras de Aleks. Depois de alguns meses, Aleks também falava como um *cowboy* e vagamente lembrava meu amigo BJ Brown no jeito desleixado e descuidado. Em outras palavras, foi legal. Se o pequeno Danny fizesse algo de que não gostava, Aleks o socava sem estardalhaço, mas o pequeno Danny também não estava de brincadeira e batia forte também. Quanto a Karoline, a primeira palavra não foi "mamãe" ou "papai", mas *Ko-Ka-Kò*, porque ela gostava de Coca-Cola mais do que tudo no mundo. Meus filhos se tornaram americanos.

115

Quanto a mim, divertia-me muito indo para o escritório. Pela manhã, colegas que moravam perto de casa me levavam ao escritório, pois tínhamos criado um sistema de *car pool*, em que revezávamos o uso de nossos carros para economizar gasolina e deixá-los para as esposas quando estivéssemos no escritório. Perto do anoitecer, todos nós nos encontramos pontualmente no enorme estacionamento da Phillips e voltávamos para casa pontualmente por volta das 17h. Os sábados e domingos eram religiosamente livres para o lazer e o descanso e para as famosas compras, que eram o *hobby* dos americanos.

Continuando o caminho que havia percorrido na Nigéria, tornei-me um geólogo geométrico ao aplicar princípios matemáticoa a meu trabalho como geólogo. Imbuído como estava da cultura clássica, minhas teorias geológicas tinham raízes antigas: baseavam-se principalmente em Arquimedes e Galileu. Existem alguns princípios que aprendi com esses dois grandes cientistas que me guiaram ao longo de minha carreira científica durante a vida.

O primeiro é o conceito de fulcro, descoberto por Arquimedes de Siracusa (ca. 287 a.C.-212 a.C.). Portanto, meu vizinho está fossilizado há milhares de anos, mas continua atual, pelo menos para mim.

O segundo é a tese de Galileu (1564-1642), também enunciada há muito tempo, de que "A linguagem da natureza é a matemática, portanto é uma linguagem de Deus, do Criador". É por isso que sempre tentei explicar os fenômenos geológicos com a geometria, que é a expressão visual da Matemática.

O conceito e a tese estão interligados e, agora, tento explicar o porquê. Não consigo visualizar a matemática abstrata se não consigo explicá-la com a geometria tridimensional (euclidiana) e acho que a maioria das pessoas tem as mesmas dificuldades que eu. Alguns até têm fobia de equações, porque não podem enquadrá-las em um esquema mental lógico. Mas, afinal, o que é uma equação matemática, senão o princípio do fulcro e do equilíbrio de Arquimedes?

Vamos analisar uma equação muito simples, como $1 = 1$. Duas coisas devem ser notadas imediatamente nessa equação. A primeira é que o símbolo da esquerda é igual ao da direita, mas eles não são realmente iguais, porque um está à esquerda e o outro está à direita. Se eu mover o da direita para a esquerda, tenho que mudar o sinal para um sinal de menos, da seguinte maneira: $1 - 1 = 0$. Então, na realidade, o da direita é igual ao oposto do da esquerda e, na balança, um ficaria no prato esquerdo e o outro na direita. Quando os somamos, eles se cancelam e a soma dos dois é igual a 0. Se eles não fossem de sinal oposto, a soma seria igual a 2. Certo?

A segunda coisa é que o sinal = é o fulcro da equação, o que significa o ponto zero, em que os dois 1s estão equilibrados. Vamos dar outro exemplo prático, com base na Geologia, que todos entendem. O desenho esquemático de uma falha transcorrente ilustra o conceito de fulcro e de equilíbrio, bem como o significado do sinal =. Um lado da falha move um bloco de rocha para a direita e o outro para a esquerda. A própria falha é o fulcro do movimento, como o sinal de =, porque adicionando o deslocamento para a esquerda com o sinal de + (porque se aproxima de nós) e o deslocamento para a direita com o sinal de − (porque se afasta de nós), obtemos 0, ou seja, obtemos o ponto zero do movimento ou o fulcro do equilíbrio. Os dois lados da falha se movem na mesma proporção em relação ao plano da falha, mas na direção oposta.

Figura 12 – Falhas de transformação

FAGLIA TRASCORRENTE

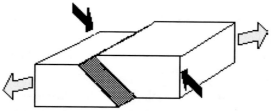

Fonte: arquivo pessoal de Massimo Melli (anos 1970, aproximadamente)

Até agora, tudo bem. Vamos agora tentar aplicar essas noções simples ao conceito de "rombocasmo", que desenvolvi em Bartlesville e que me tornou famoso.

Estando na Nigéria, eu tinha diante de mim o Brasil, que, segundo a teoria da deriva continental e a geometria das chamadas placas tectônicas, encaixava-se perfeitamente no Golfo da Guiné. Toda a África esteve unida com a América do Sul durante o Jurássico, a separação ocorrera por meio de grandes falhas e fraturas oceânicas, chamadas de falhas de transformação ou transformadas, e grandes fendas oceânicas chamadas de centros de disseminação, das quais emergia continuamente uma nova crosta oceânica. Os dois continentes, então, separaram-se rastejando um contra o outro ao longo das falhas de transformação ou afastam-se perpendicularmente aos centros de disseminação. As falhas de transformação não eram nem mais nem menos do que falhas transcorrentes do tipo descrito na Figura 12.

Se você colocar suas mãos em uma toalha de mesa e movê-las no sentido oposto, paralelas, a uma certa direção, dobras de compressão são criadas na toalha de mesa. O mesmo acontece se os dois lados da falha se moverem lateralmente na direção oposta, quando estiverem cobertos por espessas camadas de sedimentos. Estruturas de compressão ou anticlinais se formam, nas quais o petróleo e o gás podem ser aprisionados.

As placas tectônicas, conceito presente na teoria da deriva continental, era uma noção nova à época e certamente tinha raízes geométricas suficientes para me fascinar e me envolver assim que cheguei a Bartlesville. Em meu novo escritório, tive muito tempo para pensar e ninguém estava correndo atrás de mim. Era pago para pensar. Eu fazia parte de um pequeno grupo de três pensadores: éramos liderados por um velho geólogo considerado um poço da ciência, Jo Tanner, um velho ateu judeu de Nova York, também havia um especialista em mapas geológicos regionais, Frank Adler, e, claro, eu — *genius in corde*[43].

Além de criar nosso grupo de *think tanks*, a Phillips formou um grupo para a exploração dos oceanos do mundo, denominado Sea-Gap, do qual participaram várias empresas, como o acrônimo indicava: Getty, Agip e Phillips.

O grupo era dotado de capital, tinha uma nave geofísica que arava os oceanos, adquirindo continuamente linhas sísmicas de diferentes pontos do globo, e contava com um grupo de geofísicos que interpretavam os dados obtidos e processavam a sísmica com critérios modernos. O escritório da Sea-Gap estava localizado no porão do enorme edifício que abrigava os escritórios do Departamento de Exploração da Phillips. Tudo o que era necessário era um geólogo teórico que estava constantemente produzindo novas ideias geológicas para sugerir ao navio aonde ir e por quê. Desnecessário dizer que eu estava sempre no porão pegando cópias das linhas sísmicas para interpretar. Eu tinha milhares de linhas sísmicas disponíveis em todo o mundo e rapidamente me especializei em placas tectônicas.

---

[43] Nota do tradutor: expressão latina que significa algo como "com alma de gênio".

VIDA DE GEÓLOGO

Infelizmente, não existe Prêmio Nobel de Geologia. Se existisse, deveria ser atribuído ao canadense John Tuzo-Wilson pelo trabalho na teoria das placas tectônicas. Ele é o geólogo que descobriu o papel das falhas transformadoras no mecanismo de deriva continental. Ele escreveu a famosa teoria em um artigo que publicou em 1965 na revista científica *Nature*. Finalmente, os geólogos tinham um mecanismo simples que explicava cadeias de montanhas, deriva continental e a formação de arcos de ilhas com uma única teoria elegante. Eu havia me formado em fevereiro de 1964, mais de um ano antes da publicação dessa teoria; então, como todos os geólogos de minha geração, tive problemas para compreender os processos de orrogênese e os outros fenômenos ligados a ela, porque ainda estava preso às velhas teorias utilizadas, mais complexas do que a de Tuzo--Wilson. Mas graças a Tuzo-Wilson, tudo fazia sentido lógico e tudo tinha uma explicação clara e simples. A nova teoria agora tinha de ser aplicada à interpretação da geologia do petróleo, pois descobri que a Phillips, como muitas outras empresas de petróleo, havia ficado para trás nessa área de pesquisa científica. Trabalhando na Nigéria e depois em Bartlesville, na sede da Phillips, eu tinha acesso a milhares de quilômetros de linhas sísmicas das plataformas continentais dos oceanos ao redor do mundo, então encontrei o nicho certo para minha especialização e comecei a aplicar a teoria de Tuzo-Wilson à interpretação das estruturas das bacias sedimentares que se estendiam para o mar de continentes de todo o mundo.

A revolução das placas tectônicas foi consequência de todos os dados científicos coletados pela Marinha dos Estados Unidos durante a guerra. Os perfis magnéticos e as linhas sísmicas, bem como os dados batimétricos obtidos em sondagens acústicas, em todos os oceanos do mundo, foram interpretados por cientistas, e a estrutura e as características geológicas do fundo dos oceanos começaram a ser compreendidas. Dois grandes institutos tinham navios de pesquisa que coletavam novos dados dos oceanos do globo: o Observatório da Terra Lamont-Doherty, de Palisades, em Nova York, e o Instituto Oceanográfico de Woods Hole, perto de Cape Cod. Eu, em nome da Phillips, visitei muitas vezes esses institutos como representante da associação industrial que subsidiava parcialmente a pesquisa. Não só tive acesso a novos dados e a novas publicações, mas também fui informado das novas teorias que estavam sendo constantemente desenvolvidas por cientistas de ponta no campo da Geologia e da Oceanografia.

Pude falar com Walt Pittman III, John Dewey[44], Walter Alvarez e Phil Rabinowitz, da Lamont, e com K. O. Emery, da Woods Hole. Em Boston, no prestigioso instituto MIT, conheci Peter Molnar e outros membros importantes da Universidade. Todos eram cientistas que muito contribuíram para a construção da teoria da deriva continental, mas, ao mesmo tempo, eram pessoas modestas e simples, sem nenhum ar de superioridade. Com eles, eu poderia discutir as maravilhas das placas tectônicas enquanto tomávamos uma cerveja em um *pub* ou comíamos uma pizza juntos em um restaurante italiano. Se a teoria fosse bem compreendida, certas áreas dos oceanos seriam mais promissoras do que outras do ponto de vista do potencial petrolífero, conforme evidenciado pelas linhas sísmicas.

Assim, um dia desci à cabine onde estavam artesãos e carpinteiros disponíveis para nossos projetos e mandei construir a maquete de um rombocasmo, ilustrada a seguir, a qual expliquei a todos[45].

Figura 13 – Rombocasmo

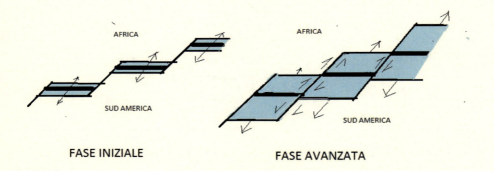

Fonte: arquivo pessoal de Massimo Melli (anos 1970, aproximadamente)

O modelo do rombocasmo explica de maneira simples como os eventos se desenrolaram. Na fase inicial, os dois continentes, África e América do Sul, começaram a se separar ao longo de grandes fendas, chamadas de centros de disseminação, por onde emergia uma nova crosta oceânica em forma de lava. A separação ocorreu por meio de zonas de fratura oblíquas

---

[44] Nota do tradutor: não confundir com o filósofo e educador americano John Dewey (1859-1952), um dos maiores expoentes da escola pragmatista de educação. No caso aqui abordado, trata-se do geólogo inglês John Frederick Dewey, um dos maiores proponentes e defensores das ideias de John Tuzo-Wilson.

[45] Nota do tradutor: figura idêntica à encontrada no texto original de Massimo Melli.

VIDA DE GEÓLOGO

ao longo das quais os continentes rastejavam uns contra os outros. Em azul, na Figura 13, está a nova crosta oceânica, formada nas duas faces dos centros de expansão, verdadeiros centros vulcânicos que ainda existem no Atlântico e são denominados dorsais médios do Atlântico.

O rombocasmo, cujo nome deriva do grego e significa "divisão rômbica", é a bacia que se forma entre os dois continentes que estão se afastando, à medida que uma nova crosta oceânica se forma entre os continentes. No modelo, a nova crosta é colorida de azul. Observando o rombocasmo central da Figura 13, pode-se observar que, ao longo de sua margem esquerda, a nova crosta formada ao norte do centro de espalhamento se move na mesma direção da África, enquanto a da margem direita se move na direção oposta, formando uma falha transcorrente. Devido ao efeito da falha transcorrente, os sedimentos depositados no rombocasmo durante a evolução sofreram compressão ao longo da falha transcorrente, que gerou estruturas e dobras no lado leste do rombocasmo, mas não no lado oeste, onde nenhuma compressão foi criada. Esse mecanismo geométrico simples torna o lado ativo do rombocasmo mais propício à criação de estruturas antigas, nas quais o petróleo pode se acumular na fase inicial da separação dos continentes.

Estudando as linhas sísmicas que cruzavam a zona de fratura de Romanche, ao sul de Gana, notei que, no lado oeste da fratura, grandes estruturas e dobras nos sedimentos terminavam abruptamente no lado leste da fratura, onde os sedimentos eram horizontais. Portanto, um lado da fratura era mais favorável, do ponto de vista da exploração, do que o outro.

Quando tive uma nova ideia, depois de aconselhar-me com Frank Adler e Jo Tanner e receber as aprovações dele, escrevi meus relatórios para os chefes da Phillips e da Sea-Gap, que não perderam tempo e foram ao redor do mundo para conferir as concessões nos locais indicados por mim no *offshore* da África Ocidental, na Ásia e na América do Sul. Naquela época, a Phillips comprou muitas novas áreas ao longo da costa dos sete mares.

Voltando do trabalho para casa, sentei-me sorridente e feliz em uma poltrona e brinquei com as crianças com os jogos que havíamos comprado para elas naquela Meca do consumismo que era a América. No primeiro Natal, com a desculpa do Papai Noel e da Befana[46], comprei três trens elétricos para meu filho de três anos, com os quais eu, principalmente, brincava. Apesar de toda a agitação devido à mudança radical no estilo de vida,

---

[46] Nota do tradutor: Befana é uma personagem do folclore italiano que visita as crianças nas noites dos dias 5 e 6 de janeiro. É o análogo italiano da lenda de Papai Noel (Santa Claus).

121

aqueles foram meus anos mais produtivos, entre 33 e 36 anos, quando fiz minhas maiores descobertas científicas. E continuei acreditando que uma probabilidade diferente de zero sempre pode acontecer.

2.26 Nômades de luxo

Em Bartlesville, frequentávamos muitos amigos americanos que conhecemos na Nigéria. Os primeiros de todos foram os Dreiskers, com quem organizávamos expedições para a cabana no Grande Lago dos Cherokees. Perto de Bartlesville havia uma grande reserva, chamada Woolarock, aonde eu levava as crianças nos fins de semana para ver os rebanhos de búfalos americanos pastando com calma e segurança, sem perigo de serem mortos por caçadores. Frequentemente organizávamos com os Dreiskers e outros amigos churrascos ao ar livre no campo em torno de Bartlesville. Levávamos uma vida saudável, com pouco estresse, por isso tive muito tempo para pensar sobre minha geologia geométrica.

Às vezes, Frank Adler vinha a minha casa e passávamos noites inteiras estudando a geometria das placas tectônicas juntos. Frank, trabalhando com extrema precisão, havia construído um enorme mapa do mundo inteiro, no qual destacava as estruturas geológicas, como as falhas de transformação e a espessura dos sedimentos. Às vezes, nossas discussões acabavam em assuntos religiosos. Paradoxalmente para um judeu, Frank era um ateu que havia perdido a fé por causa do Holocausto. Ele dizia: "O silêncio de Deus O desqualifica e nega Sua existência. Ele não levantou um único dedo para ajudar Seu povo!". Eu, por outro lado, estava convencido de que Deus existia, mas estava impotente diante da Probabilidade, uma força do Universo. Tenho boas lembranças de Frank e das longas noites passadas com ele para entender a geometria da Terra.

Minhas descobertas científicas não se resumiram ao rombocasmo. Eu continuei estudando falhas de deslizamento e estruturas associadas a essas falhas. Meus colegas sempre me diziam: "O velho Max ainda está se mexendo". Essa minha especialidade me rendeu uma viagem a Cingapura e Jacarta para explicar minhas teorias aos escritórios da Phillips.

A figura[47] a seguir explica resumidamente a teoria que tentei explicar aos escritórios da Phillips no Extremo Oriente.

---

[47] Nota do tradutor: figura idêntica à presente no texto original, em italiano.

Figura 14 – Esquema gráfico da teoria de Melli

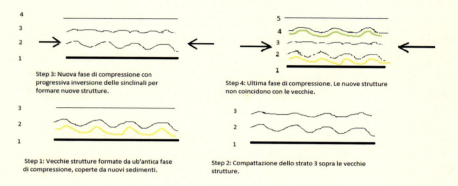

Fonte: arquivo pessoal de Massimo Melli (anos 1980, aproximadamente)

Na etapa 1, ocorre uma primeira fase de flexão causada por compressão lateral devido a um sistema de falhas deslizantes, com as estruturas antigas coloridas em amarelo. Sobre estas é depositada a camada 3 que, por sua vez, compacta-se sobre as estruturas antigas (etapa 2) e, em seguida, sofre uma copressão lateral (etapa 3) que finalmente forma estruturas mais jovens (etapa 4), em desarmonia com as estruturas antigas. Ou seja, os antigos anticlinais, de cor amarela, nos quais o óleo já teve tempo de se acumular, não coincidem com os novos, de cor verde, que são jovens demais para terem óleo acumulado. O escritório de Jacarta, na grande concessão que possuía ao norte da ilha de Natuna, começou a perfurar as grandes estruturas jovens, sempre estéreis, ignorando as antigas, que, em minha opinião, eram mais promissoras. Eu havia criado modelos geométricos para mostrar que, em vez disso, eles tinham de concentrar esforços em estruturas antigas que tiveram todo o tempo geológico para acumular petróleo. Mas era como pregar ao vento, porque minha teoria simples nunca foi aceita.

Por três anos consecutivos ganhei o "prêmio de arremesso de merda", dado para quem atirasse a maior "merda" na reunião anual de líderes de exploração no hotel da Phillips em Fort Lauderdale, na Flórida. Aqueles foram anos de glória e sucesso profissional, e muito dinheiro circulava porque o preço do petróleo subiu. A Phillips me enviou ao redor do mundo para descobrir onde o petróleo estava escondido nas estruturas complexas dos arcos das ilhas, cadeias de montanhas e bacias sedimentares que se escondiam sob os mares em águas profundas. Depois de apenas dois anos, fui transferido de Barlesville de volta para Londres, onde tive a tarefa de coordenar o estudo das complexas estruturas da bacia do Mar do Norte. Muitas descobertas foram feitas quando eu era diretor de interpretação, em Londres, com o título de geólogo regional. Quando estava em Londres, recebi uma uma carta comovente da esposa de Hank, informando-me que ele morrera de câncer de pulmão. Chorei, pensando que sempre era melhor ir embora primeiro e sabendo que havia perdido um professor e um amigo. É a vida!

Naquela época, eu morava com minha família em Wimbledon e foi lá que conheci meu amigo judeu Aharon, que, tendo nascido no Iraque, era fluente em árabe e, claro, em hebraico. Tínhamos nos tornado grandes amigos e frequentemente saíamos com nossas esposas e nossos filhos, mas raramente íamos ao *pub* juntos para tomar uma cerveja e discutir política, filosofia e religião. Nós dois tínhamos um excelente conhecimento da Bíblia e Aharon ficou muito impressionado com o fato de que em minha juventude eu havia lido e quase memorizado o livro do Eclesiastes. Ele decidiu me ensinar os primeiros rudimentos do hebraico. Mas Aharon, que também conhecia muito bem o Alcorão, me convenceu de que, por uma questão de simetria, eu precisava estudar o Alcorão na língua original. "Embora eu pessoalmente não acredite e seja um judeu completamente ateu, sei que não apenas a Bíblia e os Evangelhos contêm revelação, mas também há muitas revelações no Alcorão!" foi o que ele disse, e sempre era sempre muito sensato.

Comprei uma gramática de árabe e Aharon gravou as lições para mim em um gravador com excelente pronúncia do Iraque. Quando, depois de apenas um ano e meio, fui transferido com minha família para as Filipinas com uma promoção a geólogo-chefe, Aharon chegou lá, parando em Hong Kong, onde tinha estado para comprar alguns produtos, e verificou meu nível de conhecimento de árabe, achando-o satisfatório, mas ainda não suficiente para começar a estudar o Alcorão. Enquanto os antigos judeus eram nômades, como os beduínos, que seguiam as pastagens em migrações para o gado, nós também nos tornamos uma família de nômades que ia a qualquer lugar que houvesse uma chance de encontrar petróleo. Mas, ao contrário dos beduínos, éramos nômades de luxo que viajavam de avião na primeira classe e viviam em hotéis 5 estrelas, a não ser que mudássemos para casas luxuosas.

É a vida!

2.27 Anilao

A passagem de dois anos nas Filipinas foi uma ótima época para toda a família e uma espécie de longas férias pagas pela Phillips.

O estudo e a leitura das aulas de árabe e o trabalho de geólogo-chefe, mesmo que me mantivessem ocupado durante a semana, não impediram que eu e minha jovem família nos divertíssemos durante o fim de semana. Quando tinha um dia de folga, partíamos todos juntos para Anilao, uma pequena vila de pescadores localizada em uma das três penínsulas de Batangas, a apenas uma hora de carro ao sul de Manila. Anilao consistia de algumas cabanas localizadas na foz de um estreito trecho de mar entre duas estreitas penínsulas. Os pescadores construíram uma segunda aldeia rústica cerca de dois quilômetros mais ao sul na península oriental e, com grandes canoas chamadas de *bankas*, levavam os turistas de Anilao para a aldeia e voltavam para buscá-los na saída. As *bankas* eram embarcações grandes, compridas e estreitas, com duas canoas de bambu que garantiam a estabilidade. Equipados com um motor de popa, elas disparavam como relâmpagos pelos mares ao redor das Filipinas e foram o meio de transporte mais comum para a população local.

A vila era uma maravilha da tecnologia filipina, construída inteiramente sobre o mar, com palafitas de bambu feitas de juncos trançados, e permitia que os clientes mergulhassem diretamente das cabanas para se banharem em um mar fabuloso. Havia peixes de todas as cores a serem observados com máscara, diferentes espécies de ouriços do mar, alguns com longos espinhos pretos afiados, outros com grandes espinhos vermelhos arredondados, corais de todos os tipos e grandes esponjas multicoloridas. As crianças podiam nadar em águas rasas com as máscaras sob o olhar atento das mães que as observavam do cais de bambu. Já em tenra idade, Aleks se tornou um nadador habilidoso que passava horas na água estudando todos os detalhes encantadores do fundo do mar e a irmãzinha, Karoline, já havia aprendido a nadar com boias de borracha. Se alguma serpente marinha listrada de preto e branco estivesse por perto, elas iam embora silenciosamente, cuidando das próprias vidas. Não havia perigos.

Todas as cabines tinham banheiros e chuveiros privativos, muito básicos, mas sempre impecavelmente limpos. Também havia uma grande sala de estar com várias poltronas de bambu e uma grande mesa na qual a comida era servido ao meio-dia e à noite um único prato de arroz e uma espécie de *paella* com peixe e camarão ao molho de nozes e coco. De manhã havia café e chá, doces filipinos, frutas exóticas locais, como banana, abacaxi e mamão. À noite surgiam milagrosamente as cervejas San Miguel e por vezes uma providencial garrafa de uísque, para uso e consumo dos homens, enquanto para as senhoras não faltavam deliciosos *cocktails* à base de rum e frutas exóticas. Quando não comíamos nem dormíamos, mergulhávamos na água que de tão calma se assemelhava a uma mesa. A aldeia era administrada por algumas pessoas simpáticas e sorridentes e por alguns garçons e faxineiras que faziam o trabalho sem serem notados. A organização e o estilo da aldeia, assim como o profissionalismo dos cozinheiros, garçons e barqueiros, impressionaram toda a minha família, que em todas as viagens ainda não haviam experimentado um sistema tribal tão evoluído e tão eficiente. O custo de um fim de semana na aldeia, incluindo as *bankas*, era muito barato, mesmo se comparado aos preços acessíveis nas Filipinas. Anilao, em minha opinião, havia se tornado um modelo de vida tribal a ser imitado se alguém quisesse viver feliz.

Em Manila, tornei-me membro do Iate Clube e comprei um dragão, um lindo barco de corrida de madeira, com o qual participei, com outros oito dragões, de muitas regatas. Raramente ganhava, mas me divertia muito participando dessas corridas e, acima de tudo, era apaixonado pelo esporte a vela, que depois cultivei em anos futuros em Cingapura e na Noruega.

Nessa cidade, entrei imediatamente em confronto, desde o primeiro dia, com o gerente local, a quem chamávamos de Aiatolá Jimmy Smith, devido ao caráter ditatorial e intransigente. As Filipinas eram o bebê dele e, estando perto da aposentadoria, ele esperava ficar naquele lindo país o máximo possível. Qualquer teoria geológica que contradissesse a dele era regularmente condenada. Ele já havia mudado dois geólogos-chefes que se opunham às teorias dele, e eu era o terceiro. Jimmy, olhando-me bem nos olhos, disse: "Não me importa quantos dos meus principais geólogos tenham que se suicidar, mas nas Filipinas há petróleo e eu vou encontrá-lo!".

O pomo da discórdia entre mim e Jimmy era nossa grande concessão em Palawan[48], onde a Phillips já havia feito um primeiro buraco seco. Depois de estudar cuidadosamente as amostras de rocha recuperadas no poço Palawan nº 1, perfurado no mar, na plataforma continental em frente à ilha, percebi que se tratava de argilas endurecidas e sem vida que, em termos geológicos, eram chamadas de melange de subducção. O problema

---

[48] Nota do tradutor: Palawan é uma ilha situada na Filipinas.

VIDA DE GEÓLOGO

é que a nossa concessão era inteiramente sobre uma zona de subducção, cujos sedimentos tinham sido enterrados em uma velha vala de enorme profundidade e metamorfoseados, fazendo desaparecer todos os vestígios de porosidade ou conteúdo orgânico. Era uma cunha de subducção, sem esperança de encontrar óleo nela. A rocha havia sido digerida da trincheira e regurgitada, após ter sido "bem cozida" nas profundezas da terra. As estruturas que foram mapeadas por geofísicos ignorantes eram estruturas de difração devido a fenômenos geofísicos causados pelas falhas da zona de subducção que ficava abaixo de Palawan. Elas eram estruturas de difração que desapareceram quando a sísmica foi processada como Deus ordena. Minha teoria também foi confirmada pelo novo chefe geofísico, Alan Peyton, que havia sido transferido para Manila comigo e com um especialista em Sismologia, o turco Tulu Gurkan, que reprocessou a sísmica, fazendo aquelas estruturas desaparecerem. Eu tinha matado o bebê de Jimmy e ele nunca me perdoou por esse crime.

Mas um geólogo é como um gato: por mais que caia, sempre consegue se endireitar e sempre cai de quatro no chão. Em outras palavras, enquanto os sedimentos da zona de subducção não tinham potencial de petróleo, a planície do Mar da China que afundou sob Palawan carregava vários recifes e recifes de coral, especialmente sob o noroeste de Palawan, que pareciam cheios de petróleo e gás. Alan fez a interpretação comigo e preparamos um mapa mostrando que as águas profundas em frente a Palawan eram muito mais interessantes do que as águas rasas. Jimmy engoliu o sapo e fez o possível para demonstrar seu descontetamento diante da situação.

Estando bem conectado com as autoridades filipinas, Jimmy solicitou e obteve uma grande concessão que cobria todas as águas profundas ao redor de Palawan. A profundidade variava entre 200 e 2.000m. Com a tecnologia da época, era possível perfurar sem maiores problemas até 500m de profundidade. Como sabemos, o futuro está nas mãos de Allah, e quem sabe que tecnologia os humanos teriam descoberto no futuro? Antes de perfurar um poço perto da Ilha Leyte, eu disse a Jimmy que a estrutura, em vez de um recife de coral, tinha toda a aparência de um vulcão. "Você estudou profundamente a psicologia dos corais para dizer que não é um recife?". O poço foi perfurado e, depois de 1.000m, começamos a registrar fragmentos de lava negra, riolito cinza, obsidiana avermelhada, todos produtos de atividades efusivas associadas a vulcões. Continuamos perfurando cinzas vulcânicas e lava por mais mil metros sem encontrar vestígios de óleo ou gás. Quando fui falar com Jimmy com a proposta de terminar a perfuração, porque estávamos perfurando um vulcão, ele me disse com rosto pálido: "Eu sei que é um vulcão, mas o que há por baixo dele?". Depois de mais 500m de lava, o poço foi fechado por Mert Simon, o vice-presidente de exploração do escritório de Cingapura, antes de chegar ao centro da Terra. Não vamos esquecer que eram homens como Jimmy, com vontade de ferro como a dele, que haviam construído a indústria petrolífera mais poderosa do mundo, a indústria petrolífera americana.

Veio a ordem de Barlesville para encontrarmos parceiros de negócios e Jimmy, Alan e eu formamos um grupo que deu a volta ao mundo tentando vender a ideia de perfuração em águas profundas na concessão NW Palawan, porque tínhamos identificado vários recifes promissores. Jimmy ficou em silêncio e às vezes criticava minha apresentação: "Não gostei muito de você. Você parecia muito acadêmico". Mas, no final, conseguimos convencer a Shell a se tornar nossa parceira. No final de minha apresentação acadêmica, o doutor Frenkel, um judeu holandês responsável pela exploração da grande Shell, me disse: "Caro Max, não acreditamos em milagres, mas contamos com eles para encontrar petróleo!" e desapareceu no escritório de Jimmy para assinar os termos do acordo entre a Shell e a Phillips.

Uma vez feito o acordo, o resto é a história que prova que Jimmy estava certo. Um total de 126 poços de exploração foram perfurados nas Filipinas até o momento, dos quais 95 foram perfurados na área NW Palawan. Ocorreram 21 descobertas, das quais seis foram desenvolvidas por conterem reservas consideradas econômicas. Até o momento, 54 milhões de barris de petróleo, quatro milhões de condensado e 67 bilhões de pés cúbicos de gás foram produzidos pelo noroeste de Palawan, principalmente nos recifes de coral do mioceno. E a exploração continua! Veja a figura a seguir.

É a vida!

Figura 15[49] – Poços nas Filipinas

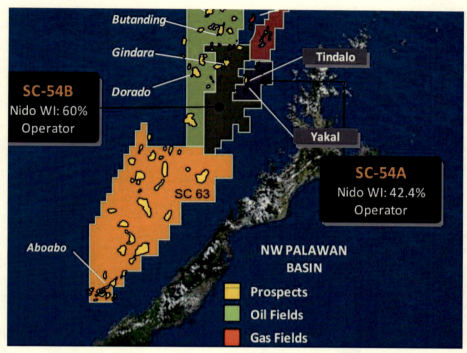

Fonte: arquivo pessoal de Massimo Melli (anos 1980, aproximadamente)

2.28 Cingapura

Depois de Manila, fui transferido para Cingapura e, quando voltei para casa para anunciar a mudança, houve gritos de alegria de toda a família. Eles também se tornaram nômades inveterados e mal podiam esperar para explorar outras partes do mundo. Depois veio a música italiana, que Aleks sempre cantava na Sicília quando íamos de férias para nossa casa de praia em Santa Maria del Focallo: "Cingapura, estou indo para Cingapura, saúdo vocês, lindas senhoras!". E certamente aquele lugar tinha uma aura de mistério e charme que nos atraiu. No novo escritório, localizado na Newton Tower, um pequeno arranha-céu redondo perto de Newton Circus, como geólogo regional, dirigi a atividade de quatro geólogos que estudavam todos os campos de petróleo de toda a província da Ásia e do Pacífico, que incluía Austrália e Nova Zelândia.

---
[49] Nota do tradutor: mais uma figura coincidente com a presente no original, em italiano.

Aquele foi um momento fabuloso, não apenas para mim, mas também para minha esposa e as crianças, crescendo naquela cidade supertecnológica e superorganizada. Imediatamente me tornei membro do Iate Clube mais famoso de Cingapura, o clube Changi, onde comprei um veleiro e onde a família passava o fim de semana na praia, enquanto eu participava de muitas regatas pela ilha. Em Cingapura, também tive aulas de Alcorão com um imam local de etnia malaia, Imam Taleb, que tinha sangue árabe nas veias. Durante um ano, aprendi a ler o Alcorão cantando como os muçulmanos e, após o primeiro ano, já sabia de cor muitos dos versos mais famosos do livro sagrado.

Muitas vezes viajei a negócios para diferentes países da Ásia e do Pacífico e, quando estava viajando, sempre carregava comigo um pequeno Alcorão de bolso que lia em aeroportos e aviões para passar o tempo e para ganhar a bênção de Allah. Além de meu conhecimento do árabe, também ampliei meu conhecimento da Bíblia, tendo comprado uma grande Bíblia em Cingapura, que continha o texto hebraico do Antigo Testamento e o texto grego dos Evangelhos. Era chamada de "Bíblia Interlinear", porque embaixo de cada palavra havia a tradução em inglês, palavra por palavra. Meus novos amigos italianos me consideravam maluco, mas eu estava interessado em entender o significado profundo das religiões para descobrir se era verdade que Deus existia.

Minha experiência profissional também cresceu exponencialmente com o tempo. Eu realmente me tornei um excelente geólogo de petróleo. Uma vez, enquanto eu estava voando de Cingapura para Bangkok pela Thai Airways, de primeira classe, meu vizinho tailandês estava tentando "dragar" a bela aeromoça que estava nos servindo champanhe e caviar. Ele sussurrou pequenas palavras para ela em tailandês e ela sorriu divertidamente, mas era óbvio que não estava nem aí para ele. Então, falando comigo em inglês, o vizinho me deu uma aula curta, mas significativa, de budismo: "A diferença entre vocês, cristãos ou judeus, e nós, budistas, é apenas um pequeno detalhe: a sua referência é Deus, que é perfeito, portanto, você fica frustrado por nunca poder alcançar a perfeição d'Ele. Nós começamos de baixo, tentando nos aperfeiçoar durante a vida, por isso, mesmo se pecarmos 90% das vezes, somos justificados pelo fato de que seres abjetos como nós não podem esperar se comportar bem mais de 10% das vezes".

Acostumado a descobrir a geometria da Terra, o próximo passo foi entender a geometria de Deus e da criação, e o budismo me ajudou mais

VIDA DE GEÓLOGO

do que qualquer outra religião para esse propósito. O designer-chefe da Phillips, o chinês Ong, o indiano Raja e eu, durante os intervalos de almoço, íamos frequentemente às barracas de comida da Newton Circus para comer uma refeição chinesa econômica. Ong era budista e me deu alguns livretos sobre budismo que ainda mantenho em minha biblioteca, entre os livros sobre religião; Raja, sendo indiano, era naturalmente hindu, uma religião tolerante com todas as outras religiões. Enquanto almoçávamos, trocamos ideias sobre nossas concepções de Deus. Para eles, Deus era tudo, o grande mistério que se esconde atrás da realidade, e nada pediam a Ele, porque era inatingível e talvez nem mesmo existisse. Para mim, por outro lado, Deus era o pensamento matemático que, com as leis probabilísticas, governava a realidade. Eu também concordei com eles que era inútil pedir favores a Deus, porque certamente não era Ele quem mandava no mundo. Tive pouco contato com os muçulmanos, exceto por meu professor de Alcorão, Taleb. Depois de psicanalisar e estudar durante meses, percebi que, para Taleb, Allah era Probabilidade e todo o futuro estava nas mãos dele. Nesse ponto de vista, eu estava totalmente de acordo com ele, essa era a síntese da revelação contida no Alcorão. Pode parecer estranho, mas esse era um conceito igualmente profundo da Unidade de todas as coisas ou da Mente infinita que tudo sabe.

2.29 Férias na Sicília e na Noruega

Desde pequeno, todos os anos eu passava alguns dias de férias à beira-mar na casa de minha tia Maria, na localidade de Santa Maria del Focallo, no município de Ispica. Depois que me casei, continuei com esse hábito e a casa dela tornou-se um ponto de referência para todos, principalmente para meus filhos, que não viam a hora de ir passar as férias na Sicília. Continuamos passando férias por lá, mesmo morando em lugares com um mar lindo — como Manila e Cingapura —, por ser considerada "nossa casa".

A casa ficava perto do mar e da grande praia que se estendia de Pozzallo a Cirica sem interrupção por mais de 12 km. Era uma construção muito simples, como todas as da zona envolvente, porque fora construída com o intuito de poupar, mas, ao contrário das outras casas, estava rodeada por uma grande vinha e numerosos loendros. O lugar não era nada chique, mas era idílico e selvagem o suficiente para ser atraente para nós, que morávamos em grandes cidades como Londres, Manila e Cingapura. O mar era de um azul esverdeado e muito limpo. A 1 km da praia, ficava a Ilha de Porri, destino popular para todos os que tinham barco. E é claro que eu era um dos poucos a ter não só um barco, mas dois, um pequeno veleiro laser e um barco de fibra de vidro com um pequeno motor de popa.

Achava que aquele lugar era o mais bonito do mundo, porque desde muito jovem estava habituado àquela zona e àquele mar, e minha mulher partilhava dessa opinião. A água tinha uma temperatura muitos graus mais elevada que a dos fiordes da Noruega e o lugar era perfeito para crianças pequenas. A casa estava cheia de gatos, que a tia tratava como crianças, e havia um casal de cachorrinhos, Peggy e Boby, com o qual brincávamos. Na enorme praça em frente à casa, que a tia havia construído para virar o carro sem dar ré, as crianças podiam andar de bicicleta com segurança. Na frente da casa havia uma estrada a cruzar, depois havia grandes dunas de areia, cobertas por uma espessa vegetação espontânea do Mediterrâneo, verde como acácias mimosas, depois havia a bela praia de areia onde as crianças podiam brincar construindo castelos de areia e alvenaria à beira da água. O mar estava quase sempre calmo e, sendo raso, era possível nadar com segurança.

Também lá morava a tia que me criou quando eu era criança pela ocasião da morte de minha mãe e que, portanto, era como uma avó que estava sempre cuidando e sempre pronta para se dedicar às crianças. Com meu barco de fibra de vidro de fundo chato e com a ajuda de um pequeno motor de popa leve de quatro cavalos de potência, íamos, lentamente, sem pressa, para a ilha de Leeks para nadar naquele belo mar que não tinha nada a invejar o Caribe. Quando, no final do feriado, saíamos, ajudados por alguns amigos, eu levava o barco de volta para a garagem e depois o colocava de volta na praia para quando voltasse no ano seguinte. Alguns anos depois, meu primo de Cervia, Zorz, que era um famoso marinheiro do Adriático, trouxe em sua grande *van* um laser, que é um pequeno veleiro de corrida, com o qual ele me ensinou o básico da vela, inculcando-me uma paixão pela vela que permaneceu comigo até hoje.

Quando Zorz foi embora, em vez de levar o barco de volta para Cervia, ele o vendeu para mim. Eu tinha, então, dois barcos para ir ao mar, um a vela e um a motor. Desnecessário dizer que estávamos todos sempre ocupados carregando motores, velas e lemes entre a casa e o mar, porque se tivéssemos deixado aquele equipamento no mar, alguém certamente o teria estragado. Quase todos os anos, nossos velhos amigos da Noruega, Gordon e Eva Mc Lanachan, vinham nos visitar e todos íamos com eles à

Ilha do Alho-Poró para nadar naquele mar maravilhoso. Foi Gordon quem denominou a única praia da ilha de "Praia dos Bebês", em homenagem a Aleksander, que gostava de nadar naquela praia quando ainda era um bebê. Às vezes, nossos amigos de Lagos, Annamaria e o novo marido, Vittorio, também vinham passar alguns dias conosco. Então nós, nossos amigos e principalmente as crianças tínhamos um ponto de referência e uma meta a almejar para passar nossas férias. Voltando do mar com fome, a tia nos fazia encontrar um belo prato de macarrão, temperado com o famoso *ragù Romagna*. De qualquer parte do mundo, esse era o nosso paraíso de verão. Com o passar dos anos, ampliei a casa e construí um segundo andar para minha pequena família. Então, de olho no futuro, mandei construir uma grande quadra de tênis regulamentada e uma grande varanda coberta, com forno de pizza, pensando que, aos poucos, se necessário, a casa poderia ser transformada em uma pousada. Em Pozzallo, comprei um lindo apartamento na orla marítima de Pietre Nere para minha tia, onde ela passava o inverno antes de se mudar para o mar. Assim, Pozzallo havia se tornado a cidade em que todos pensavam quando pensavam em casa.

Também na Noruega tínhamos um ponto de referência, que era a casa da mãe de Gerd, ou seja, a casa da "*mormor*"[50], onde íamos quase todos os anos passar parte das férias. Mas é claro que na Noruega tínhamos um *hytte*[51] nas montanhas em Ål, em Hallingdal, que foi construído em toras de madeira por um famoso carpinteiro local, Olav Bøygaard, já em 1973. Inauguramos esse *hytte* durante a Páscoa no ano seguinte para irmos esquiar.

Os noruegueses são geralmente pessoas quietas e fleumáticas, mas a personalidade de Olav impressionou-me imediatamente, porque eu nunca tinha conhecido ninguém mais "legal" do que ele na minha vida. Ele sempre se expressava sem ficar agitado, mas mantendo uma calma seráfica. Para ilustrar um tipo de casa que ele havia construído, mostrou-nos a bela casa de madeira que ele havia construído para si mesmo. Eu perguntei a ele se poderia construir para mim uma semelhante, mas um pouco maior, e também se poderia construir um *stabbur*[52], que usaríamos como um banheiro separado do *hytte*. A cada uma das minhas perguntas, ele respondia devagar e em voz baixa, sempre assim: "Sim, dá para fazer". Para ele, tudo podia ser feito. Ele me explicou que começaria a construí-la naquele inverno, depois de escolher as toras, uma a uma, na floresta, e escolher o tamanho certo para a cabana que eu queria.

---

[50] Nota do tradutor: *mormor* significa "vovó" em norueguês.

[51] Nota do tradutor: *hytte* significa "choupana" em norueguês.

[52] Nota do tradutor: *stabbur* é uma palavra norueguesa que designa um anexo de uma construção.

"Você também pode construir um mezanino sob o telhado?". "Sim, dá para fazer". "Você também pode cavar um poço de água coberto com um galpão adjacente à casa?". "Sim, dá para fazer". Então, quando voltamos de Bartlesville para a Noruega, para passar a Páscoa nas montanhas, o *hytte* estava pronto e era uma verdadeira joia da arquitetura de toras: tudo foi construído com perfeição. Durante anos usamos o *hytte* nas férias de inverno e toda a família havia se equipado com esquis *cross-country* e aprendido a esquiar. Gerd, sendo norueguesa, nasceu, como dizem, com esquis. Eu também tinha aprendido a esquiar e, se a inclinação não ultrapassasse os 3%, também conseguia não cair e quase causava uma boa impressão.

Com o tempo, começamos a ir com menos frequência ao *hytte*, porque, mais do que uma fonte de diversão, havia se tornado uma fonte de estresse. Chegávamos de carro com um metro de neve e tínhamos de abrir um caminho de 50m do nosso estacionamento até a entrada do *hytte*. Depois, tínhamos de carregar a bagagem, as mantas, toda a comida, o leite e o vinho necessários para sobreviver uma semana nas montanhas.

Minha tarefa era acender o fogão a diesel, que era uma ferramenta infernal e parecia mudar de estrutura a cada ano, enquanto dentro do forno a temperatura estava 10° abaixo de zero. Fui acusado por minha esposa de ser incompetente e nunca me lembrar de como o fogão funcionava, e na verdade ela estava certa. Em seguida, tínhamos de acender a lareira para aquecer a sala para que pudéssemos sobreviver ao frio. Sempre ficávamos superestressados.

O lugar era lindo e era um idílio na neve, mas, para mudar um pouco, íamos para um hotel na montanha, onde chegávamos em um bom estacionamento sem neve e podíamos imediatamente sentar em frente a uma lareira acesa no corredor e desfrutar do fogo crepitante enquanto pedíamos café, tudo servido e reverenciado. Nem é preciso dizer que não havia comparação entre os dois estilos de vida. Começamos a só usar o *hytte* no verão, para desfrutarmos do frio apenas quatro dias por ano e nada mais. A Noruega já é um país frio, era uma pena, quando o tempo estava bom no verão, ir para as montanhas para pegar frio e chuva, quando podíamos ficar à beira-mar no fiorde de Oslo. Finalmente tomamos a decisão de vendê-lo em 2008 e, desde então, as poucas vezes que fomos para as montanhas, ficamos em um bom hotel, sem arrependimentos.

Figura 16 – Típico *hytte* norueguês, similar ao nosso, feito de troncos

Fonte: arquivo pessoal de Massimo Melli (anos 1990, aproximadamente)

2.30 O retorno à Noruega

Infelizmente, só ficamos em Cingapura dois anos e meio porque veio a ordem de nos mudarmos para Stavanger. Para me recompensar por minha habilidade, a Phillips me promoveu primeiro a geólogo-chefe, em Manila, depois a geólogo regional, em Cingapura e, finalmente, a geólogo-chefe da maior operação, a exploração da plataforma continental norueguesa em Stavanger, na Noruega. Depois de apenas dois anos, tornei-me o gerente de exploração da Phillips na Noruega, mas esse foi um erro grave que causou meu declínio progressivamente nos anos seguintes.

Embora o retorno à Noruega tenha sido um evento desejável para a integração de nossos filhos no país de origem da mãe, a princípio foi levado com pouco entusiasmo por toda a família. Claro, mais cedo ou mais tarde, eles teriam de voltar, mas a vida no Extremo Oriente era tão interessante e cheia de aventuras que era difícil pensar em um estilo de vida diferente daquele a que estavam acostumados. Os problemas, portanto, começaram quando fui transferido de Cingapura para a Noruega aos 43 anos, como geólogo-chefe e, depois de dois anos, com a promoção a gerente de exploração. No começo, eu era o geólogo-chefe da exploração, mas a Phillips havia tomado a decisão de não explorar nada, então eu era apenas *meu geólogo-chefe*. Esse fato me deu a oportunidade de fazer estudos e conhecer a geologia da Noruega, após anos de ausência.

Eu tinha todas as linhas sísmicas disponíveis não só de todos os poços de petróleo do Mar do Norte, mas também da área ao norte do paralelo 62, onde várias empresas começaram a descobrir grandes campos de petróleo e gás, e também havia muitos dados na área entre North Cape e Svalbard, em que a Phillips havia participado de uma descoberta de gás e outras descobertas estavam começando a ser feitas. Meu chefe em Stavanger era Dave Morris, um cara interessante e sempre pronto para analisar o aspecto filosófico da realidade. Dave era um especialista em Geoquímica e, portanto, era um peixe fora d'água quando se tratava de avaliar um problema geológico ou geofísico. Mas ele tinha uma grande virtude: confiava nos homens da equipe e, em particular, no geólogo-chefe de desenvolvimento, Bill Van Goidtsnoven. Dave também confiava no geofísico-chefe, Don Shorey, e, claro, em mim, o geólogo-chefe da exploração. Ele quase sempre se sentava com Bill e eu em nossa mesa na cafeteria da Phillips para comer conosco, e então conversávamos sobre isso e aquilo e ríamos muito, mas nunca falávamos de trabalho, porque senão a digestão pararia. Bill era um tipo com muita humanidade e um poço de ciência filosófica, porque, tendo mais de 50 anos, tinha visto todos os tipos de coisas durante a vida e era bom ouvi-lo contar. Dave escutava com interesse e tirava conclusões sobre nossas conversas.

Também eu contribuía com alguma coisa, mas na esfera que poderia ser definida como uma besteira inteligente. E todos nós ríamos. Foi uma vida agradável e descontraída que me deu a liberdade de criar meu famoso modelo de giz[53] encontrado em Ekofisk e escrever meu famoso estudo intitulado "Modelo de campo de estresse para o giz", que explicava tudo e foi o impulso necessário para me tornar famoso entre os parceiros da Phillips, nomeadamente Agip, Elf, Norsk Hydro e, sobretudo, Petrofina, cujo geólogo, Michél D'Heure, tinha feito um estudo aprofundado sobre o mesmo assunto, sem chegar às mesmas conclusões que as minhas, mas aproximando-se muito de mim. Meu modelo era obviamente geométrico e explicado pela tensão que se formava em uma camada de giz, sujeita a

---

[53] Nota do tradutor: giz é um tipo de rocha sedimentar porosa.

compressão lateral e flexão sob tensão. A parte superior da camada é submetida a forte tensão, o que preserva a porosidade original do giz, enquanto a parte inferior, abaixo da linha neutra, é submetida a compressão, que, embora negativa para a porosidade, ocasiona as fraturas necessárias para aumentar a permenabilidade da rocha. A Figura a seguir, que faz parte de meu estudo, ilustra o mecanismo e explica as barreiras de permeabilidade que se formam nas laterais das estruturas, diminuindo a porosidade e a permeabilidade da rocha.

Figura 17 – Barreiras de permeabilidade

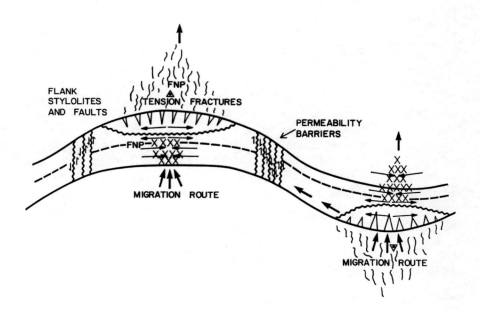

Fonte: arquivo pessoal de Massimo Melli (anos 1980, aproximadamente)

Figura 18[54] – Distribuição de porosidade

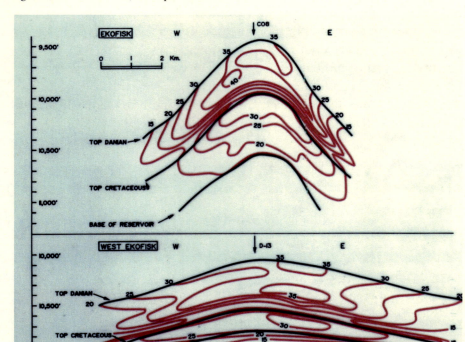

Fonte: arquivo pessoal de Massimo Melli (anos 1980, aproximadamente)

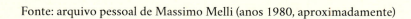

[54] Nota do tradutor: as figuras 17 e 18 são idênticas às presentes no texto original.

A Figura 18 mostra a distribuição da porosidade devido à tensão do giz nos vários branqueamentos do complexo Ekofisk. A relação entre a porosidade e o estado de tensão da rocha é clara e meu chefe, Dave, entendeu isso imediatamente. Claro que tive alguns detratores entre os muitos geólogos britânicos da Phillips que se recusaram a aceitar minha teoria, mas, na palestra que dei para ilustrar minhas ideias, Dave assumiu minha posição e disse "Esta é a teoria bem documentada de Max", e todos se acalmaram, porque não existia teoria melhor que a minha para explicar os fatos. Por causa da palestra, minha popularidade aumentou entre os parceiros, mas foi minha descoberta de que as plataformas acima do campo Ekofisk estavam afundando que me tornou famoso com meus chefes, que eram todos engenheiros.

Um perfurador norueguês veio a meu escritório um dia, acompanhado por um geólogo de minha equipe, para me dizer que havia notado que os furos na plataforma que protegia o reservatório de Ekofisk estavam acima do nível do mar. Ele tinha as fotos e eram indiscutíveis. A plataforma estava afundando. Mantive a calma e perguntei ao meu geólogo, Mark Rogers, se ele poderia pesquisar na literatura se casos semelhantes de subsidência haviam ocorrido em outros campos de outras partes do mundo. Depois de dois dias, Mark me procurou com a documentação de que fenômenos semelhantes haviam ocorrido na Califórnia, onde houve um afundamento de 5m em relação a um campo *offshore*. Em seguida, ele preparou vários *slides* para explicar o que havia acontecido. Quando estava com todos os dados, convidei os chefes para uma apresentação na sala de conferências do último andar, na presença do *big boss*, Mike Mc Connell, e de toda a elite de engenheiros. Nossa teoria de subsidência foi recebida com horror, mas eles tiveram de admitir que era verdade. Os engenheiros imediatamente organizaram um estudo detalhado e confirmaram a veracidade da situação.

A plataforma afundou 6m em relação ao campo Ekofisk, devido à produção que desinflou (por assim dizer) o campo, fazendo com que as rochas sobrejacentes afundassem.

Mais do que minhas habilidades como geólogo, foi esse episódio que causou minha promoção a gerente de exploração quando Dave foi transferido.

É a vida!

2.31 Gerente de exploração

Um gerente não faz o trabalho sozinho, mas garante que o trabalho seja feito por outras pessoas e, para ser mais preciso, no meu caso, por 56 pessoas. Como gerente, eu tinha uma visão clara do que queria alcançar e contribuí para que a Phillips fizesse algumas descobertas importantes de petróleo durante meu tempo como chefe na Noruega. Também consegui persuadir Bartlesville a solicitar novas concessões na Noruega. Após anos de desinteresse pela exploração, expliquei aos chefões que eles precisavam pensar no futuro: o que aconteceria depois de Ekofisk? Tudo estava indo bem, o problema era que eu tinha pouco controle sobre o orçamento e a situação financeira da empresa em razão do preço do petróleo, que começou a dar sinais de instabilidade e a cair dois anos após minha transferência para a Noruega. Além disso, eu tinha sérias objeções à maneira como a empresa havia começado a tratar as pessoas.

Enquanto nos velhos tempos a Phillips era como uma grande família e havia um espírito de cooperação e fraternidade que governava o relacionamento entre um gerente e seus subordinados, agora os funcionários começaram a ser julgados e categorizados por padrões de produtividade muito questionáveis. Desenvolvi uma atitude negativa diante daquela ferramenta de comando chamada "análise de desempenho", que me foi imposta de cima. Como pessoas com mentes complexas e experiências de trabalho diferentes podem ser catalogadas? Também é difícil categorizar cães e vacas, porque cada animal tem personalidade e qualidades próprias. Há cães de companhia, sabujos, cães de caça, cães de guarda, assim como há a vaca Chianina, com excelente rendimento de carne para abate, e há as raças leiteras muito adequadas à produção de queijos.

Da mesma forma, alguns trabalhadores eram bons em resolver problemas práticos e eram bons geólogos para o desenvolvimento e exploração de campos de petróleo, outros eram bons em imaginar novos prospectos de exploração em três dimensões. Entre os geofísicos, alguns eram bons em interpretar linhas sísmicas para construir belos mapas do subsolo, enquanto outros eram fortes em Matemática para processar dados sísmicos e obter linhas limpas e fáceis de interpretar. Também havia os *designers*, as secretárias, os especialistas em informática. Como você pode julgar qual é melhor entre uma maçã, uma pêra e uma laranja, ou entre um figo e uma couve-flor? Os funcionários eram artificialmente divididos em cinco categorias: na base ficavam os IN, que significava "necessidade de melhoria", ou seja, aqueles que precisavam melhorar, mas na verdade deveriam ser dispensados da empresa, porque, ao invés de serem ajudados a melhorar, eram regularmente demitidos. Depois, havia o PR, que significava "aceitável", aqueles que, em outras palavras, apenas faziam o trabalho. Daí vinha a categoria PR+, que classificava aqueles que faziam um pouco mais do que era exigido deles (por exemplo, se você pedisse a uma secretária que trouxesse um café e ela trouxesse junto açúcar e biscoitos, seria classificada como PR+). Os melhores trabalhadores foram listados sob a sigla HC, que significava "muito competente". Uma secretária com belas "varandas"[55] certamente era listada no mínimo como HC. No topo da pirâmide estavam os EX, que significava "peformance excelente", ou seja, os gênios.

Era um sistema muito injusto e logo descobri que era utilizado pelos chefões da empresa para justificar a demissão das categorias inferiores todos os anos. Você se livra do fraco, da madeira seca, dos inválidos, para melhorar a "corrida" e manter apenas os melhores, os vencedores. Isso tudo cheirava a nazismo, certo? Esse sistema criou uma psicose que se espalhou não apenas dentro do escritório, mas também em Stavanger. Se você fosse a um supermercado para comprar alguma coisa e notasse um PR com a esposa e os filhos fazendo compras, não poderia deixar de pensar que todos eles, incluindo os filhos mais novos, pareciam PR: mal vestidos e arrastando-se, andando como como zumbis pelo supermercado. Uma vez, na cantina da empresa, ouvimos as conversas de Keya, uma geofísica americana catalogada com IN, que estava conversando com uma amiga, uma geóloga, também americana, chamada Estella, catalogoda como PR+, que descreveu para Keya um belo rapaz que ela acabara de conhecer, um jovem engenheiro que foi listado como HC. A política da empresa exigia que os gerentes dissessem claramente aos funcionários a que categoria eles pertenciam para que todos soubessem tudo sobre todos.

Parecia o sistema nazista, quando eles dividiram os judeus que tinham acabado de sair dos trens em categorias: câmara de gás agora, câmara de gás em alguns meses, trabalho forçado para homens, mulheres para limpeza, mulheres destinada a bordéis para os soldados alemães etc. Bom sistema, não é? Keya foi demitida, porque os chefes na América decidiram que ela era incompetente e sem esperança de melhorar, e Estella sobreviveu mais um ano, vagando pelo escritório sem rumo, com uma expressão triste no rosto e murmurando palavras proféticas incessantemente sobre um desastre

---

[55] Nota do tradutor: no original, em italiano: "e un segretaria con dei bei balconi [...] veniva sicuramente catalogata almeno HC".

iminente e o fim do mundo. Uma vez ela trouxe uma planta doente para meu escritório e me perguntou se eu poderia regá-la, porque ela havia perdido a vontade de cuidar dela. Além de sofrer com a falta de água, a planta também se resfriou, tendo sofrido com os rigores do inverno norueguês, quando Estella se esqueceu de ligar o radiador. Estella, na rotina das rondas pelo escritório, vinha todos os dias visitar a planta, demonstrando a mesma ternura preocupada de uma mãe que ia todos os dias ao hospital para encontrar a filha doente. Em seis meses, consegui salvar a planta, que agora estava em excelente estado, mas não consegui salvar Estella, uma judia inteligente, que foi demitida, apesar de minha recomendação de mantê-la. Então soube que Estella havia conseguido um ótimo emprego em Washington, onde trabalhou no governo dos Estados Unidos. Keya, por sua vez, tornou-se professora de ciências em Vermont, onde morava a família dela.

Eu havia tentado resistir à implementação daquele sistema horrível o máximo possível e, em um ano, cataloguei todo o meu pessoal como HC e EX. Mas os grandes líderes disseram que isso era impossível, que alguém tinha de ficar na base da pirâmide. Eles forçaram alguns de meus homens a serem listados abaixo, sem motivo, e os despediram no ano seguinte. Isso incluiu a demissão de meu querido amigo Bill, o geólogo-chefe encarregado da geologia de campo, que era um homem inteligente de 55 anos. Como era velho, não tinha futuro em um mercado competitivo. Eu havia tentado salvar Bill com todas as minhas forças, explicando-lhes que, ao despedi-lo, anos de experiência insubstituível seriam perdidos, e dizendo que Bill estava feliz em permanecer geólogo-chefe até a idade de aposentadoria de 65 anos. Mas não havia nada a fazer: a mentalidade nazista estava determinada a eliminar os velhos e os fracos. Então Bill foi demitido, deixando para trás um vazio intransponível. Depois de algum tempo, descobri que Bill havia encontrado um ótimo emprego na empresa UMC, administrada por alguns amigos dele de Houston, que o enviaram como gerente-geral para a Guiné Equatorial. Então, afinal, ter sido demitido foi uma coisa boa para Bill e para a empresa. Bill tinha um grande dom, a astúcia, uma virtude difícil de classificar, mas que era muito importante para lidar com os líderes mafiosos muito espertos daquele país africano.

Como veremos, muitos anos depois, foi ele quem me perguntou se eu queria substituí-lo na Guiné Equatorial quando se aposentasse. Assim, como diz o ditado, nem todos os males são prejudicais. De minha parte, eu, que sempre fui classificado como EX por meus chefes, comecei a criar problemas para eles. Comecei a desenvolver a atitude errada: em vez de

VIDA DE GEÓLOGO

estar do lado da administração, estava do lado dos trabalhadores. Eu me tornei um incômodo para os patrões. Depois de três anos naquele emprego, foi isso que me colocou em conflito com meus chefes e o que acabou me forçando a deixar a Phillips após 19 longos anos de trabalho interessante e produtivo com aquela empresa.

2.32 A solução final

Recessões econômicas ocorreram muitas vezes na história da humanidade, desde os tempos bíblicos, quando eram chamadas de fome, mas desta vez foram apenas os petroleiros que foram visados. A economia mundial prosperava e continuava a crescer, e os petroleiros começaram a ser perseguidos, eliminados, e a serem tratados como seres humanos de segunda categoria: foram privados de dignidade, devido a uma ideologia nazista, de natureza econômica, por falta de visão para o futuro. A perseguição aos petroleiros não se justificava pela queda do preço do petróleo e poderia ter sido evitada, considerando o fato de que, depois de alguns anos, o preço teria subido ainda mais do que antes. As reservas mundiais eram limitadas e a maioria estava nas mãos dos árabes, que só tinham interesse em ganhar dinheiro. Mesmo na Noruega, a perseguição não se deveu a uma estranha teoria demagógica, mas à cobiça dos financistas e à monotonia dos programas de curto prazo das empresas dirigidas por contadores que reagiam sem antever o futuro. Mesmo que eu achasse um exagero comparar os problemas das empresas petrolíferas com os dos judeus, essa comparação ilustrava perfeitamente a situação. A perseguição aos judeus na Alemanha e, de certa forma, em todas as partes da Europa no decorrer dos séculos, foi motivada pelos motivos demagógicos da Igreja e por visões econômicas míopes para o futuro, bem como pela ganância dos governantes por sucesso econômico, alto nível de educação e superioridade intelectual em todos os campos do conhecimento humano.

Eu tinha certeza de que estava certo ao fazer essa comparação, mesmo que alguém pudesse argumentar que não. A cultura religiosa diferente não era suficiente para justificar por si só o nível de ódio que havia surgido contra os judeus, porque, sendo assim, outras religiões teriam de causar os mesmos problemas de coexistência em outras partes do mundo, onde viviam pessoas de religiões diferentes, por exemplo, nos países asiáticos. Na Alemanha houve uma reação exagerada à crise econômica que atingiu o mundo inteiro em 1929, começando pela América. E houve uma reação exagerada da sede da Phillips para cortar o orçamento devido ao enfraquecimento do preço do petróleo. Lembro-me de uma noite, talvez tenha sido em novembro de 1987, porque já estava muito escuro do lado de fora das janelas, em que todos os gerentes foram chamados à sala do *big boss* para discutir a situação. A Phillips era localizada em um grande edifício de concreto claro perto de Tananger, um pequeno porto a alguns quilômetros a oeste de Stavanger, na costa do Mar do Norte. O *big boss* Mc Connell, que era americano, e eu éramos os únicos dois estrangeiros no grupo de gestores; os restantes eram todos noruegueses. O processo de *fornoskning*[56] pretendido por Bartlesville há algum tempo eliminou todos os gestores estrangeiros e os substituiu por noruegueses a fim de economizar dinheiro.

A reunião foi encomendada pelo chefe para discutir cortes no orçamento e cortes de pessoal devido à queda dos preços do petróleo. E, claro, o único pescoço que ele decidiu cortar naquela reunião foi o meu. O chefe perguntou bruscamente em uma voz estrondosa: "Quantos geólogos e geofísicos estrangeiros você tem, Max, além dos noruegueses?". Senti todos os pelos da minha espinha se arrepiarem, como um cachorro ameaçado e se preparando para o ataque. Eu respondi em uma voz monótona, quase inaudível: "Tenho sete geofísicos e 13 geólogos, todos expatriados, o resto são noruegueses, todos jovens e inexperientes". "Consiga um geofísico e cinco geólogos para acompanhar o desenvolvimento dos campos de produção e demita todos os demais. Vamos parar de explorar por enquanto, enquanto o preço do petróleo permanecer baixo". Esse foi o veredito do chefe. Olhei pela janela, como se procurasse ajuda do céu, e o que vi não foi bonito. Não havia Sol, não havia beleza no céu, não havia poesia lá fora. Estava tudo escuro, tão diferente de uma paisagem mediterrânea! Pensei "Pobres noruegueses... Vocês venceram, podem guardar tudo isso para vocês". Alguém em Barlesville fez carreira planejando cortes no orçamento e a aquisição das operações pela Noruega. Esses planos era chamados de *fornorskning*.

Também pensei: "Fizemos nossas carreiras encontrando petróleo, enquanto alguém fez carreira despedindo aqueles que ajudaram a tornar a Noruega um dos países mais ricos do mundo". Em voz fraca, respondi ao chefe: "Os custos com pessoal representam apenas 5% do custo de uma operação típica de exploração e produção. Se você fizer isso, as autoridades norueguesas irão retirar sua licença para esta operação, porque você não terá experiência para operar na Noruega". O chefe disse com irritação

---

[56] Nota do tradutor: *fornoskning* é uma palavra norueguesa que significa algo como "norueguização".

VIDA DE GEÓLOGO

indisfarçável no tom de voz: "Você é mole demais, não tem estômago suficiente para ser um gerente!". Nem é preciso dizer que, seis meses depois, fui dispensado. Reconhecendo minha habilidade, os chefes queriam me manter como geólogo-chefe para substituir Bill, mas eu disse: "Não, obrigado, coloque-me na lista com meus homens!". Foi uma decisão difícil de tomar, uma decisão da qual certamente me arrependeria de ter tomado no futuro, mas que, naquela circunstância, salvou minha dignidade e meu respeito próprio.

Falando da perseguição aos petroleiros, li em algum lugar que o número de pessoas empregadas no negócio do petróleo, em uma base global, caiu progressivamente de 2,5 milhões para apenas 0,5 milhão em um período de dez anos, o que representou uma redução no número de pessoas empregadas no negócio do petróleo em 80%. Talvez fossem dados exagerados, mas a crise existia e era tangível. Houve muitas tragédias, muitos suicídios e muitas pessoas que tiveram dificuldade em encontrar um novo emprego. Alguns geólogos se tornaram garçons em restaurantes de Houston, outros começaram a trabalhar no McDonald's e outros mudaram completamente de carreira. Não apenas geólogos e geofísicos foram afetados pela crise, mas também perfuradores, engenheiros e contadores. Pessoas de todas as profissões relacionadas ao petróleo foram afetadas, incluindo alguns gerentes. No entanto, com um pouco de solidariedade humana, todo aquele desastre poderia ter sido evitado! Você não precisa ser um gênio financeiro para entender que o preço do petróleo logo se recuperaria, na verdade, previsivelmente, o preço do petróleo bruto começou a subir novamente após alguns anos e atingiu o nível incrível de US$ 100 por barril por ano no início dos anos 2000. Mas era tarde demais para o povo do petróleo dos anos 1980 e 1990. Muitos deles se reciclaram, porque precisavam sobreviver.

PARTE III

O livro do Êxodo começa com estas palavras: "E estes eram os nomes dos filhos de Israel que foram (como refugiados) para o Egito...". Esses são o evento e os nomes dos personagens que, involuntariamente, contribuíram para a descoberta do grande campo de gás *Gallo Sud*, o que ainda não ocorreu.

3.1 Faz frio lá fora

Antes de deixar a Phillips, reuni meu departamento em nossa sala de reuniões e expliquei a todos os motivos de minha decisão de entrar para a lista dos demitidos. Mencionei a República de Veneza, que conseguiu sobreviver ao longo dos séculos e se tornar uma das repúblicas mais ricas do mundo, com a inteligência e a iniciativa de seus cidadãos. Eu disse que se alguém tivesse inteligência e iniciativa, seria capaz de sobreviver e sobreviver bem. Eu decidi tentar. Concluí com lágrimas nos olhos: "Sei que está frio lá no mundo além da Phillips, mas aconselho a todos que tentem a sorte em outro lugar. Este barco está afundando...". Novamente eu estava errado. A Phillips não afundou nada, na verdade depois de alguns anos ela se juntou à Conoco, outra grande empresa de Oklahoma, com sede em Ponca City, perto de Bartlesville, e se tornou o colosso que ainda é hoje. Só arrisquei afundar, mas o provérbio diz: a sorte favorece os ousados e, no final, também fui salvo.

Quero contar a história de meu resgate, porque minha experiência pode ajudar alguém que está na mesma condição em que eu estava.

Embora muitos geólogos dispensados pelas empresas tivessem dificuldade em encontrar um novo emprego, tive sorte, porque minha boa reputação como gerente de exploração de sucesso abriu o caminho para um novo emprego no mesmo dia em que deixei a Phillips. Eu havia ingressado como diretor de uma empresa norueguesa de geofísica que organizava programas de aquisição sísmica na plataforma continental norueguesa. No começo fiquei muito feliz em sair e mudar meu estilo de vida, escolher uma carreira que esperava me causar pouco estresse, mas minha felicidade não durou muito. A diferença de mentalidade entre uma empresa de petróleo como a Phillips e a empreiteira geofísica norueguesa era grande demais para ser tolerada por muito tempo. Eu pensava grande e a empresa pensava pequeno, então, depois de um ano e meio, comecei a trabalhar duro para encontrar um novo emprego em uma empresa de petróleo e, apesar dos meus quase 50 anos, estranhamente consegui, desta vez sem qualquer intervenção divina — não foi como quando eu fui enviado para a Noruega pela função de onda Ψ para ajudar os noruegueses a encontrar petróleo. Desta vez, era simplesmente a lei da probabilidade mostrando que um evento com probabilidade diferente de zero sempre pode ocorrer. Vamos ver como os fatos se desdobraram.

Uma vez fora da Phillips, após os primeiros dias de entusiasmo pela liberdade adquirida, imediatamente percebi a dura realidade em que havia adentrado. Aconteceu também com os suicidas que se atiraram de arranha-céus, que, ao chegarem ao quarto andar, se arrependeram de ter feito aquela besteira antes de se espatifarem no chão. Se eu tivesse aprendido minha lição com os vários livros de etologia que li e com os documentários sobre animais a que assisti na TV, deveria saber que um leão expulso da matilha por outro leão mais jovem e mais forte teria de andar por aí para sobreviver em busca de um novo território e um novo rebanho, onde ele nunca seria aceito. Quem iria querer um velho leão careca? O perdedor se tornou um refugiado, um fugitivo mal tolerado por uma nova matilha. De alguma forma, em um contexto mais amplo, esse fenômeno natural explicava o problema dos judeus. Fora de seu território devido à diáspora, por conta dos romanos, nunca foram bem aceitos por outras nações e sempre foram refugiados em todo o mundo. Em primeiro lugar, de acordo com o comportamento animal tradicional, tive de me mudar de Stavanger, onde tinha uma casa e onde minha família estava bem estabelecida e vivia feliz. Então, fui forçado a me mudar de meu território e me deslocar mais de 500 km até Oslo, onde ficava a sede da nova empresa, a Nopec.

A empresa, no entanto, concordou em me usar até mesmo dois dias por semana em Stavanger para cuidar do pequeno escritório que eles tinham lá, então eu tive que viajar muito de ida e volta de avião entre Stavanger e Oslo. Mesmo os animais expulsos do rebanho tinham de vagar muito e frequentemente mudavam de território. Por um lado, agora era contratado por uma empresa de serviços geofísicos, com uma função bem definida: era o diretor de estudos e interpretação geológica. O trabalho consistia em estudar novas áreas da plataforma continental ao redor da Noruega para definir áreas de interesse nas quais se poderia esperar encontrar novos campos de petróleo.

VIDA DE GEÓLOGO

A cobertura sísmica sempre foi insuficiente em novas áreas, por isso a empresa promoveu a aquisição de novas linhas sísmicas, que depois vendeu a petroleiras. Além desse trabalho, a Nopec sempre me apresentaca a outras empresas como um grande especialista em problemas de exploração e muitas vezes eu era "contratado" como guru para resolver problemas difíceis. As empresas me contratavam como consultor para ajudá-las a prever o preço futuro do petróleo, levando em consideração a oferta e a demanda internacional de petróleo bruto. Naquela época, recebi o apelido de "profeta do preço do petróleo bruto", que carreguei por alguns anos. Às vezes eu era contratado para calcular o potencial das reservas da Noruega e outras empresas me usavam para anunciar o potencial delas, a fim de obter financiamento para novo capital nas várias bolsas de valores europeias. Quanto mais o tempo passava, mais o meu papel era o de guru pela Europa e o trabalho de diretor de interpretação tornava-se secundário e confiado a algum jovem geólogo mais tecnológico do que eu.

Havia muito para viajar, quase sempre de avião, e eu estava começando a ficar cansado. Além de tudo, comecei a suspeitar que a nova empresa queria me empurrar para fora e se livrar de mim. O problema era que, aos 49 anos, era difícil me integrar a um novo ambiente de trabalho e a uma nova cultura corporativa. Um velho leão ou um velho lobo nunca seria aceito em uma nova matilha e levaria uma vida solitária, tentando sobreviver sozinho até que inevitavelmente morresse de fome — essa foi a lição que eu aprendi. O problema não era apenas psicológico, mas estendia-se também à esfera econômica. Eu tinha decaído economicamente porque, embora tivesse um salário de diretor, tinha que pagar impostos do meu próprio bolso, ao passo que antes os impostos eram pagos pela Phillips. Então eu não era mais um expatriado trabalhando para uma empresa americana, era um imigrante italiano trabalhando para uma empresa norueguesa na Noruega.

Todos esses eram problemas que me assombravam e me mantinham acordado à noite para tentar consertá-los. Comecei a dedicar a maior parte do meu tempo livre tentando sair daquela situação. Tinha de haver uma saída, mas certamente não na Noruega, que não era o país certo, porque nenhuma empresa estrangeira me contrataria na Noruega naquela época de crise. Eu tive de procurar no exterior.

Percebi que havia me tornado uma espécie de consultor, com todas as desvantagens que essa profissão acarreta. Um consultor é como um comerciante que, em vez de vender mercadorias ou produtos, vende a si mesmo. Ser consultor abre caminho para uma nova dimensão: o mundo dos negócios. Se os serviços são de alta demanda, não há limites para o sucesso econômico que um consultor de sucesso pode alcançar, mas ele nunca será elogiado por atingir os objetivos pretendidos e por fazer um bom trabalho. A glória irá exclusivamente para aqueles que o contrataram para fazer esse trabalho para eles. Normalmente o trabalho atribuído a um consultor é algo que os funcionários das empresas não sabem ou não querem fazer e o sucesso de um consultor não é o elogio dos empregadores, mas sim a capacidade de manter aquele contrato o máximo possível, sugerindo outro trabalho. O insucesso de um consultor significa a rescisão imediata do contrato e a culpa do insucesso é toda dele. Durante minhas noites solitárias em Oslo, para passar o tempo, lia a Bíblia e o Alcorão em busca de um motivo para a precariedade da vida humana e em busca de analogias que pudessem explicar os acontecimentos. Tudo estava nas mãos de Allah e de Deus, ou o homem poderia influenciar o curso de sua vida e mudar seu futuro? Foi nessa época que a voz da consciência me falava com cada vez mais insistência e, em vez de afugentá-la, comecei a ouvi-la, porque às vezes me dava bons conselhos.

Durante aquele período difícil de minha vida, conheci pobres desgraçados, uma categoria de pessoas que conheci apenas superficialmente durante meus anos na Phillips: os consultores malsucedidos e sem esperança. Um exemplo clássico foi Alan Grant, um nome inventado para identificar um consultor geofísico que havia sido contratado pela Nopec para interpretar linhas sísmicas de baixa qualidade que ninguém queria interpretar. Eventualmente ele teria que preparar um mapa com um relatório escrito para explicar o que havia encontrado, então eu, que estava encarregado da interpretação, passei muitos dias na companhia de Alan e tive a oportunidade de ouvir as histórias e confissões dele. Alan foi despedido aos 45 anos de uma empresa inglesa, e o único trabalho que podia fazer era interpretar linhas sísmicas. Se ele encontrasse trabalho, era um trabalho ocasional e de curto prazo, mas, como havia milhares de geofísicos oferecendo os mesmos serviços, o trabalho era mal remunerado. Ele tinha caído em uma depressão profunda e apenas a garrafa de uísque o ajudava. Tendo estudado Alan por semanas, eu estava começando a entender o patriarca bíblico Abraão, cujo comportamento era impossível de entender, muito menos de justificar, se não tivéssemos estudado os sintomas de depressão causados pela falta de oportunidade e esperança. Abraão também era, afinal, um consultor contratado por Deus para fazer um trabalho difícil que ninguém queria

VIDA DE GEÓLOGO

fazer: inventar uma nova religião. Ele também era um indivíduo deprimido, um refugiado, um fugitivo das raízes e da fome, um morador de rua, sem território.

Alan tinha o próprio método de sobreviver mais um dia. Ele tentou afogar os problemas com uísque, bebendo meia garrafa todas as noites. Então adormecia alegremente, vítima dos vapores do álcool. Ele tinha uma filha de sete anos para criar até pelo menos os 24 anos, uma esposa dona de casa sem emprego, para manter para sempre, e uma hipoteca da casa para continuar pagando por mais 20 anos. Em outras palavras, como Zorba, o grego, teria dito: ele tinha toda aquela merda com que se preocupar. Agora, com 47 anos, ele teve de trabalhar mais 18 anos sem um emprego fixo e como consultor antes de se aposentar. Por isso, ia para a cama bêbado todas as noites. O uísque aliviava o problema imediato de adormecer e, de manhã, a ressaca da noite anterior ajudava-o a interpretar a sísmica de maneira criativa. Por isso ele foi apreciado por aqueles que o contrataram. Ele encontrou algum tipo de equilíbrio, mas a vida dele valia a pena ser vivida? Pensando em Alan e no equivalente bíblico, Abraão, eu sabia que havia muitas semelhanças entre os dois: um tinha milhares de quilômetros de linhas sísmicas para interpretar e o outro milhares de quilômetros de deserto para cruzar. O provérbio árabe que eu tinha acabado de aprender dizia: "a Terra encolheu diante de nós e já foi vasta".

Minha situação, porém, ainda não era tão trágica. Por 20 anos, ganhei muito bem e adquiri casas e terras na Sicília e na Noruega. Eu não tinha nem um centavo em dívidas e possuía uma conta bancária decente e territórios. Segundo o livro escrito por Robert Ardrey, *African Genesis*[57], o homem é um animal territorial e, sem território, está perdido e vulnerável aos ataques dos inimigos. Então, em caso de necessidade, eu sabia que sempre poderia inventar algo novo para fazer: por exemplo, abrir uma pequena pousada à beira-mar no modelo de Anilao, o vilarejo que tanto amei nas Filipinas. Meus territórios me deram uma segurança que o pobre Alan não tinha. Porém, tendo chegado ao ponto de ficar infeliz com o novo emprego, não havia como escapar: tive de começar a trabalhar seriamente.

É uma longa história, porque tentei de todas as maneiras e joguei todas as minhas cartas, mas as estatísticas diziam que, no mundo do petróleo, levava em média 18 meses para encontrar um novo emprego. Esse foi

---

[57] Nota do tradutor: trata-se da obra *African Genesis: A Personal Investigation into the Animal Origins and Nature of Man*, escrita, em 1961, pelo americano Robert Ardrey.

o tempo exato que levei para encontrar trabalho na OMV. Não foi fácil encontrar trabalho já com quase 50 anos, sendo minha especialidade a geometria aplicada à exploração de petróleo e meu *hobby* prever o preço do petróleo bruto. Mas, depois de mais de um ano de buscas frenéticas, meu olhar atento notou no seminário World Oil um anúncio da OMV, uma empresa estatal austríaca que estava procurando um geólogo-chefe para as operações na Líbia.

Com a ajuda de meu ex-geofísico-chefe, o americano Steve Connary, que também havia deixado a Phillips para trabalhar com a OMV na Áustria, perguntei sobre essa oportunidade e descobri que era verdade que a OMV iria abrir um escritório em Trípoli, e que o salário que ofereciam era excelente. Eu havia escrito uma longa carta de apresentação, com um currículo muito elaborado, que os líderes da OMV felizmente não leram, e a enviei a Steve, implorando que ele a colocasse na mesa do *big boss*, com uma forte recomendação. A carta começava assim: "Caro diretor, sou um espírito livre e amo os desertos do mundo. Tenho a honra de me candidatar ao cargo de geólogo-chefe da Líbia, pensando que sou altamente qualificado, pois passei os últimos 20 anos estudando o Alcorão e a cultura árabe, que admiro muito...". A sorte foi que o diretor não leu aquela carta e me aceitou de olhos fechados, confiando cegamente na recomendação de Steve. Se ele tivesse lido, teria jogado na lixeira rindo com vontade. Então, inesperadamente, aos 50 anos, eu tinha encontrado um bom emprego, o que acontece muito raramente. Novamente, tive um olho (o anúncio na World Oil), experiência (entender que ser recomendado por Steve era a melhor solução, porque uma boa recomendação vale mais que cem prêmios) e sorte (porque o diretor nunca tinha lido o meu pedido de emprego). Mais uma vez o gato de Schrödinger estava vivo!

3.2 A OMV na Líbia

Um provérbio retirado da sabedoria dos perfuradores italianos diz: "se você tem um problema, não faça nada para resolvê-lo, pois no final todos os problemas se resolvem por si mesmos". Esse também era o método do engenheiro que dirigia as operações da OMV na Líbia. Na verdade, havia uma variante dele: os problemas são resolvidos por eles mesmos de baixo, não de cima. Em primeiro lugar, é preciso dizer que o diretor austríaco era a pessoa errada para dirigir um escritório que tinha a tarefa de explorar cinco blocos que já haviam sido explorados anteriormente pela Total[58] e outras grandes empresas e que foram liberados após numerosos poços estéreis. Os blocos eram como laranjas espremidas e sem esperança de conter mais suco, mas esperava-se que, com minha experiência, alguma nova ideia surgisse. O problema é que o diretor não tinha ideia de como funcionava a exploração de petróleo e, por isso, preocupava-se apenas com a logística e com o orçamento. Então ele não confiou em mim, não porque estivesse zangado comigo em particular ou com os italianos em geral, mas porque acreditava, talvez por experiência própria, que todos os geólogos estavam mentindo. A equipe que deveria tratar da exploração dos cinco blocos era composta de um geofísico que tratava da aquisição da sísmica, um jovem geofísico que interpretava a nova sísmica e a integrava com a antiga obtida pela Libyan National Oil Company (LNOC), eu, como geólogo-chefe, e dois geólogos líbios inexperientes que não sabiam de tudo, mas que se moviam bem no labirinto político da LNOC.

Quando havia uma decisão a ser tomada, o diretor ouvia pacientemente minha proposta e fazia anotações em um caderno. Aí ele se levantava e dizia "Eu avisarei!", sem nunca revelar o que pensava. Duas semanas depois, dois geólogos austríacos chegaram de Viena e a proposta foi questionada novamente, na presença do diretor, que fez mais anotações. Ao final da discussão, o diretor pediu a opinião de todos os geólogos e tirou a média aritmética das propostas. Se a maioria dissesse sim, aprovariam; se a maioria rejeitasse minha proposta, ou seja, o resultado fosse 2 a 1, eles não aprovariam. Se, por outro lado, as três propostas dos geólogos divergissem entre si, outro encontro seria marcado para uma data posterior, quando chegasse o momento de ter estudado mais a fundo o problema. Dessa forma, as decisões eram tomadas democraticamente pela base e pela maioria. Seria um bom sistema para construir uma barragem ou uma ponte, mas um mau sistema se fosse descoberto novo petróleo, porque só as velhas ideias passavam, e as inovações, que teriam rendido grandes descobertas, eram questionadas e depois descartadas.

Dessa forma, após o primeiro ano, foi possível disparar a nova sísmica em todos os blocos e completar a interpretação da antiga sísmica obtida pela LNOC sem muitas dúvidas. Quando a integração dos dados antigos com os novos revelou uma pequena estrutura redonda na borda oeste da bacia de Sirte, onde o grande campo Intisar, em um recife de coral, foi descoberto,

---

[58] Nota do tradutor: trata-se da TotalEnergies, uma famosa empresa francesa de exploração petrolífera.

tanto eu como o geofísico e os especialistas da Áustria concordamos que era um pequeno recife de coral. Assim, o poço foi aprovado e resultou na descoberta de um pequeno campo de petróleo. Todos ficaram felizes com aquela pequena descoberta, que ocorreu menos de dois anos após o início das obras, pois demonstrou a eficiência da gestão e a habilidade da equipe. Mas os problemas não demoraram a chegar. Um dilema difícil surgiu no bloco Masrab: valia a pena perfurar uma pequena estrutura profunda no lado baixo da falha, ou seria melhor perfurar uma série truncada que estava no lado elevado da falha, que, em minha opinião, era o equivalente estratigráfico das areias do grande campo Sarir? Um potencial de 10 milhões de barris em uma estrutura profunda contra um potencial de um bilhão de barris em uma armadilha estratigráfica rasa. Eu disse ao diretor para escolher e ele convocou um comitê técnico em Viena, em que os especialistas lutaram entre si em longas discussões técnicas por dois dias. No final, a decisão veio de baixo: minha proposta era muito rebuscada e não era sustentada por argumentos técnicos válidos, então tivemos que perfurar a pequena estrutura profunda com a qual todos concordavam. E assim foi. O poço foi perfurado e resultou em um belo poço estéril que encontrou sal em vez de areia e custou um braço e uma perna, enquanto o lado mais promissor foi liberado e devolvido à empresa líbia Waha, que muitos anos depois fez ali uma grande descoberta ao encontrar um grande depósito nas areias do Sarir, como eu havia previsto. Mas o que importa é o presente, não o futuro, e infelizmente não consegui aprovar meu prospecto exploratório.

Os problemas de interpretação eram tão difíceis que o diretor precisava de um ajudante para tomar decisões. Assim, a matriz decidiu enviar à equipe um elemento politicamente válido, um gerente de exploração com experiência em Química e que chefiava o laboratório de análises geoquímicas. O gerente, portanto, não tinha ideia do que era uma campanha de exploração de petróleo, porque ele era um químico e não um geólogo ou geofísico. Então, agora, havia dois que não entendiam quando eu fazia uma proposta. Ao estudar a nova sísmica que havia sido cuidadosamente processada, descobri uma anomalia de impedância acústica que ocupava uma grande área do bloco de Ghadames, a uma profundidade de cerca de 2.000m. Para mim, essa anomalia certamente significava o que no jargão geofísico se chamava "ponto brilhante", devido às areias porosas e ricas em gás que ocupavam grande área daquele bloco. Se isso fosse verdade, o campo de gás teria sido enorme. A anomalia também foi discutida com

VIDA DE GEÓLOGO

nossos parceiros brasileiros da Braspetro e com os geólogos e geofísicos da LNOC, que ficaram entusiasmados com a ideia. Provavelmente as areias silurianas — que, em minha opinião, eram equivalentes às do grande depósito El Rar, descoberto pela Agip mais a sul na mesma bacia, perto da fronteira com a Argélia — apresentavam um "ponto brilhante" idêntico ao do bloco de Ghadames.

Um comitê técnico foi organizado em Viena, no qual as várias opiniões de geólogos e geofísicos foram discutidas. A Braspetro foi a favor, mas a OMV foi contra. O resultado foi um empate, então nem o diretor nem o novo gerente de exploração sabiam que caminho seguir. Decidiu-se contratar um guru inglês da Geofísica, que decretou, após um mês de estudos, que certamente se tratava de uma anomalia negativa, ou seja, uma rocha muito dura e pouco porosa que criava aquele "ponto brilhante" para o contraste com as argilas do Siluriano. Portanto, era preciso decidir entre duas opiniões diferentes e conflitantes: areias densas e impermeáveis ou areias porosas cheias de gás. A LNOC foi a favor de minha opinião, não apenas por causa dos méritos científicos de minha ideia, mas também porque muitas vezes eu ia ao escritório deles para falar algumas frases em árabe e citar alguns versos do Alcorão para reforçar minhas afirmações. LNOC e Max de um lado, e o guru especialista do outro. Foram dois contra um, então o poço foi perfurado e o azar queria que se descobrisse um enorme depósito de limonita, minério de ferro de alta densidade.

O núcleo que havíamos recuperado havia mostrado que era um enorme depósito de minério de ferro amarelado com uma densidade variando entre 2,92 e 4,02, em vez de areias porosas de densidade 2,3, como eu presumi. Acima da limonita havia também 6m de óleo, um óleo de excelente qualidade que, no entanto, era insuficiente para justificar a colocação em produção. Talvez tenham sido aqueles 6m de areias betuminosas porosas que criaram a anomalia. O fato é que o guru estava certo, confirmando que, na exploração, você nunca sabe o que pode acontecer. Eu havia reforçado a crença do diretor de que todos os geólogos estavam contando mentiras, então, depois de quase quatro anos na OMV, meu contrato não foi renovado e fui demitido no final do quarto ano. Ironicamente, nos últimos meses com a OMV, dediquei-me a avaliar a proposta da RomPetrol[59] de vender as operações na bacia do Murzuq para a OMV. Eu havia estudado os dados e sugerido que o diretor comprasse essas reservas porque o potencial era

---

[59] Nota do tradutor: trata-se de uma empresa romena de exploração petrolífera.

enorme e o preço muito razoável. Cerca de dois bilhões de barris nas areias do Ordoviciano, ou seja, do antigo Paleozoico, foram descobertos em baixas profundidades, com idade entre 480 e 440 milhões de anos. Mas mostrei que muitas outras descobertas poderiam ser somadas às já feitas, perfurando as muitas elevações que existiam naquele bloco no sul da Líbia.

Quando estava fazendo as malas, soube que a OMV havia aceitado minha oferta e comprado 25% da parte da RomPetrol, enquanto a Agip e outros parceiros haviam garantido 75%. O diretor incompetente havia tomado uma decisão de um bilhão de barris, provando-me que não era necessário ser competente para conduzir um programa de exploração. Em vez disso, eu, que era mais do que competente, fui eliminado. É assim o mundo se você for um lobo solitário e não um membro da matilha. E o que aconteceu com minha família todo esse tempo? Gerd tinha ficado na Noruega para criar nossos filhos e cuidar da casa, mas fazia viagens frequentes para a Líbia às custas da OMV. Além disso, eu tinha seis semanas de férias por ano, então agia como o clássico marinheiro norueguês: ficava pouco tempo com a esposa e a família, mas ganhava um bom dinheiro para cumprir os compromissos. Durante minha estada na OMV, com o dinheiro que ganhei na Líbia, pude comprar uma linda casa no fiorde de Oslo, com uma linda vista e uma praia particular. Uma verdadeira joia que, graças à perspicácia de minha esposa para os negócios, comprei por um preço muito razoável. Essa era a casa para onde os meus tinham ido morar quando finalmente se mudaram de Stavanger para a cidade onde Gerd nasceu.

A figura a seguir mostra a vista do fiorde da sala de estar da casa, em Foynland, em Oslo. O gato de Schrödinger ainda estava vivo!

Figura 19 – Fiorde em Foynland, Oslo

3.3 A Waha

O cargo de geólogo-chefe foi confiado a um amigo do gerente e a OMV concentrou-se em trabalhar nas descobertas feitas pelos romenos, pois não conseguiam encontrar depósitos importantes, mas com dinheiro tudo se pode fazer.

Eu tinha muitos amigos entre os líbios e, por isso, integrei-me facilmente a um novo bando. A boa reputação que construí com a LNOC, devido a minha interpretação das areias de Masrab e do "ponto brilhante" no bloco de Ghadames, não demorou a dar frutos. A boa alma de Hank Heikkila disse: "Não importa se as teorias estão certas ou erradas, o importante é que sejam inovadoras e elegantes". Na Líbia, todos reconheceram que minha imaginação era excepcional e também apreciavam meu conhecimento do árabe clássico, então propuseram que eu me juntasse à Waha como geólogo sênior, que foi a maior das empresas americanas nacionalizadas e confiscadas pelos líbios durante os primeiros anos do reinado de Gaddafi. O salário era 15% inferior ao da OMV, mas não havia problema em continuar a levar uma vida digna. Eu fui gerente da Phillips, tornei-me geólogo-chefe da OMV e agora fui contratado como geólogo sênior da Waha. Não perdi a noção de que estava indo para a aposentadoria rapidamente, mas estar aposentado tem suas vantagens quando se chega ao que a vida tem de mais profundo. Eu havia analisado o passado para tirar lições úteis e predizer profeticamente o que havia acontecido e aqui está meu raciocínio. A espiral descendente de minha carreira era agora evidente e havia razões lógicas e uma explicação geométrica fácil para entender minha queda. Pegue uma pirâmide, ou melhor, o *tetraktys* dos pitagóricos (Figura 20).

Figura 20 – Tetraktys dos pitagóricos

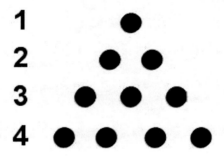

Fonte: arquivo pessoal de Massimo Melli (anos 1980, aproximadamente)

No topo está o número um, na segunda linha existem dois números, 2 e 3, na terceira linha existem três números, 4, 5 e 6, enquanto 7, 8, 9 e 10 são os quatro números que estão no base da pirâmide. Assim, para um gerente, havia dois geólogos-chefes, três geólogos seniores e quatro geólogos de canteiros de obras. Eu tinha entendido completamente o problema do princípio de Peter[60] quando eu já tinha 48 anos, no auge de minhas habilidades, mas

---

[60] Nota do tradutor: princípio de Peter é um princípio da teoria estruturalista da Administração, enunciado pela primeira vez em 1969 por Lawrence J. Peter, segundo o qual, em um sistema hierárquico, todo partícipe é promovido até chegar ao nível de incompetência.

VIDA DE GEÓLOGO

estava claro que minhas esperanças de encontrar um emprego aumentavam conforme eu descia a escada. Havia mais empregos abaixo e, portanto, era muito mais fácil encontrar um trabalho humilde do que importante. Mas não foi só isso. Quanto mais humilde o trabalho, menos tecnologia exigia e, portanto, mais adequado era para os velhos que estavam tecnologicamente atrasados. Logo percebi que, além da segurança de estar localizado na parte inferior da pirâmide, havia outros benefícios notáveis em trabalhar na Waha.

Em primeiro lugar, não houve pressão para subir na carreira: os cargos de chefia eram ocupados pelos líbios, que bloqueavam o acesso aos degraus elevados. Um vivia em um universo plano dentro do qual continuou a se mover para os lados até que ele mesmo decidiu sair. As oportunidades de carreira eram nulas, mas as oportunidades de demissão também eram muito pequenas: os chefes teriam de escrever uma carta, justificando por que iriam demitir alguém, já que foram eles que contrataram. Eles teriam coragem para admitir que cometeram um erro? Isso deveria ser descartado porque equivalia a admitir ser incompetente. E o que é pior: eles teriam de encontrar um substituto e realizar todo aquele trabalho e esforço envolvidos nessa busca. Portanto, eles preferiam ignorar e esquecer que você existia. Você teria começado a ficar coberto de poeira e teias de aranha enquanto se sentava em seu canto até que o encontrassem morto ou decidisse se aposentar. Por outro lado, você tinha muito tempo para pensar, filosofar e desenvolver sua teoria pessoal do Universo.

Como eu adorava filosofar e era bom em prever o que tinha acontecido no passado, pois é claro que não podia prever o futuro, naquela época de minha vida eu não sabia que essa abundância de tempo era a necessária para desenvolver minha teoria do "cone de certeza", com base no qual criei a Panther Eureka com Jim Smitherman. Lembre-se de que o petróleo e o gás são encontrados na mente dos homens, antes de chegarem ao subsolo, de modo que a abundância de tempo me deu paz de espírito para pensar e encontrar um grande campo de gás, não na Líbia, mas na Sicília, atrás de minha casa! Outra vantagem era que a competição entre colegas era inexistente, assim como a tentativa de meus subordinados de minar minha estabilidade na empresa para assumir meu cargo (o que acontecia regularmente em empresas regulares de petróleo).

Todos os funcionários expatriados eram iguais e não tinham subordinados, portanto, não podiam ser apunhalados pelas costas como acontecia no mundo ocidental. Na verdade, por definição, os líbios só podiam ser líderes e não podiam ser submetidos à humilhação de serem subordinados a estrangeiros: era regra fixa de Gaddafi dar dignidade a seu povo. Os patrões, inevitavelmente, eram ignorantes e incompetentes, mas isso era bom porque, assim, todas as decisões eram sugeridas por baixo e por expatriados. Do ponto de vista do estresse, a vida era muito agradável. Não havia estresse. Essa situação levou a uma boa introspecção filosófica e favoreceu o raciocínio científico. Minha vida no escritório de Waha e minhas aventuras em Trípoli com meus colegas turcos, Racib e Yasher, já foram contadas em grandes detalhes no livro *Talmud de Scicli*, então aqui eu apenas copio o que já descrevi naquele livro. Acrescentarei apenas alguns novos episódios de minha vida privada em Trípoli para lançar luz sobre as causas da minha futura inspiração profética, que me fez descobrir o "cone da certeza".

3.4 Amada Líbia: Trípoli, uma bela terra de amor

A Líbia é um país que todos os italianos amam, principalmente os mais velhos que eu e os da minha idade porque se lembram da música *Trípoli, um lindo leito de amor*[61], dos tempos de Mussolini. Não só amo profundamente Trípoli, que era uma cidade grega antes de se tornar romana e antes de se tornar italiana, mas amo os líbios, porque de todos os árabes eles são os mais legais, estando no fundo da alma dos italianos que falam árabe. Também adoro a filosofia de boa alma de Gaddafi. Vamos ver por quê.

O bom Gaddafi, com o *Livro Verde*, inventou o sistema da Jamahiria, o governo das massas. A ideia básica era que todo homem tem o direito de expressar sua opinião sobre como administrar o país. Milhões de opiniões e boas sugestões foram registradas durante os Congressos do Povo inventados por Gaddafi como instrumentos de governo. Havia apenas um partido, a Jamahiria, portanto, o problema da ditadura da maioria foi resolvido porque todo cidadão pertencia de direito à Jamahiria. Todos estavam livres para expressar opiniões e fazer sugestões. Todas essas opiniões e sugestões foram cuidadosamente escritas e guardadas para serem estudadas com calma mais tarde. Todos os anos eram realizados Congressos Populares. Em um desses congressos, Ahmed, um cidadão comum, fez a proposta de distribuir *harissa* grátis para temperar o espaguete dos líbios. O presidente do congresso achou uma boa ideia e mandou que o secretário escrevesse a proposta no livro. Mahmood, outro cidadão comum, propôs dar bicicletas gratuitas para donas de casa poderem se mover mais facilmente no trânsito

---

[61] Nota do tradutor: trata-se da canção *Tripoli, bel suo d'amore*, de Claudio Villa.

VIDA DE GEÓLOGO

da cidade e evitar engarrafamentos. Foi considerada uma boa proposta e foi escrita no livro. Então, no final, o Comitê Central decidia o que fazer com essas propostas, enquanto Ahmed e Mahmood voltavam para casa felizes para comer cuscuz. Nada aconteceu por um longo tempo, mas quem se importa? Dez anos depois, essas propostas e resoluções do Comitê Central seriam esquecidas e se tornariam obsoletas.

Alguns estudos mostraram que a *harissa* causava azia e, se usada em grandes quantidades, podia causar hemorragia interna; e as bicicletas não eram uma boa maneira de acelerar o trânsito na cidade: mais pessoas morreram andando de bicicleta do que usando qualquer outro meio de transporte. Gaddafi não havia dito em seu último livro que gatos e humanos compartilhavam o mesmo destino na cidade, sendo esmagados por máquinas? Só no deserto não havia riscos, porque os camelos eram muito bons em evitar as pessoas quando elas queriam dar um passeio pela cidade. Assm, a Jamahiria havia resolvido o problema da ditadura da maioria porque havia eliminado as minorias: todos pertenciam ao mesmo partido. Em vez disso, o problema é que a maioria das boas propostas foi perdida, esquecida, ignorada ou mal compreendida e o Comitê Central no final só fazia o que Gaddafi dizia. Eles permitem que você fale, mas no final apenas Gaddafi toma as decisões.

Apesar de tudo, havia coisas boas naquele sistema, coisas surpreendentemente boas que aconteciam aqui e ali sem uma regra. Um exemplo são os supermercados públicos, em que sempre faltavam as mercadorias necessárias para os cidadãos. Em Trípoli, a comunidade de expatriados os chamava de *supermafish*, já que *mafish* é a palavra árabe que significa "nada". Assim, os supermercados foram chamados de supernada para ilustrar o conceito de que não havia o que comprar. Se você for comprar roupas de baixo ou meias, pode descobrir que o *supermafish* está cheio até o teto com botas de neve russas ou chapéus de pele de coelho chineses, úteis para férias no Alasca, mas certamente não era um equipamento útil em Trípoli, que marcava temperaturas de 40 graus na sombra. De qualquer forma, você não resistia à tentação de comprar aquelas coisas no caso de ter de se mudar para a Noruega. Para compensar as deficiências do *supermafish*, às vezes uma *tauziaah* aparecia do nada no meio de Trípoli. *Tauziaah*, em árabe, significa "lojas que de repente se materializam em centros de distribuição que surgem aleatoriamente e sem motivo". Um líbio deve ter tido a sorte de estar no lugar certo na hora certa, porque se estivesse no *tauziaá* certo, poderia comprar computadores, rádios, aparelhos de TV e tudo de bom que pudesse imaginar a preços de pechincha. Até os carros BMW às vezes eram distribuídos por alguns dinares para surpreender os cidadãos. As *tauziaahs* duravam alguns minutos porque as mercadorias desapareciam imediatamente: longas filas se formavam nos lugares mais inesperados se as pessoas suspeitassem que uma *tauziaah* começaria por ali.

Um amigo líbio meu, Omar, que havia trabalhado comigo na OMV, contou-me a história de quando, devido a uma forte dor de cabeça, ele parou em frente a uma janela em um beco em Trípoli e se encostou na janela com os olhos fechados para ver se a dor passava. Quando ele abriu os olhos, viu, para sua surpresa, que uma *tauziaah* de 20 metros de comprimento havia se formado atrás dele. O pão era subsidiado, assim como o macarrão que se comprava nas padarias estaduais. A gasolina podia ser comprada de distribuidores e era muito barata: o sistema Jamahiria tinha seus truques, inventados por Gaddafi para manter o moral do povo alto enquanto esperava pela próxima *tauziaah*. Você poderia encher o tanque de gasolina e, usando botas russas e um chapéu chinês, poderia dirigir pelas ruas de Trípoli em busca das filas de uma *tauziaah*.

A Jamahiria tinha vantagens e era melhor do que outras formas de ditadura, se bem administrada. Em primeiro lugar, como qualquer regime comunista, deu ao povo a segurança e a estabilidade de que precisava para viver uma vida sem preocupações. Gaddafi deu enormes subsídios para que todos os líbios tivessem um lar. Todos eram pobres, mas tinham casa e fartura de pão, espaguete e cuscuz, molho de tomate e *harissa* a preço de banana, podiam circular em carros, comprados a preços baixíssimos em uma *tauziaah*, usando gasolina que custava quase nada. Mas o mais importante de tudo: todos os líbios tinham empregos. OK, eles ficavam sentados em escritórios governamentais o dia todo sem fazer nada, mas todos tinham empregos, mesmo que fossem mal pagos. Eu poderia jurar uma coisa em homenagem à memória de Gaddafi: nos longos anos que passei na Líbia, nunca tinha visto um único mendigo, um único sem-teto vagando por Trípoli ou Benghazi ou qualquer outro lugar. Ao contrário dos chamados países civilizados, como Itália, França e Estados Unidos, não havia a vergonha de mendigos e moradores de rua nas ruas da Líbia.

3.5 A vida nos *souks*[62] de Trípoli

Incrivelmente, a vida em Trípoli era calma e pacífica e todos os expatriados que eu conhecia ficavam felizes por morar lá. Quero contar a vocês alguns episódios interessantes que ilustram a vida de um geólogo de petróleo na Líbia e, ao mesmo tempo, descrevem alguns exemplos das estranhas implicações da probabilidade na vida humana. Aqui está a história. No meu caso, passei ótimos momentos na Líbia e o trabalho, mesmo que não tenha sido o mais emocionante e lucrativo, serviu para pagar as contas e me manter ocupado. Então a Líbia, com as belas paisagens e a natureza selvagem, assim como rico material humano exótico, ofereceu-me muito e estendeu uma mão amiga em um momento em que eu realmente precisava de uma. Lembro-me daqueles dias passados na Líbia e dos amigos da "sala de arquivo" com algum pesar. Na época, eu trabalhava como geólogo sênior na Waha, a maior das empresas líbias, que foi nacionalizada e expropriada dos americanos por Gaddafi no início dos anos 1970. Meus colegas do Departamento de Exploração eram quase todos técnicos do terceiro mundo industrializado: muitos iranianos, muitos turcos, muitos egípcios, um indiano e um único inglês; todos esses, milagrosamente, permaneceram em Waha desde os tempos dos americanos. Eu era o único italiano no Departamento de Exploração. Nesse ambiente cosmopolita e interessante, imediatamente me destaquei por minhas boas habilidades com o idiom local e com o árabe clássico.

A atmosfera de trabalho era tranquila e relaxada, especialmente porque os chefes de departamento entendiam pouco ou nada sobre o trabalho que precisava ser feito e, portanto, deixavam os geólogos e geofísicos calados na maior parte do tempo. Durante os intervalos frequentes do trabalho, os colegas se reuniam na "sala de arquivo" do Departamento de Exploração da Waha para beber café, bater um papo e dar algumas risadas. Nunca conversávamos sobre política, o assunto nunca foi tocado nem por acaso — podia ser perigoso até mesmo mencionar ou insinuar o regime. O principal "arquivista", chamado Moukhtar, era um líbio astuto e um tanto extravagante, que mantinha uma lista em sua mesa com os nomes dos *shaqiqah* (literalmente "dores de cabeça") ou quebra-caixas, que vinham até ele pedir relatórios, toras dos poços etc., e que, portanto, obrigavam-no a trabalhar. Os geólogos costumavam brincar com Moukhtar

---

[62] Nota do tradutor: *souk* é uma palavra árabe que designa mercados tradicionais geralmente situados dentro de medinas.

sobre a lista e às vezes perguntavam a ele como ia, quem era o número um, quem era o número dois e assim por diante. Moukhtar lia a classificação com a mesma seriedade com que um juiz no tribunal lia um sentença de condenação ao arguido.

Um dia houve uma grande discussão no escritório, sempre no arquivo. Tanto Racip, o turco, quanto Ahmed, o iraniano, acusaram Moukhtar de não pronunciar bem a palavra *alekum* em árabe. Segundo eles, a forma de pronúncia de Moukhtar não era correta porque ele pronunciava a palavra como se fosse *alek*. Intervi para dizer que a palavra deveria ser pronunciada *alaikum*, como na expressão *salamu alaikum*. Meu professor de árabe, Imam Fathallah, deu-me a seguinte explicação sobre o fato de que, ao saudar uma única pessoa, o plural é sempre usado na forma *salamu alaikum*, que no singular deve ser *salamu alaik*, que significa que "a paz esteja com você". Imam Fathallah me explicou: "Ao lado de cada homem há sempre dois anjos da guarda, que com a pessoa que se cumprimenta formam três. Três pessoas em árabe exigem gramaticalmente o plural, enquanto apenas duas o dual e uma, naturalmente, o singular. Portanto, ao dizer adeus, você também deseja incluir os dois anjos da guarda na saudação. O anjo da direita é a cabeça dos dois e em um livrinho ele escreve apenas as boas ações de seu 'protegido', o da esquerda escreve apenas as más ações, naturalmente após consultar o chefe. Quando o homem vai ao banheiro, os anjos ficam do lado de fora, a uma distância respeitosa". Eu concluí dizendo "Assim, Moukhtar, quando nos cumprimenta dizendo *salamu alek*, nos cumprimenta como se estivéssemos no banheiro!". Ahmed exclamou, sempre pronto para cutucar Moukhtar. Moukhtar respondeu ao ataque dizendo que ele era o único árabe naquele cargo e pronunciava as palavras árabes como bem entedesse, puxou a lista de *shaqiqahs* e a rasgou. Em seguida, pegou uma nova folha de papel e escreveu uma nova lista com uma bela caligrafia. Eu era o primeiro da lista; Ahmed, o segundo.

Outro dia eu e dois de meus colegas, os turcos Racip e Yasher, caminhávamos durante o intervalo para o almoço e passamos, em fila indiana, em uma pequena rua de um *souk* de Trípoli: primeiro Yasher, depois Racip e, finalmente, eu. Passando em frente a um velho que estava sentado em uma cadeira à porta de uma casa, ele, voltando-se para Yasher, disse: "*Salamu alaikum*". Mas Yasher, que estava pensativo como sempre, não retribuiu à saudação. O velho, então, sentindo-se ofendido, porque os árabes se ofendem quando a saudação não é respondida, irritou-se e começou a xingar

Yasher, acusando-o de se sentir importante demais para responder e de querer ignorá-lo de propósito. Eu, que entendia árabe, tinha ouvido bem o que o velho tinha dito, então parei e disse a ele: "Não fique zangado, eles são turcos e não entendem árabe". Mas o velho continuou a jurar que um dia conheceu Yasher, e que agora Yasher o ignorava conscientemente. Racip e Yasher voltaram e nós três tentamos acalmar o velho e fazê-lo pensar, sem sucesso, pois ele não queria entender os motivos. No final saímos, já que não havia o que fazer. Racip disse a Yasher: "Sorte que você não o tocou, senão teria acontecido com você como na história do açougueiro!". Yasher sorriu e balançou a cabeça, mas eu não sabia a história e pedi a Racip que me contasse.

Sentamos em um pequeno café no *souk* e pedimos café turco, então Racip começou a contar: "Era uma vez um açougueiro. Um dia, um homem foi ao açougue pedindo bifes de filé. O açougueiro os cortou e depois disso o homem os estudou cuidadosamente e disse que não gostava deles. Ele pediu ao açougueiro que lhe desse algumas costeletas. O açougueiro as cortou, mas o homem também não gostou delas. Ele pediu uma perna de cordeiro e o açougueiro a cortou pacientemente, mas o homem também não gostou. Isso continuou por um tempo, até que o homem ficou tão bravo com o açougueiro que o insultou, dizendo-lhe que ele não poderia lhe dar a carne que ele queria. Por fim, os dois decidiram ir apresentar o problema ao juiz. O juiz, depois de ouvi-los, disse ao açougueiro: 'Ponha a mão na cabeça do homem'. O açougueiro, espantado, obedeceu. O homem, ao se ver tocado pelo açougueiro, ficou com tanta raiva que morreu. O juiz disse então ao açougueiro: 'Está escrito que este homem morreria pelas suas mãos! Que bom que não o tocou na sua loja, pois nesse caso teria de te condenar. Já que o fato aconteceu na minha frente, e como eu sou a testemunha, eu te liberto!'". Eu ri daquela história engraçada e pensei, enquanto bebia meu café, que afinal de contas estava bom para os turcos! A Idade Média e as lutas contra os otomanos acabaram há muito! Então pensei que a história tinha um significado profundo porque ilustrava muito bem o papel do destino nos assuntos humanos. Eu não acreditava em destino, mas sabia que os muçulmanos acreditavam firmemente nele. Afinal, o destino era um tipo de probabilidade decretada por Allah no passado, e não no futuro. Por outro lado, acreditava na Probabilidade, que atua apenas no futuro.

Naquela época, tendo muito tempo livre, principalmente no escritório, comecei a filosofar e cheguei à conclusão de que apenas três números eram suficientes para descrever toda a realidade, inclusive Deus: 0, 1 e infinito. Eu estava convencido de que essa era uma verdade não revelada, mas a ser descoberta com a lógica matemática.

Em Trípoli eu tinha diante de mim o modelo vivo dessa verdade, materializada na figura inesquecível de Al Muhasib, personagem de Trípoli com quem conversava quase todos os dias durante minhas perambulações pelas ruas daquela cidade no intervalo do almoço, que era muito generoso na Waha: duas horas, para permitir que os líbios fossem à mesquita rezar a prece do meio-dia, depois comer e finalmente tirar um longo cochilo refrescante, descansar depois de não terem feito nada a manhã inteira e se prepararem psicologicamente para não fazer nada ao longo da tarde.

3.6 Al Muhasib

Al Muhasib, como o chamávamos, significava em árabe "o contador", ou melhor, "o calculador". Esse foi um apelido dado a ele por mim e compartilhado sem discussão pelos dois turcos, Racip e Yasher, que, apesar de serem muçulmanos, não conheciam o árabe, mas confiavam em mim. Nós, três amigos e colegas, os dois turcos e eu, forávamos uma tríade estável e muito completa. Era uma irmandade mediterrânea que nós três compartilhávamos, tanto cultural quanto geneticamente. Éramos todos descendentes dos mesmos grupos étnicos antigos: os hititas, que foram os ancestrais dos etruscos e, portanto, dos *romagnoli* e de muitos turcos; os hicsos e as hordas de bárbaros de Genghis Khan, cujo agressivo programa genético se diluiu no sangue de todos os europeus. Depois, houve os gregos, os romanos do Império do Oriente e, finalmente, os judeus, de quem os povos mediterrâneos herdaram a capacidade de analisar o Absoluto e os paradoxos e de quem herdaram a teoria da Unidade de Deus (segundo a qual, além de ser Um, também era Trino).

Al Muhasib era um jovem, na casa dos 30, com um rosto mediterrâneo normal que você poderia ver na Sicília, na Grécia ou Malta, mas não em Oslo, porque eles iriam notá-lo imediatamente, como não norueguês, pelo cabelo preto encaracolado e pela pele morena e ligeiramente bronzeada. Ele caminhava um pouco curvado para a frente, com os olhos perdidos no vazio, porque, em minha opinião, estava sempre calculando alguma coisa. Após cerca de 20 degraus sob as arcadas de Trípoli (construídas pelos italianos),

VIDA DE GEÓLOGO

ele parava, apoiando a mão direita em uma coluna do pórtico, e começava a contar com a mão esquerda. O olhar dele estava focado nos movimentos da mão esquerda, que eram sempre os mesmos. Ele abria o polegar, depois o indicador, depois o dedo médio: assim, contava de um a três. Então parava, abria a mão esquerda e, com um gesto característico de quem quer pegar uma mosca, balançava a mão aberta diante dos olhos e voltava a andar, pensativo. Depois de alguns passos, ele recomeçava. Esse comportamento foi objeto de longas discussões que ocuparam o intervalo do almoço de nós três, amigos da tríade mediterrânea. Depois de comer uma *ta'amia* frugal à base de feijão triturado, santávamos em um pequeno café ao ar livre na orla marítima de Trípoli, à sombra da velha *ficus benjamina*[63] plantada pelos italianos nos tempos antigos. Para passar o tempo, discutíamos o feito: por que Al Muhasib contava apenas até três?

Nós três, apesar de sermos da mesma cultura e tradição mediterrânicas, tínhamos características diferentes. Eu era um exegeta da Bíblia e um forte geólogo em geometria; Racip era um geólogo cético e iconoclasta, forte em ciência da computação e bom com computadores; e Yasher era um geofísico, muito forte em Matemática — na verdade, ninguém entendia as fórmulas dele. Nossas opiniões, portanto, refletiam três pontos de vista diferentes que podem ser resumidos da seguinte forma:

1. para mim, Al Muhasib tentou descobrir o mistério da Trindade, sem sucesso;

2. para Racip, ele trabalhava em uma matemática trinária para ser aplicada a computadores, para substituir a binária, que era muito lenta;

3. para Yasher, ele tentava preencher o espaço tridimensional com apenas três pontos porque, não podendo contar até quatro para formar o tetraedro, que é o sólido platônico mais compacto, ele se perdia no vazio plano, preenchido apenas com triângulos.

Nessas longas pausas para o almoço, à sombra da *ficus benjamina*, depois de tomar café, muitas teorias, de fundamental importância científica, foram formuladas. Teorias nunca publicadas para torná-las conhecidas do público em geral, porque nunca serviriam para o estudo de Racip de uma maneira nova e mais rápida maneira de fazer os computadores funcionarem e, então, serviram-me para entender o funcionamento do Universo, da criação e de Deus.

---

[63] Nota do tradutor: *Ficus Benjamina* é, popularmente, a figueira.

3.7 O Departamento de Exploração da Waha

Havia dois clubes no escritório cujos membros se encontravam todas as manhãs para um bate-papo antes de iniciar a jornada de trabalho. O ambiente era bastante tranquilo e descontraído, pois os geólogos e geofísicos do Departamento de Exploração eram livres para fazer mais ou menos o que quisessem na maior parte do tempo, exceto quando houvesse as reuniões anuais com os *Muassasah,* ou seja, com a direção geral da área de Petróleo. Nessas ocasiões, o ar ficava carregado, a atmosfera pesada e você tinha que trabalhar com seriedade. Eu pertencia ao clube *shaqiqah,* que se reunia na sala de arquivos. Moukhtar presidia as sessões, Ahmed, o iraniano, e Racip, o turco, eram membros, assim como eu. Nessas reuniões, falávamos muita besteira, ríamos e discutíamos muito.

O segundo clube, mais intelectual, reunia-se no escritório de Mansour, um iraniano considerado o melhor geólogo da Waha devido às grandes quantidades de petróleo que os poços que ele identificou produziam. Dois geofísicos eram membros do clube, Yasher, o turco, e Gharib, o egípcio. Este último era dotado de uma inteligência viva, mas sempre era bastante sarcástico e pessimista. Um dia eu o encontrei no banheiro e disse a ela brincando: "Temos de parar de nos encontrar assim!". Ele respondeu prontamente: "Mas por quê? Essas são as únicas reuniões na Waha onde os participantes sabem por que, onde e qual será o resultado". Num outro dia, em que Gharib foi particularmente negativo e zangado com os "brancos anglo-saxões", cumprimentou-me dizendo: "Não te considero branco porque és mediterrâneo. Você é um dos nossos, não pode ser definido como branco!". Ao ouvir isso, corri imediatamente para o banheiro para me olhar. Na verdade, eu era muito bronzeado e lembrava vagamente um retrato de Abd el Aziz ibn Saud, rei da Arábia Saudita que foi um cavalheiro de meia idade. Quando encontrava Gharib no corredor, no escritório dele ou em outro lugar, perguntava a ele: "Há alguma notícia ruim para me contar? Por favor, estrague meu dia, preciso de uma injeção de pessimismo!". E ele invariavelmente começava a contar as piores notícias que conhecia. Quando eu passava pelo escritório dele, eu sempre o via sentado à mesa, com os olhos fixos no espaço. À frente dele estava sempre a mesma seção sísmica aberta sobre a mesa e uma expressão levemente enojada no rosto que o fazia parecer a Esfinge. É estranho como os egípcios, depois de tantos milênios, ainda continuam a se parecer com as esfinges!

VIDA DE GEÓLOGO

Um dia Fauzi, o jovem geólogo líbio que, como todos sabiam, era também o espião do regime designado para o Departamento de Exploração, depois de terminar um relatório geológico que havia levado três anos para ser escrito, adentrou na sala de arquivo para dar a Moukhtar uma cópia do relatório para ser registrado. Naquele dia, a reunião do clube *shaqiqah*, na sala de arquivos, estava lotada. Notei que Fauzi estava ajoelhado com uma túnica azul, sobrecarregada de seda vermelha, e comentei com ele: "Faça como meu amigo Saro Iacono, que depois de terminar seu romance *A culpa é dos inocentes* vestiu-se lindamente com um belo terno novo, preto, sobre uma camisa branca engomada. Ele fez um passeio por Ragusa, pela Via Roma, cumprimentou todos e foi para casa. Sem se despir, ele foi para a cama. Na manhã eguinte, ele foi enterrado com o novo terno. Ele tinha apenas 26 anos".

Colegas do clube *shaqiqah* conmeçaram a discutir o assunto, enquanto Fauzi permanecia em silêncio. Ahmed perguntou: "O romance já foi publicado?". Eu disse que não, porque era completamente indecifrável e escrito em uma linguagem que só Saro entendia. Saro era analfabeto e autodidata, aprendeu sozinho a língua que ele mesmo inventou, a ítalo-siciliana, que continha estranhos elementos linguísticos, como "amofera", palavra que claramente derivou de "atmosfera". Há semelhanças com Fauzi: o relatório também é completamente indecifrável e ninguém jamais o entendeu. Disseram-me então: "Antes de você chegar, Max, havia um geólogo em nosso departamento que sempre trabalhou no mesmo mapa geológico por 17 anos e sempre trazia o mesmo mapa para reuniões com líderes. Os patrões gostavam muito dele, achavam-no estável e convicto de suas próprias opiniões. Além disso, depois de anos, eles sabiam seu mapa de cor: chefes não gostam de surpresas!". Eu ria, pensando que dessa forma os líderes, evitando surpresas, estavam tentando exorcizar o papel da Probabilidade, evitando o inesperado inerente à exploração do petróleo.

Naquela tarde, em meu escritório, tive um problema nas pernas. Não consegui fazer o sangue circular. Tive de trocar três cadeiras para ver se conseguia restaurar a circulação. Fiquei pensando no que Racip havia dito e um suor frio começou a gotejar em minha testa. Eu que, em um ano, já havia preparado 24 mapas geológicos e estava me preparando para fazer o 25º! Os patrões já estariam me olhando com desconfiança? Eles me acusariam de ser indeciso, uma borboleta geológica que voa de mapa em mapa sem rumo? Fui dar uma volta no escritório e parei para conversar com Yasher. Gharib também estava lá e o rosto dele parecia mais enojado do que nunca. Expliquei meu problema na perna para eles. Gharib imediatamente me disse que descobriram recentemente um novo vírus na Líbia, que afeta primeiro as pernas e depois se espalha progressivamente para cima. Ele conhecia um geólogo canadense da Veba[64] que havia sido transportado para fora da Líbia em uma cadeira de rodas!

Um dia, diante de amigos do clube *shaqiqah*, com vontade de filosofar, disse: "Não é o que aprendo de novo que exige tempo e esforço, mas o que tento esquecer. Mas hoje dei um bom passo: esqueci o nome de um inimigo americano meu". Racip falou: "Moukhtar não faz nenhum esforço: ele nunca aprende nada novo e nem mesmo precisa se esforçar para esquecer. Ele nunca se lembra de nada!". Moukhtar puxou a lista de *shaqiqah* e rasgou-a. Em seguida, pegou uma nova folha e começou a escrever com ostensiva lentidão. Racip tornou-se o primeiro da lista e passei para o terceiro lugar.

Outro dia, durante o intervalo do almoço, que como já disse era muito generoso, estávamos sentados debaixo de uma árvore em um pequeno café à beira-mar de Trípoli. As velhas árvores eram, como de costume, *ficus benjamina*, as mesmas plantadas pelos colonos italianos, e proporcionavam muita sombra. Os pássaros falantes que viviam naquelas árvores bagunçavam muito a fala. Como sempre, eu estava com os dois turcos, Yasher e Racip. Uma antiga afinidade com o Mediterrâneo nos uniu e o principal tópico de discussão naquele dia foi a evolução. Eu disse "Na minha opinião, a evolução ocorre por *quantum*, não é um processo gradual. Por exemplo, a inteligência de um gênio é uma ordem de magnitude maior do que a de um homem normal. A evolução já criou o super-homem do futuro, que vive camuflado conosco, com seu cérebro superior, mas sem ser notado" e instintivamente virei meu olhar para Yasher, que baixou os olhos, como se quisesse se proteger. Todos conheciam a inteligência matemática dele e a tendência a explicar tudo com fórmulas matemáticas em reuniões de departamento que, claro, ninguém entendia. Racip disse "Concordo, o super-homem do futuro se camufla para não ser notado. Pelo contrário, ele se disfarça de neandertal e ninguém entende o que ele diz" e acariciou o crânio careca de Yasher, que mais parecia um velho condor do que um homem neandertal. Eu acrescentei "Acho que o inteligente está camuflado porque o burro, que representa a maioria da classe dirigente e gerencial, tenta de todas as formas se livrar dele, escondendo-o, demitindo-o, prendendo-o e matando-o". Racip, para concluir, disse: "O tolo tem o direito de preservar sua raça. Este é um instinto natural de sobrevivência".

---

[64] Nota do tradutor: Veba Oil Operations é uma empresa de extração de petróleo fundada em 1955, na Líbia. Atualmente, é conhecida sob a denominação Harouge Oil Company.

Eu continuei: "Na minha opinião, o chefão é um super-homem incompreendido" e, com meu polegar levantado, apontei para o céu para deixar claro de quem eu estava falando. Yasher e Racip caíram na gargalhada. "Comecei a ler e traduzir o novo livro do chefão para o italiano. Não posso deixar de achar engraçado e escrito com elegância. Traduzi quatro páginas em um fim de semana. Nesse ritmo, vou levar dois anos para traduzir tudo. Gosto especialmente da parte que diz que na cidade as paredes são mais amáveis que os homens, porque, seguindo uma parede, você pode chegar onde quiser, enquanto os homens têm pressa demais para mostrar o caminho. Também há uma parte que diz que, na cidade, homem e gato têm o mesmo destino: acabar embaixo dos carros. Outra parte diz que a cidade está sempre úmida, mesmo que seja no meio do Saara". Racip ficou sério e perguntou: "Sobre o que é o livro?". E eu dei a ele um breve resumo: "São os pensamentos usuais dos comunistas, como Marx, Mao etc., mas escritos de uma forma que irá surpreendê-lo a cada página. O livro é divertido. Como eu entendo o que ele diz e concordo com ele, ele está falando a verdade. Jibran Khalil Jibran diz que a verdade precisa de pelo menos duas pessoas: uma para enunciá-la e outra para compreendê-la. Devo acrescentar que a verdade é aceita como tal apenas por aqueles que já a intuíram antes. Tenho vontade de ir morar no campo desde os 26 anos!".

Yasher falou pela primeira vez naquela tarde: "Olha, Max, é melhor você não falar de política, principalmente no escritório. Existem espiões por toda parte. Se você não fala sobre política, pode continuar morando aqui em Trípoli até os 65 anos". Eu calculei que, para comprar a fazenda de que eu gostava, eu realmente teria que continuar trabalhando na Líbia até aquela idade. Yasher olhou para mim sorrindo, como se tivesse lido meus pensamentos, e disse um de seus habituais "C'est la vie!".

Olhando para trás e avaliando minha probabilidade de sobreviver na Líbia todos aqueles anos para realizar meu sonho, eu me atribuí uma probabilidade muito baixa de ser capaz de verificar o evento da fazenda; e, fatalisticamente, disse a mim mesmo: "C'est la vie!".

3.8 A origem dos garamantes

Em Trípoli, além do interesse cultural de aprender árabe clássico com o Imam Fathallah, eu também tinha interesses arqueológicos que escondiam a verdade dos olhos da polícia secreta. A verdade é que, para passar o tempo, tentei descobrir onde ficavam os famosos depósitos de armas de Gaddafi. Ser um espião amador era um passatempo perigoso, mas, disfarçando-o de interesse por Arqueologia, de que eu falava livremente, sentia-me bastante seguro. Na verdade, eu não estava a serviço de nenhuma potência estrangeira, apenas tentando satisfazer minha curiosidade inata de explorador.

Nos fins de semana, eu fazia longas expedições sozinho ou com amigos a Tarhuna ou Jebel Gharian, onde Gaddafi teria depósitos de armas químicas, com a desculpa de visitar sítios arqueológicos. Eu observava e ficava de olhos abertos. Também fui para o sul, para Ghadames, onde morava meu amigo Mukhtar, um Príncipe do Deserto e homem de Gaddafi, que enriquecera trabalhando para a OMV, transportando sondas de perfuração no deserto. Ele ainda dirigia uma lucrativa empresa de transporte no deserto. Meu principal interesse eram os antigos habitantes do deserto, os garamantes, que viveram em Fezzan.

Antes de me debruçar sobre eles, pouco se sabia sobre os garamantes e, agora, menos ainda, porque eu, assim como o grande historiador Heródoto, era considerado por todos um balista[65]: eu era uma pessoa que estava sempre contando mentiras para fazer a história se encaixar em minhas teorias. Para mim, a História era uma probabilidade fóssil, ou seja, uma probabilidade que se concretizava e, portanto, como todos os fósseis, prestava-se a ser analisada também por geólogos. No caso de Heródoto, que também se interessava por mitos e lendas, às vezes, por engano, também dizia a verdade. No meu caso, todos os meus amigos sabiam que eu estava apenas contando mentiras pelo simples fato de que, se contasse a verdade, ninguém acreditaria em mim. E é claro que eu teria divulgado minhas atividades como espião amador.

---

[65] Nota do tradutor: em linguagem figurada, um balista é uma pessoa que gosta de fazer conjecturas.

Figura 21 – Retrato de um guerreiro garamante

Fonte: arquivo pessoal de Massimo Melli (anos 1990, aproximadamente)

Os garamantes (Figura 21) eram os antigos habitantes de Fezzan, a grande região do sudoeste da Líbia, que gradualmente faz fronteira com o Grande Saara ao sul. Eles eram conhecidos como uma importante etnia entre 500 a.C. (de acordo com Heródoto) e 500 A.D. (de acordo com fontes romanas).

Aprendi na Wikipedia que os garamantes provavelmente já existiam, "como uma população tribal dos Fezzan, por volta de 1000 a.C. Aparecem pela primeira vez em fontes escritas no século V a.C., na obra de Heródoto, segundo a qual eram um povo numeroso que criava gado e caçava em *quadrigae*[66] — os 'trogloditas etíopes' ('habitantes das cavernas') que viviam no deserto"[67]. Várias pequenas cidades foram fundadas ao redor do Fezzan pelos garamantes, mas a cidade principal e capital deles era Germa (Garama), de onde obviamente tiraram o nome.

As ruínas de Germa foram objeto de intensas pesquisas arqueológicas por parte dos italianos e ainda são visíveis no flanco sul do vale que liga Sabha a Ghat, em direção ao sudoeste.

As opiniões são questionáveis sobre a data de colonização de Fezzan. Segundo o professor Fabrizio Mori, que fazendo escavações havia descoberto uma múmia datada de 3500 a.C. naquela área, as origens são tão antigas quanto as do Antigo Egito, onde a mumificação era praticada regularmente como prática religiosa. No entanto, um documento histórico que encontrei na biblioteca de Bill van Goidtsnoven, na Guiné Equatorial, traçava a chegada dessa população branca até a época de Moisés, ou seja, cerca de 1500 a.C.

O documento definia os garamantes: homens do mar muito guerreiros que usavam carros de guerra puxados por cavalos (*quadrigae*) na batalha. Eu verifiquei essa informação na Wikipedia, onde está confirmado que os primeiros carros foram usados por volta de 2000 a.C. Então, se essa é uma das minhas mentiras habituais, é uma mentira que tem uma base histórica bem documentada.

A data de 1500 a.C., que eu prefiro para a chegada dos primeiros garamantes a Fezzan, concorda bem com a data do Êxodo dos judeus do Egito e com a opinião de alguns autores antigos — entre eles Josefo e Heródoto, partidários de teoria do Antigo Êxodo —, que acreditavam datar os episódios do Êxodo a partir da expulsão dos hicsos, os faraós semitas retirados do Egito pelo faraó Ahmose (ca. 1550-1525 a.C.).

Claro, eu estava interessado em provar que os garamantes eram antigos israelitas que haviam sido caçados ou fugiram do Egito na época do ancestral deles, Moisés. Segundo minha teoria, esses antigos hebreus, por divergências com o líder Moisés, em vez de fugir para o Oriente, fugiram para o Ocidente. Até agora minha teoria se encaixa mais ou menos na realidade histórica, mas vamos ver o que eu estava dizendo a meus amigos em Trípoli sobre as provas incontestáveis de minha teoria.

---

[66] Nota do tradutor: *Quadrigae* ou quadriga é uma carroça transportada por quatros cavalos dispostos lado a lado.
[67] Ver https://pt.wikipedia.org/wiki/Garamantes.

VIDA DE GEÓLOGO

Igualmente demonstrável de um ponto de vista histórico é a existência muito antiga, em Fezzan, de uma população de negros de origem subsaariana ou nilótica (a múmia encontrada pelo professor Mori era precisamente a de um homem negro, provavelmente um egípcio nilótico) que viveram em cavernas e caçavam os inúmeros animais da savana africana que existiam na região antes da grande seca, que também havia causado a migração para o Egito dos antigos judeus na época do patriarca Abraão. Os belos desenhos nas rochas das cavernas de Fezzan mostram cenas de caça e a existência de uma abundante fauna africana nessas áreas, que originalmente eram pastagens muito férteis. Os trogloditas negros não eram nada estúpidos e primitivos, apesar de ainda viverem na idade da pedra, mas eram pastores muito inteligentes com um forte senso artístico. Eles eram provavelmente povos nilóticos de origem egípcia ou de cultura egípcia, a julgar pelas múmias encontradas, mas foram certamente aniquilados e expulsos com a chegada dos garamantes, possuidores de uma cultura e de uma arte militar superiores às suas.

Os pilares fundamentais de minha teoria de que os garamantes eram uma população judaica pré-mosaica baseavam-se em três pontos fundamentais: a data da chegada a Fezzan, o culto religioso pré-mosaico, que se ligava ao Antigo Egito, e a aparência física, que revelava a afinidade com os judeus. Para confirmar minhas teorias, disse que em três pontos fixos se constrói uma superfície estável, que não oscila, como uma mesa que se apoia em três pernas.

Já vimos que a data da colonização dos garamantes em Fezzan talvez coincida com a migração dos judeus para fora do Egito. Quanto ao culto religioso, está comprovado que os garamantes costumavam construir pirâmides para os reis e talvez até mumificassem alguns dos mortos, pelo menos os mais importantes. Eles também adoravam o Deus Touro, chamado Apis, no Egito, que era a encarnação terrena do Deus da energia vital, Osíris, também adorado pelos cananeus sob o nome de Moloch, o Deus chifrudo. Mas a confirmação fundamental da origem pré-mosaica dos garamantes foi a história bíblica do bezerro de ouro, construído pelos judeus durante a longa ausência de Moisés no Monte Sinai. Em minha opinião, mesmo os judeus que seguiram Moisés na peregrinação à Terra Prometida mantiveram tradições religiosas que os ligavam aos garamantes antes de receberem a revelação dos Dez Mandamentos. A tradição religiosa de adorar o Deus Touro foi preservada até os tempos romanos, pois os garamantes levaram a imagem do touro, o Deus da Guerra, Gurzil, para a batalha para ajudá-los a derrotar os inimigos. Essa tradição de levar Gurzil para a batalha foi perpetuada ao longo do tempo até a época das guerras contra os romanos e, mais tarde, contra os bizantinos.

Mas a prova fundamental da origem semítica dos garamantes foi a aparência física, ilustrada nos vários retratos deles que chegaram até nós e, em particular, no retrato que eu havia encontrado alguns anos depois, na biblioteca de Bill, na Guiné Equatorial (Figura 21). O retrato é de um jovem guerreiro garamante, com traços claramente semitas. Os olhos de corte oriental, o nariz ligeiramente aquilino, os cabelos crespos e cacheados, a barba desgrenhada e as longas tranças das costeletas deixadas a crescer, como na tradição judaica, que ainda existe entre os judeus ortodoxos, revelam, em minha opinião, a clara origem judaica.

3.9 A história de Mike Keane

Mike Keane era um geofísico australiano, meu amigo, que trabalhava na época em Fezzan para acompanhar as equipes sísmicas que trabalhavam na bacia de Murzuq, onde enormes reservas de petróleo foram encontradas em antigos arenitos ordovicianos. Sendo o chefe das equipes geofísicas, Mike tinha muita liberdade de ação, o que lhe permitiu fazer incursões frequentes com seu Land Rover nos territórios do sul de Fezzan. Mike também era um paleontólogo apaixonado, com grande interesse em Arqueologia. Todas as oportunidades eram boas para ele escapar e procurar achados arqueológicos no deserto.

Já se passaram 20 anos desde aquele dia em que Mike me convidou para uma conferência no Consulado Alemão em Trípoli, em que mostrou *slides* de fotos de desenhos rupestres que ele tirou nas montanhas Fezzan e que documentavam a habilidade artística dos antigos habitantes dessas terras. Os autores dos desenhos eram habitantes muito antigos da área, que viviam nas estepes do Saara antes da grande seca que ocorreu após 2500 a.C. Foi durante aquela conferência que comecei a pensar que havia uma correlação entre as várias migrações de judeus para escapar da fome no Saara e os períodos de seca. Dois anos depois, antes de minha partida definitiva da Líbia para a Guiné Equatorial, Mike veio me cumprimentar na Regatta Village, onde eu morava, e me trouxe um lindo presente: um machado de pedra de obsidiana do final do Paleolítico, anterior ao Neolítico, portanto, com mais de 12.500 anos a.C., que ele encontrou na bacia de Murzuq.

VIDA DE GEÓLOGO

Na ocasião, Mike me havia revelado que, segundo ele, descendentes dos garamantes ainda viviam na fronteira com a Argélia na Jebel Majnoon (a Montanha Louca), assim chamada pelos habitantes de Ghat por causa das estranhas lendas que circulavam entre as pessoas locais em torno daquela montanha terrível. A prova é que se ouviam gritos com frequência e se viam luzes vagando pelos estreitos vales escuros daquele maciço vulcânico, onde ninguém tinha coragem de se aventurar. Eram comuns contos de pessoas que desapareceram ali sem deixar vestígios. Mike me confidenciou ter visto um estranho vaivém de caminhões de Jebel Majnoon rumo ao leste, o que era difícil de explicar pela falta de atividades de manufatura associadas àquela parte inacessível do Saara. Perguntei a Mike se ele achava que os habitantes de Jebel Majnoon eram descendentes dos famosos garamantes e ele respondeu: "Claro, tenho certeza!".

Eu tinha ouvido essa história com interesse, mas depois a esqueci, pois a havia catalogado entre as muitas histórias e lendas estranhas do deserto que foram contadas por geólogos e geofísicos que trabalharam nos desertos da Líbia. Acima de tudo, nem sequer passei pela antecâmara do cérebro para relacioná-la com a história de Mahmood, que tinha registado em meu diário, sentindo o valor como documento histórico sem compreender o significado profundo.

Quando, depois de 20 anos, finalmente percebi a importância daquela história para entender os fatos sangrentos que se desenrolavam na Líbia, copiei-a de meu antigo diário e agora a proponho novamente a seguir para que todos entendam a importância histórica. Aqui está a história.

Em meados dos anos 1990 estive na Líbia para trabalhar para a Waha (a maior empresa de petróleo da Líbia) como geólogo sênior ou, se necessário, como geólogo de um poço no deserto. O regime de Gaddafi havia entrado em uma fase de cansaço, tendo durado 25 anos sem interrupção. A história condenou para sempre o comunismo como um sistema econômico em todas as partes do mundo. Os ex-padrinhos de Gaddafi morreram de causas naturais ou foram executados. A Líbia estava, portanto, isolada e sem apoio político. A esse cenário negativo tivemos de adicionar o efeito das sanções impostas contra a Líbia por um decreto da ONU no início de 1992. O principal motivo das sanções foi o envolvimento comprovado do regime de Gaddafi em vários atos de terrorismo internacional em apoio à causa dos palestinos. O crime sangrento mais famoso de que a Líbia foi acusada foi o caso Lockerby, uma pequena cidade na Escócia, onde um avião americano com cerca de 280 passageiros caiu. Dois suspeitos líbios foram acusados de colocar uma bomba a bordo do avião e detoná-la.

O acordo assinado entre palestinos e israelenses sobre a questão dos territórios palestinos ocupados teve de ser adicionado à queda do muro de Berlim e ao comunismo e às sanções. Esse acordo foi aceito por muitos países árabes moderados, como Egito e Marrocos. Assim, faltava um dos pilares fundamentais em que se baseava a política de Gaddafi: a declarada luta total contra o Estado de Israel e o sionismo, como inimigos da nação árabe. Gaddafi via a Palestina como parte integrante e ele próprio como líder. Além disso, a amarga derrota de Saddam está viva na memória de Gaddafi e ele não quer arruinar completamente as relações com os ocidentais, por medo de ser o próximo alvo de uma expedição punitiva semelhante à do Golfo.

Portanto, Gaddafi havia decidido, de maneira inteligente, mudar de curso. Ele sempre foi um inimigo declarado dos fundamentalistas islâmicos, alguns dos quais foram enforcados por ordem dele em várias praças da Líbia, e essa atitude agradou o Ocidente. Ele então decidiu liberalizar a economia, dando espaço para o povo desenvolver uma economia de mercado para remediar o sofrimento das pessoas que estavam começando a experenciar os aspectos negativos das sanções. Assim, naqueles dias do verão de 1995, devido à perspicácia política demonstrada por Gaddafi ainda naquele período histórico, as coisas começavam a correr bem para a Líbia.

A "Pax Gaddafiana" estava sendo vivida, mas havia outras forças negativas ocultas que obscureciam o horizonte.

Relendo a cópia do documento que escrevi há 20 anos, no qual registrei literalmente o que Mahmood disse, e comparando com o que Mike Keane disse sobre Jebel Majnoon, agora percebo que a história de Mike representou a chave para o mistério que ligava a história de Mahmood aos sangrentos acontecimentos ocorridos em setembro de 2001 em Nova York e aos atos de terrorismo contra os europeus em Londres e Madri. Mas, acima de tudo, a história de Mahmood revelou o pano de fundo da Primavera Árabe e os da revolução que libertou a Líbia da ditadura de Gaddafi e, por último, mas não menos importante, do terrorismo desenfreado do ISIS, que estava atingindo a Líbia agora.

Mas qual era a história de Mahmood? Aqui está a história de Mahmood — que obviamente é um nome fictício para não revelar a identidade dele, pois seria imediatamente detido pelos serviços secretos americanos.

Figura 22 – Um encontro com Mahmood, o diabo líbio

Fonte: arquivo pessoal de Massimo Melli (anos 1990, aproximadamente)

A vida tranquila e pacífica continuou até o início do verão, quando um líbio chamado Mahmood veio morar no apartamento ao lado do meu, na aldeia Regatta. Ele era um empresário líbio que vivia em Londres desde o início do regime de Gaddafi. A julgar pelo movimento que ocorria no apartamento vizinho, pela atividade dos guardas da aldeia e pelas obras de restauração que haviam sido feitas antes da chegada dele, Mahmood era certamente alguém importante e bem visto pelo regime. Além dos líderes da aldeia que vinham monitorar a obra com grande zelo, havia outras personagens que frequentavam regularmente o apartamento e que tinham as chaves dele. Havia uma linda garota líbia chamada Lailah, sempre impecavelmente vestida à moda europeia, que dirigia um novo BMW azul semelhante aos que Gaddafi dera a seus associados mais próximos. Lailah falava inglês surpreendentemente bem, algo estranho na Líbia, onde, por um espírito nacionalista exagerado, o estudo de línguas estrangeiras e, em particular, da língua inglesa, não havia sido incentivado por Gaddafi. Após a chegada de Mahmood, Lailah costumava visitá-lo e eu pensei que certamente havia algo terno entre os dois.

Havia um belo homem negro chamado Salah, que vinha todas as noites carregando uma pasta de escritório. Havia também um menino magro e taciturno, que só falava árabe e cujo nome era Bashir, que ia ao apartamento de vez em quando e costumava passar a noite lá, mesmo depois de Mahmood ter se mudado para lá. As janelas eram mantidas rigorosamente fechadas. Eu estava começando a me perguntar o que estava acontecendo e o que estava fervendo na panela da casa ao lado. Dez dias depois da chegada dele, a esposa e os filhos de Mahmood chegaram e também se instalaram no apartamento. Então, de repente, uma noite, Mahmood, que antes não fazia muitos comentários sobre si mesmo, apareceu para convidar minha esposa e eu para um drinque no terraço dele. Ele explicou que a esposa dele, a filha de 20 anos e o filho de 10 anos estavam na Líbia para umas férias curtas e para visitar parentes e estavam ansiosos para conhecer os vizinhos.

Durante a noite, Mahmood bebeu um pouco demais e começou a falar sobre si mesmo. Ele pertencia ao clã Bousetta (outro nome fictício), uma poderosa família de empresários e comerciantes que na época do rei Idriss era uma importante família da Líbia. Com o advento de Gaddafi, Mahmood decidiu deixar a Líbia e se mudou para Londres, onde se envolveu com sucesso no comércio. As atividades consistiam em negociar tudo em que pudesse ganhar algum dinheiro. Por enquanto, negociava com usinas de energia. Eu inocentemente disse que um empresário tão bem estabelecido na Inglaterra quanto Mahmood seria muito útil para a Líbia, na época em que estava sujeita a sanções. Mahmood respondeu a esse comentário de uma forma completamente inesperada, como se estivesse quase irritado, e a reação imediatamente me pôs em guarda. Ele disse que muitas pessoas importantes procuraram a ajuda dele, mas ele não o fez. "Se o fizesse, teria que passar por alguns intermediários para que os rastros do meu envolvimento fossem apagados". Não tive coragem de pedir detalhes e perguntar "De que tipo de ajuda você está falando?". Pensei em mercado negro, aquisição de equipamentos embargados, compra de armas. Mercado negro não podia ser, porque é fácil de fazer e não requer organização especial. Mahmood talvez falasse de material que está embargado, mas mesmo isso não é um sério problema a ser resolvido na Líbia, já que peças de reposição para usinas de

VIDA DE GEÓLOGO

petróleo continuam a entrar facilmente no país e computadores americanos são substituídos por computadores da França. Os europeus têm substituído gradualmente os americanos para fazer frente a todas as necessidades de materiais e serviços de que a Líbia precisa. Seria outra coisa, como armas?

A partir daquele momento, recorri a meus conhecimentos de etologia para descobrir o que Mahmood queria dizer. Em primeiro lugar, observei como ele se sentava enquanto falava. Ele estava sentado com o corpo esticado como se estivesse deitado na cadeira, as pernas esticadas para a frente, formando um azimute de quase 60 graus em minha direção. A cabeça estava mais perto de mim do que o resto do corpo e ele falava com os olhos fixos em mim. Pensei: "Deve-se notar, no entanto, que os árabes, quando na companhia de amigos, geralmente ficam deitados em almofadas no chão de salões orientais, da mesma forma que Mahmood agora está sentado em sua cadeira, mas isso não justifica o azimute das pernas em relação ao interlocutor". Também notei que o olhar e a expressão no rosto dele davam uma expressão decididamente satânica. Fiquei pensando "Ele está mentindo. O corpo dele me diz que ele quer ficar o mais longe possível de mim. Os olhos me dizem que ele não quer que eu o olhe diretamente no rosto, mas ele apenas me oferece o perfil para me impedir de revelar a mentira. Mas sobre o que ele está mentindo? Sobre o fato de que eles lhe pediram para ajudá-los? Ou sobre o fato de que ele se recusou a ajudá-los?".

Outra coisa que Mahmood me disse, depois de servir-se de outro generoso copo de uísque, foi que a situação como estava não poderia durar. Mudanças de alto nível logo ocorreriam na Líbia. Gaddafi sempre conseguiu se livrar de seus colaboradores mais próximos quando eles se tornaram muito poderosos. Esse tem sido o segredo da longevidade dele como líder. Agora, entretanto, ele não podia mais fazer isso. Os homens de Gaddafi estiveram no controle por muito tempo e se adaptaram muito bem. Agora era tarde demais.

De repente, Mahmood, mudando de assunto, revelou que grandes quantidades de armas haviam desaparecido de um depósito do exército. Essa era uma notícia secreta que veio de uma fonte muito alta.

Pensei: "Associação de ideias? Para esconder o envolvimento na compra de armas para o regime ou para outrem, talvez para dissidentes do regime prepararem um golpe contra Gaddafi, por associação de ideias, ele recordou o roubo de armas do depósito do exército? Ou estava pensando em uma revolução armada de outro tipo que está se formando?".

Mahmood, ainda sentado de lado, desta vez com um sussurro quase inaudível, perguntou-me: "Como os vários países europeus reagiriam em caso de ataques e atos de terrorismo contra estrangeiros? Você acha que os países ocidentais interviriam?". Eu perguntei: "Onde esses atos de terrorismo aconteceriam na Líbia?". Ele respondeu vagamente: "Não, em qualquer lugar do mundo". Um pouco desconfortável, disse: "A Itália não dá a mínima, como sempre, como aconteceu naquela vez na Argélia, quando sete marinheiros italianos foram massacrados no porto de Argel. Nada. Os únicos que teriam reagido à agressão teriam sido os Estados Unidos, mas não há mais americanos na Líbia. Você acha que tal coisa poderia acontecer na Líbia? Os líbios parecem gentis e pacíficos com os estrangeiros!".

Os olhos de Mahmood tornaram-se duas fendas estreitas e o ângulo do corpo dele em relação a mim aumentou imperceptivelmente em alguns graus. "Depende se é do interesse de quem quer desestabilizar a Líbia que os estrangeiros sejam atingidos".

Pensei "O corpo e os olhos dele me dizem que ele não tem pena do destino dos estrangeiros". Mahmood se serviu de outro copo de uísque e declarou, como se estivesse falando sozinho: "Ver a Líbia neste estado me deixa tão triste que começo a beber. Eu poderia esvaziar uma garrafa de uísque sozinho".

Pensei novamente: "Você continua revelando o que pensa por associação de ideias. Você está me fazendo entender que se simpatiza com aqueles que querem derrubar o regime e seu comportamento me diz que você não tem misericórdia dos estrangeiros".

Como que para confirmar minhas suspeitas, Mahmood disse: "Muitos dos estrangeiros que trabalham na Líbia são espiões e informantes de seus países". Minha esposa, que até então não havia participado do debate entre Mahmood e eu, mas se limitara apenas a conversar sobre isso e aquilo com a esposa e filha dele, de repente disse: "Concordo com Mahmood. Muitos espiões por aí. Nós conhecemos um agente secreto da CIA na Nigéria há muitos anos. Era fácil ver que ele era um espião pela maneira como se comportava, pelas roupas vistosas que vestia, pelas festas que dava, para as quais eram convidadas figuras políticas particularmente importantes da Nigéria e membros da embaixada russa. Todos sabiam, inclusive os russos da embaixada de Lagos, que eram o principal alvo da espionagem, mas fomos os últimos a entender, por acaso. Do contrário, nunca saberíamos".

VIDA DE GEÓLOGO

Fiquei surpreso com a declaração de minha esposa, que obviamente nada sabia sobre minhas atividades de espionagem amadora, porque é melhor as mulheres não dizerem nada. Neste ponto protestei, dizendo que não conhecia espiões, exceto talvez alguém que trabalhava para embaixadas de vários países. A Líbia, em minha opinião, não era importante o suficiente para a grande espionagem internacional. Mahmood, por sua vez, protestou e perguntou-me se eu realmente acreditava no que havia dito. Não achava que a Líbia era um país rico o suficiente para aguçar o apetite das grandes potências. Respondi: "Hoje não. A produção de petróleo da Líbia representa apenas três por cento da produção mundial. A Líbia produz apenas metade do que a Noruega produz. De qualquer forma, estou preso em um escritório empoeirado o dia todo e faço nada além de meus mapas geológicos. Certamente não sou um espião, apenas no caso de ser um membro da máfia viajando para a Líbia".

Eu havia adotado essa ingênua "tática de deslocamento" para desviar a conversa que estava se tornando muito pesada. Mahmood não mordeu a isca e, olhando para mim, com uma expressão facial ainda mais mefistofélica do que nunca, disse: "Você quer que eu acredite que alguém como você está aqui na Líbia só para trabalhar em um escritório empoeirado?".

Senti o golpe e comecei a entender o que estava acontecendo na cabeça de Mahmood. Continuei na mesma tática de mudar o foco em torno do qual girava o interesse dele: "Não, na verdade estou aqui para estudar a possibilidade de criar um trabalho na Líbia para a máfia siciliana". Mahmood não riu disso, mas pegou outro copo de uísque, balançando a cabeça. Achei que ele tinha uma tolerância extraordinária ao álcool. Talvez ele já fosse um alcoólatra. Naquele ponto, eu parei de me divertir, desculpei-me e disse: "Está ficando tarde, nós temos que ir. Acredite em mim ou não, eu tenho que trabalhar na Waha em meu escritório empoeirado amanhã. Obrigado pela noite".

Mahmood, despedindo-se de nós, que éramos os convidados, disse-me que admitiu ter falado demais e acrescentou: "Os árabes são assim, às vezes falamos muito e os europeus sabem fazer-nos falar. Os europeus são frios e calculistas, enquanto os árabes são mais impulsivos". Naquele ponto eu tinha puxado um provérbio árabe de meu vasto repertório e disse, com uma expressão deliberadamente séria e pronúncia árabe perfeita: "No entanto, o provérbio árabe diz: 'A salvação do homem está em manter sua língua sob controle'". Todos riram desta última prova do meu profundo conhecimento do árabe clássico.

Naquela noite, tive pesadelos. Sonhei com expatriados sendo massacrados na beira da estrada, enquanto tentava escapar de Mahmood que, sorrindo como Satanás, corria atrás de mim. No dia seguinte, no escritório, pensei na noite anterior e decidi começar a reorganizar minhas ideias. Que tipo de mensagem Mahmood queria me enviar? Ele sabia alguma coisa sobre minhas atividades secretas? Estava claro que ele suspeitava que eu fosse algo diferente do que era. Se ele pensasse assim, ele queria que eu enviasse uma mensagem de aviso aos meus hipotéticos "chefes"?

Figura 23 – *Bellicosissimae gentes*

Fonte: arquivo pessoal de Massimo Melli (anos 1990, aproximadamente)

Só hoje, depois de reler a história de Mahmood, sentado em segurança em uma poltrona em minha casa em Foynland, no fiorde de Oslo, sou capaz de tirar as conclusões de todos esses eventos complicados.

Devo confessar que estou fascinado por minha teoria da origem pré-mosaica dos garamantes. O resto das minhas suspeitas e conclusões parecem óbvias para mim, dada a história recente da Líbia que as confirma.

VIDA DE GEÓLOGO

Em primeiro lugar, é necessário resumir as conclusões a que cheguei depois de 20 anos, relendo meus escritos. Tive a confirmação clara de que um golpe de Estado contra Gaddafi vinha sendo tramado há anos em certos quartéis militares líbios. Algumas tentativas individuais de eliminá-lo falharam, e uma verdadeira revolta armada teve de ser preparada. Essa foi a conclusão mais óbvia, que foi então confirmada pela revolução líbia, que começou a partir da Cirenaica e de Benghazi na esteira da Primavera Árabe, que afetou também os países árabes que fazem fronteira com a Líbia. Gaddafi foi derrotado, mesmo com a ajuda de potências estrangeiras, e brutalmente assassinado. O país então caiu na anarquia absoluta, após um breve período de euforia.

As confissões de Mahmood revelaram outras histórias mais perturbadoras: os árabes há muito planejavam uma *Jihad* para vingar a queda do ídolo Saddam, o califa árabe mais poderoso da história moderna, que governou o país árabe mais poderoso e culturalmente avançado, o Iraque. Se a cruzada europeia e americana não o tivesse parado, destruindo o poder dele, Saddam também teria tomado o poder na Arábia Saudita, unificando os árabes sob sua liderança. Para o orgulho árabe, essa foi uma grande derrota. Os árabes, incapazes de competir em campo aberto com o poderio militar do Ocidente, começaram a conspirar contra a América e a Europa, preparando-se para realizar atos de terrorismo que teriam desestabilizado o Ocidente. Muitos nos círculos árabes estavam cientes desses planos, e muitas pessoas poderosas em posições-chave os aprovavam.

Mas as armas eram necessárias. Pessoas como Mahmood eram as que podiam entregar armas aos *Mujahideen*[68]. As armas provavelmente vieram dos arsenais em desuso dos ex-países comunistas da Europa Oriental e foram transportadas para quem precisava delas por rotas remotas e de difícil controle, como o Jebel Majnoon, de onde saíam caminhões carregados de armas. Os descendentes dos garamantes, que se tornaram berberes e tuaregues no decorrer dos séculos, foram provavelmente a principal fonte dessas armas que esconderam e carregaram pelo deserto. Esses homens amantes da liberdade, que se autodenominavam *Amazigh*, que significa "homens livres", opunham-se a todos os ditadores, incluindo Gaddafi, Mubarak e o odiado Zina el Abidin ben Ali, da Tunísia. O deserto era o local mais adequado para esconder as armas que vinham da própria América e da Rússia, talvez por meio da Mauritânia e do Mali e de todos os buracos da inexistente vigilância

---

[68] Nota do tradutor: *Mujahideen* é uma palavra árabe que significa "aqueles que se empenham na luta".

do grande continente africano, incluindo a Libéria. Ninguém controlava o imenso deserto, que era incontrolável. A vigilância dos guardas líbios, tunisinos e egípcios concentrava-se apenas ao longo da costa e do grande Saara, que eu conhecia muito bem: era um balugar vazio ou, como diziam os árabes, um *rub 'al khaly* impossível de monitorar.

Embora eu não esteja totalmente certo da teoria de Mike Keane sobre o envolvimento dos descendentes garamantes nesse cenário, devo admitir que minha teoria, se não é verdadeira, é pelo menos plausível. Tenho certeza de que disse a verdade, ou pelo menos uma mentira plausível.

Deixo o leitor desta história tirar as próprias conclusões, analisando não apenas minhas teorias, mas também os fatos históricos que estão se desenrolando nos dias de hoje.

3.10 Filosofia geológica

"Hoje finalmente tive uma boa ideia geológica. Vou propor um novo poço perto de Harash e fazer uma grande descoberta! Tenho uma ideia nova". Foi o que eu disse um dia, quebrando o silêncio pontuado apenas pelos suspiros de Yasher e seus seguidos: "C'est la vie!". Estávamos sentados no café de sempre sob a árvore. Racip respondeu: "Então o chefe vai despedi-lo imediatamente!". "Por quê?". "Porque ele fará como o mestre da caravana com o guardião her-cúleo. Esta é a história: era uma vez uma caravana de camelos que viajava da Síria para a costa da Turquia. Frequentemente acontecia nesses territórios que as caravanas eram atacadas por ladrões. Para contornar esse problema, o dono da caravana decidiu contratar um guardião gigante, grande como Hércules. A caravana partiu com seu novo guardião e poucos dias depois, durante a noite, foi atacada por Ali Babá e seus quarenta ladrões. O gigantesco guardião dormia debaixo de uma árvore. Depois de tentar acordá-lo em vão, os homens da caravana e o mestre fugiram. Após terem devidamente roubado a caravana, os quarenta ladrões, de acordo com o costume, começaram a sodomizar o guardião adormecido. Um de cada vez, eles se acomodaram, abusando do gigante que, mesmo assim, continuava dormindo. Quando chegou a virada do quadragésimo, o guardião acordou. Tendo entendido o que havia acontecido, com raiva, ele começou a espancar os ladrões, matando todos e recuperando o que roubaram. Quando o mestre e seus homens voltaram, eles colocaram a caravana em ordem. Antes de sair, o mestre chamou o guardião, agradeceu-lhe e o demitiu. 'Por que você está me despedindo?' — o guardião perguntou surpreso — Você não viu que eu matei todos os quarenta ladrões?'.

VIDA DE GEÓLOGO

'Claro, claro, você se saiu bem, mas estou despedindo você porque tem o sono pesado! Onde posso encontrar quarenta ladrões que te fodem toda vez para fazer você acordar?'". Comecei a rir e disse a Racip que esperava que ele não acreditasse que 40 ladrões me dariam o mesmo tratamento antes de eu ter uma nova ideia. Racip respondeu que não, ele não acreditava, mas acrescentou: "Cada nova ideia que você tem é sua, porra, 40 geólogos que foram antes de você ao escritório não tiveram a mesma ideia. Os líderes perguntarão: 'Por que não pensamos nisso antes?' e se sentirão insultados, por serem orgulhosos, e irão despedi-lo. É assim que as coisas são na Líbia".

Naquele dia, eu não sabia que o desastre de Harash aconteceria em um futuro imediato, porque um evento que está no futuro não pode ser previsto. Poucos meses depois que meu poço Harash se revelou o poço estéril mais profundo e caro já perfurado na Líbia, engoli meu orgulho ferido pensando que, afinal, um evento no futuro nunca terá sucesso. A probabilidade de poços exploratórios na Líbia geralmente era de apenas 20%. Naquele período, eu tinha me limitado apenas a visitar Gharib, o profeta da desgraça. Depois de ouvir a triste história da falha do poço de exploração de Gharib, ele comentou: "Veja, Max, os inimigos são melhores do que os amigos na vida profissional. Inimigos são aqueles que enfiam um punhal na sua barriga, te olhando no rosto para te ver sofrer, mas os amigos te apunhalam pelas costas e vão embora porque te amam demais para te ver sofrer. Então, quem é realmente útil para a sua carreira são aqueles que não dão a mínima para você a ponto de nem querer esfaqueá-lo". Depois dessas palavras enigmáticas, voltei para meu escritório e comecei a apontar todos os meus lápis, na expectativa de começar um novo mapa.

Por alguns meses, preferi ficar quieto em meu canto, mantendo uma postura discreta como a de um besouro ou de um verme. Mas então comecei a aparecer novamente nas reuniões do clube *shaqiqah*. Outras conquistas filosóficas importantes ocorreram para "suavizar" o desastre econômico que eu havia causado à Líbia. Um dos pensamentos filosóficos mais profundos que saiu do arquivo naquela época ocorreu um dia, quando citei o provérbio árabe derivado do Alcorão: "Não há mosca na Terra sem que venha o sustento de Allah". Presente naquele dia, além de Moukhtar e eu, estavam Racip, Yasher, Mohammed Fikrin, o técnico da sala de informática, e David Bergen, um engenheiro canadense, visitando o Departamento de Exploração para discutir a perfuração de um desenvolvimento bem em Masrab. Eu disse: "Se Allah é realmente responsável por minha comida, então foi Ele quem me fez trabalhar na Waha".

Moukhtar balançou a cabeça dizendo que, segundo ele, Allah cometeu um grande erro daquela vez. Todos riram e eu, que ainda era sensível ao desastre de Harash, corei. Mohammed expressou o conceito de que, aqueles que têm medo de Allah, Ele faz encontrar uma maneira completamente inesperada de se alimentar. Eu sabia que essa era uma frase do Alcorão, mas, por precaução, fiquei quieto. David, em vez disso, disse que, se tudo dependia de Allah, então era culpa de Allah que ele se casou com a esposa "bruxa" dele. Ela era alemã e emigrou para o Canadá após a Segunda Guerra Mundial, com a família, que sobreviveu ao bombardeio de Dresden. David falou: "Na verdade, direi mais a vocês, Allah começou a Segunda Guerra Mundial para que eu conhecesse minha esposa!". Todos caíram na gargalhada, mas eu pensei que David não estava totalmente errado, a menos que ele mudasse de ideia e identificasse Allah com a probabilidade ψ, *Big Psy*, segundo a qual tudo o que é possível pode acontecer. É uma pena que, para que esse mesmo evento fosse verificado, 20 milhões de pessoas tivessem que morrer, das quais seis milhões eram judeus. A probabilidade evidentemente não tinha consciência. Eu também disse que, afinal, devo à Segunda Guerra Mundial o privilégio de estar na Líbia. Se minha mãe não tivesse morrido por causa da guerra, que fez com que minha família se dispersasse, naquele momento eu estaria em Rimini, no Viale Cormons, administrando a pensão Primavera. Moukhtar não perdeu a oportunidade de comentar que teria sido melhor para a Líbia.

O último episódio digno de nota para mim ocorreu quando fui ver Gharib, enquanto ele pretendia conversar com Mansour e Yasher no escritório dele. Uma vez lá dentro, sentei-me e perguntei a meus companheiros o que eles estavam discutindo. Mansour respondeu que eu tinha ido na hora certa. Eles estavam falando sobre os judeus iranianos e como ainda havia tantos judeus no país. Mansour disse, olhando para mim com interesse: "A propósito, você sabia que Melli é um sobrenome que também existe no Irã, na comunidade judaica da Espanha na Idade Média, e o seu poderia ser um sobrenome de origem sefardita? Você tem ancestrais judeus? Você tem o rosto típico, principalmente o nariz, de judeus iranianos!". Eu sorri envergonhado e não respondi por um tempo. Seria possível que, como Gharib se parecia com a Esfinge, eu me parecesse com meus ancestrais? Então eu disse: "Todo mundo tem os ancestrais e o rosto que merece. É tudo culpa da Probabilidade!". Todos riram, mas a palavra se espalhou e, a partir daquele dia, Moukhtar e o garoto do café, Mohammed, começaram a me chamar de Kissinger. Achei que o tempo tinha acabado e de uma forma ou de outra eu tinha que começar a fazer as malas porque era muito perigoso ser considerado judeu na Líbia.

VIDA DE GEÓLOGO

Naquela tarde, de volta ao vilarejo da Regatta, resolvi dar um passeio na praia, reorganizar minhas ideias e decidir o que fazer. Peguei minha bengala e fechei a porta do apartamento. Passei em frente ao apartamento de David, a cerca de 100 metros do meu, na mesma rua, e notei que as janelas estavam fechadas e que o apartamento parecia abandonado. Normalmente, a essa hora do dia, a porta estava sempre aberta e mulheres filipinas podiam ser ouvidas cantando alto, enquanto David organizava cerimônias, reuniões e orações "cristãs renascidas" à tarde, após o trabalho. Não pude deixar de pensar que o envolvimento de David com as mulheres filipinas e a nova fé dele deveriam ter sido a consequência e a reação ao fato de ele ter fugido da esposa. Com esse nome, David deveria ser de ascendência judaica, e as causas da conversão deçe seriam atribuídas ao desejo de romper todos os laços com o Canadá e o passado. Alguns colegas disseram que David dormia com mais de uma filipina ao mesmo tempo e que, durante as reuniões religiosas, eles cantavam "em línguas", balbuciando entre si alguma mistura incompreensível de línguas que ninguém entendia.

Descendo em direção à praia, vi ao longe uma multidão de pessoas, quase todas mulheres, balançando os braços para o céu e cantando ao entrar no mar. Eles estavam todos completamente vestidos. Com o canto do olho, vi David liderando a matilha de seguidores alguns metros à frente deles. Ele também estava completamente vestido e já estava com água até os joelhos. Eu pensei "Tente andar sobre as águas como Jesus!" e uma sensação de nojo encheu-me a boca. Dei meia-volta para ir para casa assistir ao noticiário noturno na TV em italiano, inglês e árabe. "Eu tenho que sair deste lugar rapidamente. Neste lugar todo mundo fica estúpido!".

3.11 Helge

Trabalhando para a Waha, continuei a morar na mesma aldeia Regatta, mas em um apartamento diferente daquele em que morei durante meus quatro anos na OMV. Era um lindo apartamento em um prédio baixo e branco que se dividia em dois, portanto, era um duplex, com um pequeno jardim, no qual sobrevivia uma única grande acácia. Em frente ao apartamento havia um grande terraço pavimentado com tijolos leves, onde me sentava para ler ao voltar do trabalho. Eu poderia dedicar meu tempo livre para continuar estudando árabe, que comecei há muito tempo com a ajuda de meu amigo Aharon, e estava tendo aulas de Alcorão com a ajuda e supervisão do Imam

Fathallah, que também ensinava árabe para expatriados da OMV. Aos fins de semana, costumava ir à praia para relaxar e nadar nas belas águas do mar transparente ao redor de Trípoli.

Um dia, ocorreu um acontecimento importante que mudou meu estilo de vida nas horas vagas. Helge, um antigo colega norueguês de Stavanger, foi transferido da Agip para a Líbia para ser treinado como gerente internacional. No passado, ele foi o gerente financeiro da operação Phillips em Stavanger, e eu o conhecia bem e admirava as apresentações pouco convencionais dele aos chefões. Os dados que Helge mostrou não deixaram dúvidas de que a política financeira de Phillips estava errada. Helge não tinha medo de dizer a verdade e muitas vezes entrava em confronto com os grandes chefes americanos a ponto de também ele ter renunciado à Phillips para ir trabalhar na Agip. Depois de alguns anos na Agip, o chefe dele o identificou como um possível líder da empresa na Noruega, mas ele decidiu que precisava ganhar experiência em algumas operações internacionais antes de ser promovido para aquele cargo importante. A Líbia, segundo a opinião dos grandes dirigentes da Agip, iria fortalê-lo e ensinar-lhe o trabalho de um grande líder em um ambiente desafiador em todas as frentes. Para minha surpresa, descobri por acaso que Helge também morava na aldeia Regatta, a poucos metros de mim. Como esperado, Helge e eu ficamos amigos e começamos a passar tempo livre juntos, durante longas horas, quando estávamos livres dos compromissos de trabalho.

Na Líbia, era fácil viver com pouco: em primeiro lugar, o mercado negro do dólar tornava tudo barato, porque no mercado oficial um dólar valia 30 centavos de dinar, enquanto no mercado negro valia três dinares, ou seja, dez vezes mais. Ourives e algumas lojas trocavam dólares no mercado negro com a bênção dos líderes do regime, portanto, na prática, o valor real do dólar era o do mercado negro. O pão custava quase nada e as saladas eram compradas uma vez por semana às sextas-feiras ou aos sábados no *suq thalatha*, o grande mercado de vegetais no centro de Trípoli, onde gastávamos no máximo 10 dinares. Você podia jantar com apenas cinco ou seis dinares no Libanês, perto do Grand Hotel. Então, aprendíamos a nos contentar com pouco. É preciso dizer que Gaddafi fez uma grande coisa: restaurou a dignidade de seu povo ao criar uma economia baseada em subsídios do governo e no mercado negro. As pessoas pareciam felizes, embora estivessem privadas de liberdade política. O bem-estar parecia ser real. Os expatriados ficaram felizes em circular pela Líbia para desfrutar das belezas naturais e arqueológicas do país, vivendo uma vida tranquila e sem preocupações

VIDA DE GEÓLOGO

por um preço baixo. Helge e eu sentávamos no meu terraço filosofando, esperando para ir à praia, não nos preocupando muito em realmente ter de ir. Também era bom ficar na esplanada, às vezes passávamos o dia inteiro à espera de ir à praia e no final não íamos, então esperávamos pela noite para irmos ao Libanês jantar com a consciência tranquila.

Quando conseguíamos encontrar o entusiasmo para ir à praia, nunca nos arrependíamos dessa decisão, porque as praias da Tripolitânia eram verdadeiramente bonitas, o mar era limpo e tinha cores fantásticas. Se, por outro lado, estivéssemos na aldeia, sentaríamos na varanda de meu apartamento, lendo livros ou discutindo isso e aquilo. Ambos estávamos na "condição de solteiros", ou seja, vivíamos como solteiros porque tínhamos deixado nossas esposas na Noruega para cuidar de nossos filhos adolescentes. Às vezes, por curtos períodos de duas semanas de cada vez, as esposas tiravam férias em Trípoli e, nessas ocasiões, Gerd e Berit, a esposa de Helge, faziam boa companhia uma à outra e saíam juntas para explorar os mercados exóticos do local. Na Líbia, ao contrário de outros países árabes, as mulheres eram livres para ir aonde quisessem sem serem assediadas. Helge e eu, nos fins de semana, quando as esposas faziam compras no *souk*, tínhamos tempo de sobra para discutir todo tipo de assunto entre nós. Chamávamos essa atividade de "analisar o problema", ou, em norueguês, *vurdere saken*, embora a maioria dos assuntos em discussão fossem pés no chão e nada fosse realmente profundo, já que o problema era inexistente.

No dia em que Helge cortou a ponta do dedo indicador com uma tesoura enquanto podava a acácia em meu jardim, a conversa assumiu um tom mais sério. Isso naturalmente aconteceu antes de ele se cortar. Talvez ele tenha ficado tão profundamente impressionado com minha filosofia que se distraiu enquanto podava. Eis o que eu disse: "Quando eu era menino, talvez tivesse 16 anos, passei um ano na região do Veneto em um colégio interno dirigido pelos jesuítas. Na primavera, os padres nos levaram por uma semana a um convento nas Colinas Euganei para nos doutrinar nos pilares da fé católica. Estávamos rodeados de uma natureza linda, os dias estavam ensolarados e a temperatura amena. A paz e tranquilidade do lugar levaram à introspecção e a pensamentos filosóficos profundos. Lembro que estávamos sentados dentro de uma igreja e que um frade dominicano nos dava uma demonstração da existência de Deus, uma demonstração tão lógica que era difícil refutá-la. Ele falava de uma pequena aranha que desceu do céu por meio de uma teia. Assim que pousou na Terra, ela cortou a teia e começou a andar. Esqueceu-se imediatamente de onde viera e passou a

191

comportar-se como todos nós: também ela se esqueceu de que viera do céu. Se algo existe, deve ser criado por alguém, logo, fomos criados por Deus e estamos todos pendurados em um fio tênue que nos conecta a nosso criador. Por que cortamos esse fio?". Depois de contar essa história, parei por um momento para estudar a reação de Helge, que estava me ouvindo e sorrindo. "Helge, acho que havia alguma verdade no que o dominicano disse. Voltando no tempo, geração após geração, chegamos a um ponto no início do Universo. A ponta de um cone de Probabilidade cujo ápice deve ser a substância de Deus, logo, somos partes infinitesimais de Sua substância infinita. Se no começo havia um buraco negro que explodiu, nossa alma deve consistir de material desse buraco negro, que é feito da substância de Deus". Helge respondeu: "Certo, o que você diz me parece lógico, mas por que invoca a necessidade de um Deus? Não basta pensar em uma substância primordial, sem intervenção divina?". Eu respondi, tentando defender minha tese: "Se um quilo e meio do cérebro nos permite pensar, o imenso espaço que existia antes do Universo, se for feito de uma substância diferente do nada, poderia pensar. Nesse caso, podemos chamá-lo de Deus, caso ele realmente exista".

Foi então que Helge pediu uma tesoura de poda e começou a podar a acácia, pensando profundamente. E foi então que ele cortou a ponta do dedo. Ele estava perdendo muito sangue e tive de levá-lo com urgência de carro até nosso amigo, o doutor Morgenroth, que também morava na aldeia Regatta, a algumas centenas de metros de distância. "A carne não volta a crescer, mas pelo menos você não perdeu um único pedaço de osso. Vou costurá-lo e em alguns dias seu dedo estará tão bonito quanto antes, apenas um pouco mais curto". Esse foi o veredito do doutor Morgenroth, e Helge pareceu ficar satisfeito com o diagnóstico. Daquele dia em diante, chamei Helge de "podador chefe da vila da Regatta" para zombar dele. Essas conversas, profundas ou superficiais, eram como um remédio para nossos espíritos e conseguiam reduzir o estresse de nossa existência solitária em um país estrangeiro e longe de casa. O tempo foi passando e finalmente Helge, no fim de seu contrato de dois anos, voltou para casa, sem aspirar ser um grande chefe, pois na realidade ele não estava interessado em fazer carreira. Eu, por outro lado, continuei a viver na Líbia por alguns meses, até o "milagre" do telefonema de Bill, que me ofereceu o lugar dele na Guiné Equatorial, onde me tornei gerente-geral da operação UMC com um salário fabuloso. Analisando aquele evento que representava um ato espontâneo da lei da probabilidade, cheguei à conclusão de que era um acerto de contas

VIDA DE GEÓLOGO

entre meu carma e a energia potencial do campo de probabilidade que me rodeava, porque havia sido um evento inesperado, indesejado e inteiramente devido ao acaso. Em meus dias de Phillips, lutei muito para salvar Bill e, por isso, adquiri carma positivo, que agora estava sendo devolvido para mim.

Chegou a hora, obviamente, de um milagre para me tirar da Líbia. Foi então que o telefonema chegou às 9h da manhã daquele lindo dia. Milagres, como sabemos, acontecem, mas era possível a transmissão do pensamento a distância por meio do espaço? Afinal, o pensamento consistia em ondas eletromagnéticas como ondas de rádio. Acima de tudo, os cientistas previram a existência de uma nova partícula, o *tachyon,* que viajava mais rápido do que a velocidade da luz. Seria possível que eu tivesse influenciado Bill a pensar em mim naquele exato momento?

Uma voz fraca e distante disse: "Max, você quer vir e ocupar meu lugar? Cansei de ser picado por mosquitos e quero me aposentar! Se quiser, ligue para Jim neste número nos Estados Unidos e faça um acordo". Era Bill van Goidtsnoven ligando da Guiné Equatorial. Aquela voz fraca parecia vir do céu, na hora certa para me salvar. Alguns meses se seguiram, em que Bill, Jim e eu trocamos currículos, cartas e telefonemas, até que um belo dia, em julho de 1997, eu deixei a Líbia e fui para Houston, para assinar o contrato com a UMC de gerente-geral. Deixar meus amigos no Departamento de Exploração da Waha me causou um pouco de dor. Nunca tive tanto tempo disponível para discutir coisas tão inúteis e tão profundas. Pensei "É a vida!", encolhendo os ombros, quando estava prestes a embarcar no avião que me levaria de Djerba a Roma e de lá na estrada para Houston. "Adeus, querida Líbia" — pensei enquanto olhava pela janela a costa do Norte da África que se estendia da Tunísia à Líbia, ao longo do mar azul. Naquele dia, incapaz de prever o futuro, não sabia que a Probabilidade me faria voltar à Líbia mais uma vez.

3.12 Guiné Equatorial

Minha primeira saída da Líbia para assumir um novo emprego na Guiné Equatorial foi uma confirmação do jogo de probabilidades que caracterizou a vida dos homens. Na verdade, fui "salvo" do deserto da Líbia em 1997 por um telefonema de Bill van Goidstnoven, que me ofereceu o cargo de gerente-geral em Malabo. Mas minha mudança da Líbia para a Guiné Equatorial não foi uma fuga, e sim um flagrante golpe de sorte, talvez não totalmente merecido. Mas sabemos que a sorte, assim como a má sorte, atinge aleatoriamente até aqueles que não a merecem. Para os religiosos e inclinados à introspecção, recomendo a leitura do livro de Jó, possivelmente em hebraico, porque analisa esse problema em todos os detalhes. Infelizmente, não há explicação no livro de Jó.

Aqui está um novo exemplo dos efeitos da Probabilidade, não apenas sobre os seres humanos, mas também sobre as grandes multinacionais, que tentarei analisar com minha história.

Meu trabalho como gerente-geral da UMC foi imediatamente difícil e complicado. A UMC, empresa da qual Jim Smitherman era o vice-presidente de exploração e produção, detinha 25% das ações da operação de petróleo administrada de maneira brilhante e habilidosa pela Mobil. A operação rendia 200 mil barris de petróleo por dia extraídos do mar ao redor da ilha de Bioko. Mas esse não era meu trabalho. A UMC tinha outros quatro blocos *offshore* ao redor da ilha de Bioko para a exploração de potencial petrolífero e também tinha a concessão para a exploração de minerais em todo o Rio Muni. Eu tinha que lidar principalmente com esses projetos.

A capital, Malabo, era uma aldeia remota no meio do Golfo da Guiné, aos pés de um vulcão. Malabo havia sido anteriormente a capital da única colônia espanhola na África Equatorial. Era a sede do governo, bem como o escritório da UMC e do Ministério do Petróleo, que supervisionava as operações petrolíferas. Os líderes da UMC, em termos inequívocos, explicaram-me que meu trabalho era manter boas relações com o governo e garantir que o Ministro do Petróleo ficasse feliz com a UMC. Mas o ministro, em nome do governo e do povo da Guiné Equatorial, é claro, estava pedindo cada vez mais dinheiro às empresas petrolíferas que operavam no território, e os líderes americanos estavam cada vez mais relutantes em liberar, então o pobre gerente da UMC, que era eu, estava entre a cruz e a espada, ou melhor, ele havia caído da frigideira da Líbia para as brasas de Malabo. Se eu não tivesse sucumbido aos pedidos mais do que legítimos do ministro, teria comprometido as concessões da UMC. Se eu tivesse aberto o orçamento de exploração às solicitações do governo, teria sido criticado por meus meus chefes, possivelmente até mesmo demitido. Portanto, decidi usar meu vasto conhecimento no campo da etologia, especialmente usando o que sabia sobre o comportamento de lobos e hienas, para desenhar uma estratégia que poderia render bons resultados.

VIDA DE GEÓLOGO

Como se sabe pelos estudos de Konrad Lorenz[69], para se conformar com os favores dos machos alfa da matilha, era preciso, antes de tudo, conquistar a amizade e simpatia dos beta, gama e gradualmente ir descendo para chegar aos ômegas, de modo a criar as condições para uma inserção na vida social do rebanho. Era preciso ser humilde e fazer amizade com os humildes. Então, eu aumentei os salários de todos os funcionários da UMC: dos faxineiros, dos jardineiros, dos motoristas e do cozinheiro Gabriel que, sendo um *fangue*[70], pertencia à mesma tribo do ministro do Petróleo e do presidente Obiang. A seguir, instituí o pagamento de horas extras para todos os guineenses e criei uma equipepara a manutenção das várias casas da UMC em Malabo, colocando Augusto, que pertencia aos *Bubi*[71], da ilha de Bioko, a mesma tribo do secretário de Estado do Petróleo. Os expatriados que trabalhavam na UMC, três ou quatro ao todo, podiam comer de graça nos três restaurantes libaneses, os únicos em Malabo, e eu passava no final do mês para pagar a conta. Também encorajei José Brito, o relações públicas, que era cabo-verdiano, do mesmo país da mulher do ministro, a organizar festas e banquetes na casa dele. Não precisei dar instruções a ele, porque já tinha adivinhado o que devia fazer: convidar a célebre cantora cabo-verdiana Cesaria Evora para dar um concerto em Malabo para os guineenses e para os governantes. As boas vibrações logo começaram a se espalhar de baixo para cima e chegaram aos ouvidos do ministro e do secretário de Estado: parecia impossível, mas o novo chefe da UMC era ainda melhor do que o lendário Bill, que tinha sido amado por todos pela magnanimidade e generosidade com que conduziu os negócios da UMC no país.

O ministro e o secretário de Estado logo plantaram as mudas carnívoras e famintas de dólares no solo fértil que eu havia fertilizado e mandaram me chamar para ver o que poderia ser feito para ajudar o povo da Guiné Equatorial. Na verdade, eu pouco pude fazer, porque o orçamento foi decidido e aprovado em Houston e não havia como escapar de lá. Porém, percebi que havia um pouco de elasticidade no orçamento das viagens e nas despesas sociais, por isso propus duas soluções ao secretário de Estado, um homem muito inteligente e muito rápido em captar conceitos econômicos: *el Primero, hay que viajar um poco mas!* Mas essa sugestão foi como arrombar uma porta, já que

---

[69] Nota do tradutor: Konrad Lorenz é um zoólogo austríaco, ganhador do prêmio Nobel de Fisiologia, em 1973, por seus estudos sobre o comportamento animal (etologia).

[70] Nota do tradutor: *Fangue* é um grupo étnico africano que é majoritário na Guiné Equatoriana; são descendentes dos *Bantus*.

[71] Nota do tradutor: *Bubi* é outro grupo étnico da Guiné Equatorial

o secretário de Estado e o ministro estavam constantemente em movimento por um motivo ou outro, e se dizia que também tinham a própria agência de viagens, que emitia passagens de primeira classe. Em segundo lugar, sugeri construir uma igrejinha em Corisco, uma ilhota perto da costa da África que tinha lindas praias de areia branca, para que os turistas fossem se confessar. Os europeus já não se confessavam, com medo de que os pecados fossem divulgados pelos padres das paróquias. Mas em Corisco, no coração da África negra, com padres guineenses, quem os conheceria? A agência de viagens "deles" poderia organizar viagens fretadas para fins de turismo religioso. Os turistas se livrariam dos pecados, voltariam para os países mais purificados do que nunca e, assim, começariam a pecar novamente com o coração mais leve. Seguiram-se muitas risadas e criou-se uma atmosfera de amizade. Ficamos amigos e no final a solução escolhida foi a mais lógica, a de viajar mais. Mas o ministro tinha um ás na manga, uma ideia mais lucrativa para o país e um propósito mais do que legítimo: aumentar as receitas renegociando os *royalties* e os impostos que a Guiné Equatorial recebia das petrolíferas.

Felizmente, esse pedido me salvou, pois envolvia todas as empresas e as decisões seriam tomadas no mais alto nível. Eu estava apenas administrando as viagens e pagando as passagens. Começamos a viajar muito. Viagens à América para discutir o orçamento para exploração; viagens a Londres para renegociar *royalties*; viagens a Paris para tentar esclarecer o problema da divisão das águas territoriais em torno da Guiné Equatorial. Sempre que se deslocava, o ministro fazia-se acompanhar do secretário de Estado e de 20 funcionários, incluindo secretários. Todas as vezes foi necessário pagar as passagens e as "diárias" aos integrantes da delegação. O orçamento de administração do escritório dobrou e o de viagens, felizmente dedutível nos impostos, triplicou. Claro que sempre viajava com eles, na classe executiva, e comprava minhas passagens com a Iberia, enquanto eles viajavam na primeira classe e com a agência de viagens privada, que custava três vezes mais que a Iberia. Acumulei tantos pontos de fidelidade que viajei de graça com a Iberia por mais quatro anos depois que minha designação em Malabo terminou. As coisas, apesar do aumento das despesas, iam tão bem para a UMC que, no final de 1997, em Houston, começaram as negociações para a fusão com a Ocean Energy, uma empresa jovem e dinâmica que em dez anos alcançou uma capitalização de mais de um bilhão de dólares, mas infelizmente também tinha um bilhão de dólares em dívida (sem eu saber nada sobre isso). Mais tarde, alguém explicou-me que esse era um exemplo de finanças criativas, em que as soluções financeiras eram verdadeiras obras de arte abstrata.

VIDA DE GEÓLOGO

A fusão eventualmente ocorreu, e o ex-presidente da UMC foi aposentado com um "aperto de mão de ouro" que um membro da família real saudita invejaria. Jim tornou-se o novo presidente da empresa, que passou a se chamar Ocean Energy, e começaram as festividades. No final de março de 1998, fui convidado para uma festa em Houston para comemorar a fusão. Fui um pouco o convidado de honra por ser o gerente, apesar de tudo, do ramo mais produtivo e mais promissor da nova empresa, que agora tinha uma capitalização de dois bilhões de dólares e dois bilhões de dólares em dívidas. Em minha casa, em minha cabecinha burguesa, isso resultou em um total de zero, mas as grandes finanças naturalmente tinham outras visões. Os novos líderes disseram que estavam felizes com meu trabalho na Guiné Equatorial e me garantiram que eu ficaria lá o tempo que quisesse. Mas todas as coisas boas são conhecidas por durar pouco e o diabo da probabilidade colocou os chifres em nós quase imediatamente. O preço do petróleo, que na época estava em torno de US$ 20 o barril, caiu repentinamente para menos de US$ 9. A nova empresa estava altamente endividada, como já expliquei, e precisava de um preço de pelo menos US$18 o barril para continuar pagando a dívida e crescendo. Então, as coisas começaram a dar errado.

Os contadores da empresa começaram a colocar as garras nos orçamentos das diversas operações para reduzir custos. Fui chamado a Houston com urgência para discutir o orçamento. Eu havia estudado os custos para entender como poderia fazer para reduzi-los, mas havia pouco a fazer. A maior parte das despesas era do governo, que era intocável, então no final consegui convencer os contadores de que estava tudo bem. Mas no final do ano aconteceu o verdadeiro desastre. As ações da Ocean Energy despencaram para um décimo do valor no início do ano e a nova empresa foi comprada por pouco dinheiro pela Seagull, uma pequena empresa de Houston com alta liquidez. Jim foi o primeiro a sair. Os novos patrões também me olhavam com desconfiança, mas, sabendo que tipo de adesão eu tinha naquele país, não se atreviam a me despedir. Eu não tinha muitos amigos entre os contadores da nova empresa, o que me obrigou a uma atividade totalmente nova para mim: controlar despesas. Foi assim que, no final, descobri que mesmo os seres humanos, como matilhas de lobos ou leões, precisam de líderes autoritários e inescrupulosos para mantê-los funcionando em linha reta. Enquanto eu passava horas estudando a Bíblia ou assistindo a documentários da National Geographic sobre animais na TV, meus "expatriados" consumiam quantidades incríveis de cerveja e convidavam para o bar e restaurante metade das garotas negras de virtude fácil que moravam em Malabo.

Circulou o boato de que havia comida e bebida de graça e, como qualquer lobo, leão ou verme que se preze, até mesmo meus "expatriados" se deixaram levar. As contas do restaurante tornaram-se astronômicas. Mas não foi só isso. Meu jardineiro, Roberto, que muitas vezes vinha a meu escritório para conversar comigo e falar sobre as cobras que matou no jardim (ele havia encontrado várias mambas negras no jardim do escritório, um assunto que sempre me fascinou), tinha conseguido falsificar perfeitamente minha assinatura e fazia cheques que totalizavam $45.000 de um livreto que mantinha trancado na gaveta de minha mesa. Com aquele dinheiro, Roberto tinha saído para uma farra em Douala, Camarões, e comprado três Land Rovers usados, mas ainda em ótimo estado, com os quais havia iniciado um negócio de táxis. Mesmo isso não foi nada.

Estudando atentamente os registros onde os encarregados da manutenção registravam as horas extras, descobri que Augusto fazia em média 12 horas extras por dia, o que, somado ao horário normal de trabalho e ao intervalo para o almoço, perfazia 22 horas de trabalho por dia. Isso não era nada, porque pelo menos Augusto dormia duas horas por noite. Houve quem trabalhasse 24 horas por dia ou que, com as contas erradas, trabalhasse 25. Mesmo isso não era surpreendente em comparação com o que os dois ganenses, Mustafà, o vigia diurno, e Hassan, o vigia noturno, fizeram. Gostava muito dos ganenses, porque tinha longas conversas com eles em árabe, eram muçulmanos e eram bem educados na língua do Alcorão. Às vezes, eu recitava alguma sura do Alcorão com eles, se surgisse a oportunidade. Os ganenses me chamavam de *Hadj*, como alguém que esteve em Meca é chamado, ou às vezes *Sheik*, um termo de respeito a um importante ancião da tribo. Bem, verificando as despesas, descobri que os dois também trabalhavam para José Brito, Mustafà de noite e Hassan de dia. Maravilhado com essa descoberta, liguei para Mustafà e perguntei a ele: "Entendo que você trabalha 12 horas de dia para mim e 12 horas de noite para Brito. Quando você dorme?". Ele respondeu com um sorriso nos lábios: "*Hadj*! Não preciso dormir, leio o Alcorão!".

Alguns dias se passaram e fiz outra descoberta que me surpreendeu muito. Minha garçonete, Escolástica, há mais de um ano havia aberto uma lojinha onde vendia feijão enlatado, presunto cozido, cerveja e latas de Coca-Cola, enfim, tudo de bom disponível na imensa despensa de alimentos que os americanos mandavam para abastecer a casa de hóspedes que havia em minha casa enorme. A despensa era administrada com empenho e precisão por meu cozinheiro, Gabriel, que, claro, desconhecia tudo. Mesmo

VIDA DE GEÓLOGO

isso não foi nada comparado ao desastre da lenta destruição de uma próspera empresa devido ao preço do petróleo. O provérbio árabe, citado por mim na reunião dos gerentes de exploração da Noruega, dizia: "Os preços (do petróleo) e as vidas (dos homens) estão nas mãos de Allah!". "Ou na lei Ψ" — pensei. Jim Smitherman foi demitido primeiro por ser o presidente de exploração e produção e foi acusado pela nova empresa de ter aprovado a perfuração de quatro poços secos um após o outro, sempre no mesmo lugar. No final de setembro de 1999, Brito e eu também fomos demitidos e Severino, o contador-chefe guineense, assumiu meu lugar em Malabo. Consegui uma boa remuneração no acordo de dispensa, então voltei para a Sicília e soltei um suspiro de alívio.

Em vez de descansar sobre os louros, no entanto, comecei a tentar fazer outra coisa com meu antigo chefe Jim: decidimos nos dedicar à exploração na Sicília, uma atividade que resultou, após alguns anos, em uma licença de exploração na Sicília e, para mim, em uma nova oferta de emprego de Jim. Em Houston, antes de deixar o quartel-general da Seagull, que acabara de me despedir, fui à casa de Jim para conversar com ele. Alguns de meus ex-colegas me disseram que Jim estava planejando sair por conta própria e criar a própria empresa de petróleo, porque, com o acordo de dispensa que ele fez, ele tinha muito dinheiro para investir. Eu trouxe de casa a documentação de 24 áreas de interesse ao redor do mundo, em lugares que vão da Nova Zelândia ao Mar da China, à Bacia de Ghadames e à Bacia de Murzuq, na Líbia, para terminar na Sicília, de onde tinha minha própria teoria para uma área de interesse nas colinas Iblei. Jim tinha acabado de se separar da esposa, pois havia sido pego por ela se ocupando com sua jovem secretária e, portanto, estava um pouco em crise, mas sempre educado e gentil como sempre. Depois de ouvir tudo o que eu tinha a oferecer, Jim disse: "O dinheiro disponível é limitado, então o melhor é jogar a carta da Sicília e começar do seu quintal. Quando voltar à Sicília, descubra se é possível obter dados geológicos das autoridades sicilianas, para confirmar a sua boa ideia, da qual gostei muito". Brindamos com um uísque e, antes de eu sair, Jim me disse: "Chegou a hora de começar algo sozinho. De agora em diante, vou trabalhar apenas para mim".

Apertei a mão dele e disse que também queria tentar montar meu próprio negócio para ver no que iria dar. Esta é a verdade sobre os acordos históricos que aconteceram entre mim e Jim.

PARTE IV

Where oil is first found, in the final analysis, is in the minds of men
(Wallace Pratt, 1952)

4.1 O início do projeto

De volta a minha casa depois de quase dois meses passados em Playa del Carmen, recebi imediatamente a confirmação de Totò Vernuccio, um geólogo amigo meu, da Universidade de Palermo, de que em uma semana os geólogos do Departamento de Meio Ambiente estariam prontos para ouvir nossa proposta. Totò me disse que me elogiou dizendo que eu era um famoso geólogo que havia descoberto petróleo ao redor do mundo e que viria com um rico petroleiro texano que estava pronto para investir na Sicília. Ele disse que nos acompanharia para nos apresentar, porque aqueles eram amigos muito queridos dele.

Na Sicília as coisas eram assim, Totò me disse: "Um tem um amigo, que por sua vez é amigo de outro, que está pronto para recebê-lo de braços abertos porque amigo de um amigo é amigo. Há muitos inimigos à espreita por aí, e novos amigos são sempre bem-vindos".

Quando estava prestes a escrever um *e-mail* para Jim e informá-lo do sucesso de minha missão, como era meu hábito, fiz um resumo mental do que havia acontecido comigo no último ano e meio, após aquele golpe de sorte na Guiné Equatorial. Minha profecia, tirada de experiências anteriores, era de que tudo estava nas mãos do gato de Schrödinger, porque o projeto estava morto e vivo naquele ponto. Havia uma chance muito pequena, diferente de zero, de que o projeto pudesse prosseguir, e os dados estavam nas mãos de Jim desta vez.

Analisando o passado, foi essa a profecia que fiz para explicar minha sorte inesperada de ter conhecido Jim, que era descendente de uma ilustre família de petroleiros texanos. Deus não teve nada a ver com minha sorte, tudo se deveu apenas à lei da conservação da energia, uma questão de equilíbrio entre a energia potencial devido a uma boa ação que fiz com Bill e a energia cinética do espaço-tempo de Einstein. Assim, mesmo que aquele bom trabalho tivesse durado apenas dois anos, devido a uma afortunada cadeia de eventos que se iniciou na Guiné Equatorial, o caminho que se abriu diante de mim me levaria, espero, a descobrir um grande futuro na Sicília depois de muitos anos vagando pelo mundo. Em Palermo, os geólogos do departamento, quando Jim e eu nos apresentamos diante deles acompanhados por Totò, receberam-nos de braços abertos. Disseram-nos que a Sicília aprovou recentemente uma nova lei regional que abriu caminho para o investimento estrangeiro, reduzindo os *royalties* e permitindo *joint ventures* de capital estrangeiro. Eles nos deram uma cópia da nova lei e imediatamente nos disseram que todos os dados catalogados no arquivo do departamento estavam à disposição de qualquer interessado e podiam ser copiados livremente. Convidamos todos para almoçar em um famoso restaurante de Palermo e, depois de alguns brindes, tornamo-nos velhos amigos. Assim, com a ajuda de Totò, deu-se o primeiro passo: a amizade.

Nos meses seguintes, com a ajuda de um jovem geólogo de Palermo, começamos a obter cópias de todas as toras elétricas e toras compostas dos poços perfurados ao redor de Ragusa, Gela e nas montanhas Iblei, ao norte de Ragusa. Aluguei um apartamento atrás de minha casa, em Santa Maria del Focallo, que se tornou meu escritório nos anos seguintes. Entrei em contato com meu querido amigo e ex-colega de escola, Franco Pezzino, que havia sido geólogo-chefe da Agip em Gela, na época em que todos aqueles poços haviam sido perfurados, e ele imediatamente se prontificou a me ajudar. Franco me aconselhou a buscar ajuda do geólogo dele, que agora estava aposentado, e então comecei a correlacionar todas as toras para construir mapas geológicos e estruturais. Após algumas semanas de trabalho, com a ajuda do geólogo de Franco, começamos a identificar a área de maior interesse e os principais objetivos de nossa pesquisa.

4.2 O terceiro homem

"Por três pontos passa um só plano, e uma mesa com três pernas não oscila justamente por causa disso", dizia Euclides.

Minha fisosofia de trabalho era geométrica, do tipo euclidiana, mas com um toque de Einstein, que sempre nos agradou tanto quanto queijo no macarrão. Tentarei explicar por que esse queijo é importante de maneira simples, já que Einstein havia dito: explicar problemas complexos com soluções matemáticas simples significa chegar mais perto do raciocínio de Deus.

Aquela velha raposa Coy Squire, amigo de Jim, que tinha obtido a concessão da UMC na Guiné Equatorial nos velhos tempos, deu a Jim um

VIDA DE GEÓLOGO

conselho imparcial: "Se você trabalha na Sicília, deve necessariamente se aliar ao Barão..." e sussurrou o nome de Moscato lentamente, sem ser ouvido, embora não houvesse ninguém na sala.

Coy, um simpático homem do petróleo texano, tinha se tornado amigo de Moscato quando ambos trabalharam juntos no Egito, Moscato à frente da Agip, e Coy à frente da Phillips Petroleum, e havia rumores de que Coy também trabalhava para a CIA naquele país. Também houve rumores de que o trabalho na CIA abriu as portas do presidente Obiang para Coy quando ele se candidatou a uma concessão no país dele, a Guiné Equatorial. O fato é que Coy estava coletando um milhão de dólares por mês com seus *royalties* da Guiné Equatorial. O conselho dele, portanto, sempre foi muito considerado por Jim.

Quando Jim me contou, eu fiquei entusiasmado, mas informei a ele que essa manobra certamente nos ajudaria, entretanto, possivelmente causaria repercussões políticas imprevisíveis na Sicília.

Moscato havia sido o *chairman* da ENI, a empresa de petróleo mais importante da Itália, e ainda era uma figura-chave na política da Agip. Jim e eu o visitamos no grande escritório dele em San Donato Milanese, de onde ele dirigia a Instituição Enrico Mattei e ainda era membro da equipe de diretores da Agip.

Ele era um homem poderoso, mas também uma pessoa notoriamente generosa que, se pudesse ajudar, faria espontaneamente. Quando Moscato mais tarde descreveu o encontro conosco a Pezzino, que tinha sido um antigo funcionário de confiança dele, ele disse: "Eles pareciam aqueles que andam por aí vendendo ricota!".

Após explicar a ele que nosso projeto foi financiado por Jim, o irmão dele e outros parceiros americanos, Moscato mostrou-se interessado, mas disse que nosso objetivo, ou seja, a exploração de petróleo formado no período do Triássico superior, já havia sido testado pela Agip com pouco sucesso. Jim explicou-lhe que hoje em dia, na América, o gás também pode ser produzido a partir de rochas e argilas impermeáveis por meio do fraturamento. Nomeei Franco Pezzino e disse que o próprio Pezzino havia me dito que o campo Comiso 2, na fronteira sul de nossa área de interesse, havia produzido gás em quantidades econômicas por 30 anos e ainda continuava produzindo. Além de tudo, havia o campo Noto, administrado por Pezzino e seus homens, que produzia tudo menos uma quantidade insignificante de gás de formação do Triássico. Então Moscato disse: "Em uma semana tenho de vir para a Sicília e avisarei quando eu chegar para que você possa vir me cumprimentar em minha casa de campo perto de Gela". Em seguida, voltando-se para mim, disse: "Melli, seu amigo Pezzino sabe muito bem onde fica minha casa".

Uma semana depois, Moscato *nos* convidou para a casa de campo dele, uma antiga residência nobre renovada, situada entre oliveiras, que dominava toda a planície de Gela até o mar. Cumprimentei-o à maneira siciliana, dizendo: "Vamos beijar suas mãos, engenheiro!" e ri, porque era assim que os camponeses saudavam os barões da Sicília. Após um excelente jantar preparado pela senhora Moscato, Jim ofereceu a Moscato a presidência da empresa que pretendia formar. Enquanto eu era o chefe de exploração, ele reservou para Moscato o título de presidente da empresa. No início, os acordos eram que Jim teria 80% das ações e eu, 20%. Oferecemos a Moscato 20% das ações, então a participação de Jim passou a 64%, a minha passou a 16%. Tudo era regular, regulamentado pela lei siciliana que aprovava as *joint ventures*, e o acordo foi assinado em cartório e notificado à Câmara de Comércio de Ragusa. Assim, nasceu a Panther Eureka SRL, a filial siciliana da empresa de Jim, cujo nome derivou do depósito que ele descobriu na Costa do Marfim e do grande Arquimedes de Siracusa, que gritou "Eureka!".

Com Moscato, tínhamos encontrado o terceiro ponto do topo ou a terceira perna da mesa em que a empresa se apoiava.

Chegou a hora de explicar minha filosofia, que no final acabou dando certo. Vimos que, quando jovem, os conceitos em que se baseava minha ciência eram dois: o fulcro, inventado por Arquimedes, que explicava as falhas de deslizamento, o rombocasmo, e o conceito de Galileu de que a Matemática era a linguagem do Criador e explicava todos os princípios científicos com fórmulas matemáticas simples. À medida que fui crescendo, acrescentei um terceiro conceito à lista, com base no conceito de espaço-tempo de Einstein (1879-1955). O conceito pode ser descrito com dois cones sobrepostos como uma ampulheta, um representando a totalidade dos eventos passados e o outro, a totalidade dos eventos futuros. Entre os dois cones está o plano do presente, que também é o fulcro entre o passado e o futuro. Os dois cones representam, respectivamente, a probabilidade total de cada evento passado ter ocorrido no cone passado e a probabilidade total de cada evento futuro ocorrer no cone futuro, que também é o cone de luz. E como a luz viaja um ano-luz em um ano, a concha do cone forma um ângulo de 45° com o plano do presente. Se você não entendeu corretamente, vá em frente, porque o próximo conceito é realmente fácil de entender!

Figura 24 – O cone de luz de Minkowski

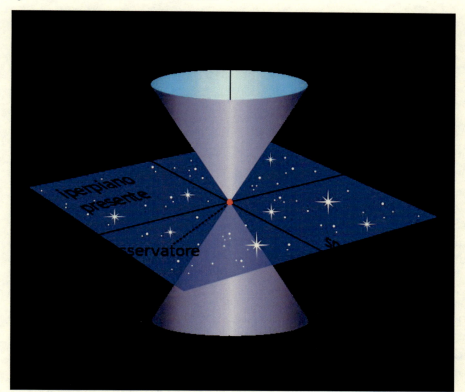

Fonte: arquivo pessoal de Massimo Melli (anos 1990, aproximadamente)

O espaço entre os dois cones é o "espaço do evento". Uma vez que nada pode exceder a velocidade da luz, tudo o que pode acontecer no futuro está encerrado no cone de luz. Vamos ver imediatamente como a visão de mundo de Einstein influenciou minha filosofia.

O conceito de "espaço de eventos" da teoria da probabilidade significa o conjunto espacial de todas as possibilidades de um evento que são verificáveis no espaço-tempo. Eu o havia chamado de "cone de certeza", dentro do qual os eventos ocorrem; fora dele, eles não ocorrem. O desenho a seguir mostra o cone de certeza da bola A em relação à colisão potencial com a bola B.

Figura 25 – Cone de certeza

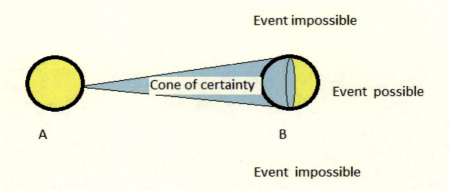

Fonte: arquivo pessoal de Massimo Melli (anos 1990, aproximadamente)

Na qualidade de ser o espaço total em que se desenvolve o número infinito de resultados futuros que um evento pode ter, o cone de certeza ilustrado na Figura 26 tem probabilidade 1, ou seja, certeza de que o evento de "colisão" ocorre dentro dele. Fora dele, o evento nunca ocorrerá.

Consideremos agora o projeto de obtenção de uma licença na Sicília. Começando por Jim e eu, que iniciamos o projeto e, portanto, estávamos no topo do espaço do evento, como devíamos fazer para aumentar nossas esperanças de sucesso? Partindo do conceito de que os eventos mais prováveis ocorrem com mais frequência, tivemos que tentar melhorar nossas probabilidades. Então, tivemos que tomar as ações certas para esse fim. Uma ação foi a escolha muito importante de nos associar a Moscato, que poderia nos ajudar com a influência dele. Uma segunda ação a ser desenvolvida era conseguir convencer os geólogos do Departamento de Indústria de nossa capacidade técnica e financeira para a execução do projeto, e a terceira era desenvolver uma teoria geológica à prova de bomba que, para para nos trazer sucesso, tinha de ser o caminho certo. O cone de certeza do nosso projeto continha todos os resultados futuros, incluindo o fracasso, mas tomamos as medidas certas para tentar evitá-lo.

Tive um bom começo associando-me com pessoas que sempre tiveram sucesso na vida, mas agora havia muito o que fazer para melhorar nossas relações com Palermo e obter os dados geológicos que confirmariam a teoria. Esse trabalho agora era meu.

4.3 A pergunta para o Departamento de Indústria

A área de interesse que havíamos identificado era uma grande área livre próxima às montanhas Iblei, ao norte do campo de petróleo de Ragusa onde, em minha opinião, havia a possibilidade de encontrar gás. Eu também não achava que havia esperança de encontrar petróleo nos calcários porosos da formação Gela, onde foram encontrados os campos de Ragusa e Gela, porque todas as estruturas promissoras já haviam sido identificadas e perfuradas, mas havia uma grande esperança de encontrar o gás preso na formação perto de Noto[72], que ficava acima da formação Gela, estava entre as idades Triássica e Jurássica e consistia em calcários fraturados dos quais interessantes quantidades de gás eram frequentemente produzidas. Eu havia discutido minhas ideias com meu amigo próximo, Franco Pezzino, que tinha sido geólogo-chefe da Agip nos velhos tempos, quando cerca de cem poços de exploração foram construídos na área que vai de Gela a Monte Lauro até Noto. Franco confirmou que havia potencial para encontrar gás na área a montante dos ricos campos de Gela e Ragusa, pois todos os poços por ele perfurados apresentavam quantidades de gás mais ou menos significativas nos testes que tinham sido realizados na formação de Noto.

Jim compreendeu imediatamente o projeto e ficou exultante a ponto de pegar um marcador e desenhar um grande círculo amarelo ao redor de uma grande área em nosso mapa geológico, dizendo: "Há gás por toda parte e em toda a área. Minha ideia é que se trata de uma grande armadilha estratigráfica cheia de gás". E ele havia se declarado disposto a financiar o projeto de pesquisa, agora que não tinha outros grandes projetos no gasoduto. Começamos então a caminhar rapidamente e nosso negócio resultou em um pedido de licença de exploração que apresentamos ao Departamento de Indústria no início de setembro de 2001. Apresentamos um estudo de impacto ambiental elaborado por alguns especialistas sugeridos por Moscato. Nesse ínterim, Moscato havia feito o primeiro de três telefonemas muito importantes e fundamentais para o sucesso da operação. Primeiro ele telefonou para o advogado Piazza, príncipe do foro de Palermo, que nos recebeu em seu escritório no início da tarde de 11 de setembro, uma hora antes do desastre das Duas Torres do World Trade Center. Jamais esquecerei essa data, porque era o dia do aniversário de minha esposa.

---

[72] Nota do tradutor: *Noto* é uma comuna siciliana que se localiza perto de Ragusa.

Enquanto discutíamos nosso projeto com o advogado, a secretária nos informou a catástrofe e passamos o resto da tarde assistindo às imagens do desastre na TV. No final da visita, Piazza disse que estava pronto para nos ajudar e desligou o telefone. Na noite seguinte, fomos ao gabinete do presidente da Sicília, Totò Cuffaro, no Palazzo dei Normanni, acompanhados pelo advogado. Jim explicou o plano ao presidente, que estava cercado por assessores, e tirou as medalhas que recebeu dos presidentes da Guiné Equatorial e da Costa do Marfim, honrarias conquistadas por ter descoberto grandes campos de petróleo e gás. Depois, disse algo que fez todos nós empalidecer, incluindo Cuffaro: "Vamos encher a zona de Ragusa com poços. Vamos perfurar 400...". Essa declaração fez Cuffaro rir, porque, como bom siciliano, não precisava daquelas declarações que Jim reservou para impressionar chefes de Estado africanos. Cuffaro estava justamente preocupado com o impacto ambiental e disse isso abertamente. Demorou dois anos e meio para convencermos as autoridades sicilianas de que as afirmações de Jim eram texanas, exageros que não estavam no céu nem na terra. Foi imperioso escrever uma carta a Cuffaro para informá-lo que os poços previstos eram apenas três no início e que, em caso de descoberta, o gás se desenvolveria com um impacto ambiental mínimo.

O advogado Piazza tornou-se o advogado da Panther e, durante nossas operações, forneceu-nos a ajuda jurídica de que sempre precisávamos.

Gostaria de esclarecer, para que não restem dúvidas, que tudo o que foi comunicado era legal, aprovado pelas autoridades sicilianas do Departamento de Indústria, registrado na Câmara de Comércio e monitorado passo a passo por nosso contador, Giovanni Gurrieri, cujo escritório contratamos — não havia segundo andar no prédio, ele só tinha o escritório... Todas as despesas foram obtidas no escritório de Gurrieri, cada licença foi obtida após fazer um pedido regular de acordo com a lei. Tudo estava claro à luz do sol.

4.4 Antigo geólogo de poço no Congo e na Líbia

Para passar o tempo e ganhar alguns dólares, enquanto esperava o veredito do departamento, que durou dois anos e meio, eu, por sugestão de Pezzino, vendi-me à GEOservices para um emprego como geólogo de poço no Congo. Assim, após a glória de ser um grande administrador na Guiné Equatorial, desci até a última etapa do *tetraktys* pitagóricas, a etapa mais humilde para um geólogo.

No entanto, devo dizer que essa experiência foi interessante e muito útil do ponto de vista humano e para trabalhos futuros. Por que está escrito: "E os últimos serão os primeiros...".

O trabalho no Congo era o de um geólogo de poço que a GEOservices havia oferecido a Pezzino. Como Pezzino, após ser aposentado pela Agip, havia conseguido um ótimo emprego como gerente da PETROservices, ele recusou a oferta e mencionou meu nome. Na GEOservices ainda se lembravam de mim, passados mais de 30 anos, e contrataram-me de imediato, também porque o trabalho era na Agip, que, tendo recebido uma cópia do meu currículo, aprovou de imediato minha contratação como consultor. Quanto a Pezzino, ele se contentou em ser o chefe da PETROoservices, uma pequena empresa de serviços geológicos com sede na cidade dele, Siracua. Entre outras coisas, a PETROservices administrava o campo Noto, que produzia gás para a Agip. Fui a Paris para assinar o contrato com a direção da GEOservices, mas não reconheci os antigos colegas de trabalho, porque os funcionários eram todos jovens. Em Paris, embarquei no dia seguinte, primeiro de novembro de 2001, em um velho UTA Boeing 747, que primeiro fez escala em Roma para buscar outros trabalhadores italianos, todos consultores da Agip, e parti novamente para Pointe Noire, após ter feito um segunda escala em Libreville, no Gabão. Eu estava de volta à velha vida da mão de óleo aos 62 anos e devo dizer que gostei desse papel. Entre os outros petroleiros, eu me sentia à vontade e havia recuperado a confiança e o orgulho típicos de me sentir um membro útil de um projeto importante.

A Agip operava uma vasta rede de campos de petróleo no Congo, todos *offshore* e todos conectados entre si por oleodutos que produziam milhares de barris de petróleo por dia. Foi uma grande operação que empregou muita gente, principalmente consultores. Em Pointe Noire, o jovem gerente local da GEOservices veio me buscar e imediatamente me levou ao geólogo-chefe da Agip para me apresentar a ele. Depois de algumas risadas e alguns bate-papos nos quais tínhamos decidido que galinha velha faz um bom caldo e, portanto, eu estava bem para o papel que a Agip teria me designado, o jovem gerente de GEOservices me levou de volta a nossa base para completar algumas papeladas e assinar um seguro de vida. "São todas precauções desnecessárias, porque não existem perigos *offshore* reais" — ele explicou, mas eu estava um pouco preocupado, não muito. Em seguida, ele me convidou para almoçar com uma dezena de outros petroleiros franceses que estavam no Congo para fazer testes de produção, também uma especialidade que a Agip confiou à GEOservices. Na companhia dos franceses, eu havia voltado aos velhos tempos de Trípoli ou da Noruega. Ríamos muito e sempre brincávamos com as mulheres negras, que nunca faltavam em Pointe Noire. Depois, naquela noite, com vários Land Rovers, alguns motoristas acompanhados pelo gerente nos levaram ao porto para embarcar no barco de abastecimento, com nossas bagagens e equipamentos pesados, para fazer os testes de produção.

Então eu entendi imediatamente o motivo do seguro de vida. Em primeiro lugar, houve a viagem marítima para chegar à base, que era um navio-sonda flutuante ancorado em uma plataforma de produção. Se tudo corresse bem no mar, uma cesta era baixada com o guindaste e chegava ao navio-sonda por cima; essa cesta era mantida unida por grandes cordas; dentro da cesta, em poucos segundos, era necessário colocar a bagagem e depois agarrar as cordas, enquanto uma bola de basquete subia, com todos nós perigosamente agarrados a ela. Se você conseguisse fazer tudo a tempo, antes da próxima onda de 6m que fazia o navio subir e descer, a bola de basquete subiria 30m e o descarregaria no convés do helicóptero do navio--sonda. Ou seja, 30m é a altura de um prédio de oito andares! Se você sofre de vertigens, isso é problema seu! Uma vez a bordo do navio-sonda, meu trabalho era monitorar a perfuração de alguns poços desviados que ocorriam na plataforma fixa sobre pernas apoiadas no fundo do mar. Então a plataforma ficou parada, enquanto o navio-sonda subia e descia com a ressaca de 6m, porque estávamos no Oceano Atlântico, que nunca é realmente silencioso.

Havia uma escada integral com a plataforma, que tinha de ser pega na mosca quando o navio-sonda subisse a onda, no ponto mais alto. Se não pudesse, era preciso esperar a próxima onda. O problema era descer da escada para uma pequena plataforma de ferro na parte inferior da escada. Se você tem 20 anos, você dá um salto elegante e está na plataforma, se você tem 62 e está um pouco acima do peso, corre o risco de quebrar o fêmur e cair no chão. Além de dirigir o trabalho dos *mud loggers* da Geolog, empresa concorrente da GEOservices, eu era frequentemente enviado a outras plataformas para vários trabalhos geológicos, como definir onde perfurar a formação para produzir petróleo com uma ferramenta especial chamada canhoneio, uma ferramenta infernal armada com cerca de 30 cargas explosivas ocas, que foi usada para perfurar o invólucro de aço e a rocha. O trabalho consistia em encontrar o ponto preciso, com um centímetro mais ou menos de desvio, para iniciar a perfuração. Feito o tiro, era necessário verificar se todas as cargas explosivas haviam disparado, verificando-as uma a uma. Se você já fez a roleta russa, entenderá o que é, porque uma carga não disparada sempre pode atirar em seu rosto enquanto você a estuda.

VIDA DE GEÓLOGO

A transferência entre os navios-sonda, que era minha base e onde ficava minha cabine, e as demais plataformas de produção, que eram pelo menos uma dúzia, ocorria por meio de grandes lanchas especiais denominadas *trolleys*, que cabiam nas aberturas das escadas na forma de "v". Para sair do bonde, era preciso esperar a crista da onda, se não o bonde caía 6m abaixo. Se, por outro lado, você descesse do bonde quando a onda estava alta, dava para ficar rapidamente "arrepiado" na escada antes que o bonde voltasse. Tudo isso enquanto leva sua bagagem para passar alguns dias na nova plataforma nas mãos.

Os *mud loggers* de lama da Geolog eram todos jovens, e eu senti como se estivesse me vendo 35 anos atrás. Cada um tinha sua própria história e seus sonhos a realizar. Eles sempre e apenas falavam sobre garotas, contando as incríveis aventuras com muitos detalhes. Depois, havia os marinheiros, quase todos de Procida[73], que presidiam à ancoragem e atracação dos barcos de abastecimento às várias plataformas. Cada um deles tinha a própria filosofia e sonhos a realizar. Uns tinham uma casa para construir; outros, um pedaço de terra para cultivar e uma esposa ou um amigo para sustentar.

Continuei aquela vida por sete meses, um mês ligado e outro desligado, sem danos e aprendendo muitos truques que mais tarde precisei na operação Panther; então, no oitavo mês, fui designado para a plataforma semissubmersível Scarabeo 3, de propriedade da Saipem, como geólogo do canteiro de obras, sempre com a tarefa de dirigir o trabalho dos *mud loggers* da Geolog.

A bordo, havia alguns vagabundos egípcios muito simpáticos, com quem eu gostava de dizer besteiras em árabe para fazê-los rir. Um deles, que era cristão copta, deu-me um lindo Evangelho escrito em árabe, que li em poucos dias de cima a baixo e que ainda guardo em minha biblioteca.

Deparei-me com o fanático oficial de segurança inglês que me perseguia, acusando-me de não seguir os exercícios com a devida seriedade. Eu me sentia como se estivesse de volta ao exército, quando o capitão me puniu ao ver uma expressão de indiferença em meu rosto. Quando o alarme soasse, era necessário usar capacete e colete salva-vidas e correr na velocidade do som (360m por segundo) até o ponto de encontro próximo ao bote de resgate, lembrando-se do número de seu barco. Às vezes eu esquecia o número do barco e às vezes esquecia o capacete: o selvagem irritando o oficial de segurança como uma fera, enquanto brincava em

---

[73] Nota do tradutor: comuna italiana situada na região da Campania.

árabe com os vagabundos egípcios, citando a surata do figo em árabe perfeito. "Pare de brincar, Max, ou da próxima vez eu vou mandar você para terra firme!".

O fato é que eu estava farto e, depois daquele turno, por conta disso e também porque Jim me queria na Sicília, pedi demissão da Agip e da GEOservices.

De volta à Sicília, dediquei-me a ir a Palermo para tentar pressionar os geólogos do departamento a continuar a prática de nossa demanda, mas eles responderam que era preciso paciência. Cada vez que eu ia a Palermo, íamos explorar um novo restaurante, sempre baseado em peixes, porque gostavam de peixe e se comportavam como focas batendo as barbatanas diante de um belo prato de espaguete com amêijoas. Foram tempos burocráticos que passaram sem que eu perdesse a paciência.

Thelma & Louise é um filme de 1991, estrelado por Susan Sarandon, famosa atriz americana de origem ragusiana, e Geena Davis. O filme ganhou um Oscar em 1992 de melhor roteiro e é uma verdadeira obra-prima que retratou a breve rebelião de duas mulheres que escapam por um curto período em seus carros da tirania de homens machistas, obtusos e dominadores. Em um bar *country* onde pararam, Thelma, a mais jovem das duas, é abordada por um cara local que, aproveitando-se de uma doença dela, tenta estuprá-la em um estacionamento até que Louise chega armada com um pistola e, depois de dizer a ele inutilmente para desistir, cega de raiva, mata-o com um tiro no peito. Assim, as duas mulheres decidem fugir de carro para o México. Naturalmente, a aventura das duas mulheres terminou em *schiffiu*[74]. Segue-se uma divertida aventura onde as duas mulheres desfrutam de um breve período de liberdade da escravidão dos homens e da lei.

Tanto Pezzino quanto eu tínhamos visto esse filme de que gostamos muito. Assim, durante uma curta viagem a Palermo para visitar o Corpo de Minas, nós dois decidimos viver uma curta aventura como Thelma e Louise, fugindo de nossas responsabilidades profissionais e tirando umas merecidas férias de um dia às custas da Panther. Pezzino dirigia e fomos em direção às montanhas de Mazarin. Eu, inspirado na paisagem e nas palmeiras que me faziam lembrar a Líbia, cantava o canto do muezim em árabe perfeito e estava bastante afinado. Quando chegamos a Sant'Elia, um pequeno fiorde à beira-mar, com um porto característico, deliciamo-nos com um bom almoço à base de peixe, regando-nos devidamente com um

---

[74] Nota do tradutor: *schiffiu* é uma palavra italiana que significa desgosto.

excelente vinho branco. Então, tendo completado nossa missão em Palermo, da qual se seguiu outro jantar à base de peixes com os geólogos do Corpo delle Miniere, no dia seguinte, em vez de retornar imediatamente a Ragusa decidimos fugir rapidamente para o oeste da Sicília e pegar a rodovia de Trapani. Tanto Pezzino quanto eu demos vazão à alegria pela curta liberdade obtida, cantando a plenos pulmões o chamado à oração do Muezim, que tanto ele quanto eu conhecíamos muito bem, eu com pronúncia árabe perfeita e ele com improvisações no dialeto de Catania. Depois de uma breve parada em San Vito lo Capo, onde admiramos a bela praia de areia branca e naturalmente nos brindamos com outro almoço à base de peixes, regado com abundantes libações de vinho branco, pegamos a estrada para Erice um tanto bêbados.

Visitamos a antiga cidade no topo da montanha e admiramos o belo panorama com a vista do Egadi em um incrível mar azul. Subindo, eu caminhava a passos largos, como um camelo, inspirado naquela atmosfera árabe que me rodeava, mas Pezzino se debatia sem fôlego. A testa dele, de repente, ficou frisada de suor frio. Sentamos em um pequeno café panorâmico no topo da montanha e pedimos um café, esperando Pezzino recuperar o fôlego. Infelizmente, esses foram os primeiros sinais do mal que atingiu meu amigo e que, apenas dois anos depois, levou-o ao túmulo: o câncer de próstata. Até a nossa breve fuga da rotina de trabalho, como a de Thelma e Louise, teve de acabar com um *schiffiu*, mas não imediatamente: demorou dois anos para completar a sentença de morte!

É a vida!

Então, enquanto eu esperava, entre uma refeição de peixe e outra, Antonio Calleri, chefe da Geolog em Milão, me ligou um dia. Eu o conheci quando jovem e agora ele era um empresário milionário dono da Geolog, com atividades por toda parte o mundo: "A amada Líbia precisa de você, querido Melli. Venha para Milão, que o enviarei a Trípoli com um contrato de geólogo de poço para Veba!". E eu, com lágrimas nos olhos e ansioso para ver minha amada Trípoli, novamente aceitei o trabalho daquele bom escravagista que era Calleri, que ganhara dinheiro vendendo carne geológica do deserto. Então voltei para Trípoli. Eu vi meu antigo professor árabe, Fathallah, vi os aventureiros turcos Racip e Yasher. Racip, usando um de meus 25 mapas, descobriu um campo gigante. E vi novamente o amado deserto silencioso da Líbia, onde os corações dos beduínos estão cheios de paz e esperança.

4.5 *Bemidbar* (no deserto)

Como sempre acontecia nos raros feriados, acordei de madrugada. Eu poderia ter dormido e descansado, mas a adrenalina da liberdade recém--conquistada me manteve acordado. Enquanto me vestia para sair do *trailer* em busca do lobo, pensei que talvez algo de bom acontecesse naquele dia. Saí da caravana primeiro com o pé direito, colocando-o cuidadosamente na areia do deserto, como se estivesse entrando em uma mesquita ou lugar sagrado. Como você sabe, é preciso começar o dia da festa com o pé direito. Entrei no mundo naquele dia, com o pé direito para o que me esperava. Era a festa de *Id el Kabir*. A plataforma de perfuração havia sido interrompida na noite anterior para permitir que os árabes comemorassem. A ordem viera do próprio Gaddafi, de Trípoli. Embora fosse um trabalho humilde, pratiquei com empenho e dedicação o trabalho de um geólogo de sítio, já que coletar informações nos poços é a etapa mais importante no processo de exploração, mas felizmente não fui chamado para trabalhar naquele dia. Apesar de minha idade, ainda trabalhava como geólogo de construção, o menor grau da carreira de geólogo, que começa no pátio de perfuração e aos poucos, por cargos cada vez mais importantes, chega a geólogo sênior, depois geólogo regional, depois geólogo-chefe e, finalmente, gerente de exploração. Aos 64 anos, de volta da Guiné Equatorial, voltei a ser geólogo de canteiros de obras na Líbia, não por minha culpa, é claro, mas por meus inimigos.

Na plataforma, eles me chamavam de *Shibani*, que em árabe significa velho. Os dias de descanso para os "expatriados" que trabalharam no deserto da Líbia foram raros e, por isso, a alegria e a emoção de poder dedicar o dia a meu passatempo preferido, a caça ao lobo, acordou-me cedo. Saindo, peguei a katana de trás da porta do trailer, uma espada fina, longa e afiada que o mecânico do pátio, o egípcio Mohammed, havia construído para mim com um pedaço de metal. Então, deixei a caravana com a katana na mão e caminhei rapidamente em direção ao leste, em direção ao Sol, que espiava atrás das colinas baixas do *Harudj al Asuad*, que é o *Harudj* Negro. Este era um planalto, precisamente na cor preta, coberto com camadas de lava e cinza vulcânica negra do mioceno, segmentada por ravinas estreitas e íngremes, onde o lobo vivia. Ao pé do *Harudj al Asuad* ficava o pátio de perfuração com a plataforma onde eu trabalhava. Olhando para o leste, contra a luz, saudei o Sol, abençoei-o e, ao pé do vale de entrada do *Harudj*, eu vi os camelos de Hassan Fakri, meu amigo beduíno louro. "Só Deus sabe de qual

VIDA DE GEÓLOGO

linhagem *viking* Hassan Fakri é descendente e quais as circunstâncias que trouxeram seus ancestrais aqui para o deserto" — pensei, enquanto caminhava. Os camelos estavam alinhados na boca do vale para onde eu estava indo e tinham a intenção de pastar as poucas folhas das acácias espinhosas que ainda restavam nas poucas árvores do vale. Olhando para os camelos, pensei: "Não há nada maior que o camelo, dizem os beduínos. Exceto Allah, é claro". E enquanto eu caminhava, pensei, pela primeira vez naquele dia, em meus inimigos. Aqueles que causaram as circunstâncias e a cadeia de eventos que acabaram me forçando a trabalhar no deserto.

É sabido que quem trabalha no deserto nunca é um vencedor, mas um sobrevivente de alguma catástrofe. De gerente de exploração que eu era, responsável por todo o setor norueguês do Mar do Norte da Phillips Petroleum, tornei-me apenas geólogo-chefe da OMV, depois geólogo sênior da Waha e, após um breve golpe de sorte que durou apenas dois anos, no qual eu havia me tornado gerente-geral da UMC na Guiné Equatorial, pouco para representar uma vitória real, eu havia voltado a ser um geólogo de canteiro de obras no Congo para a Agip. Por fim, agora era novamente geólogo de canteiro de obras da Veba Oil Company, no deserto da Líbia. Uma carreira oposta à de costume, que, em vez de subir, desceu. Quão baixo eu poderia ter ido? Não mais do que isso, porque eu havia chegado ao fundo. Como toda a gente tive o meu azar.

Para justificar minhas falhas, ao longo dos anos desenvolvi um mecanismo de autodefesa que atribuía a culpa a uma entidade abstrata e imprevisível: a Probabilidade. "Estamos todos imersos no grande mar das probabilidades, cujas ondas determinam os acontecimentos e os rumos do destino" — eu dizia. Tentei me lembrar dos nomes de meus inimigos enquanto caminhava pelo caminho empoeirado coberto de *fas-fas*, a poeira fina da trilha que levava ao vale, mas, naquele momento, eu os havia esquecido. Milagre da mente humana, que se livra de lembranças desagradáveis para dar lugar apenas à esperança e às boas-novas. Mal conseguia me lembrar dos rostos, das bocas com lábios invejosos e das cores pálidas dos homens do norte. Só me lembrava da cara do malvado Barbariccia, "cara e alma amarelas", mas tinha esquecido o impronunciável nome norueguês dele. Disse a mim mesmo: "Como diabos se chamava? Apaguei tudo. Melhor assim. Algo bom vai acontecer hoje". Na pista poeirenta vi a primeira pegada do lobo, muito nítida, seguida de outras em fila indiana, a uma distância de quase um metro uma da outra e imediatamente esqueci meus inimigos. Evidentemente, o lobo estava correndo. Com profissionalismo científico, abaixei-me para medir a largura das pegadas. Exatamente oito centímetros, todas iguais. O fato de as pegadas serem todas iguais foi de fundamental importância, já que houve uma acalorada discussão entre mim, Hassan Fakri, o beduíno, e Nabil al Jundi, o soldado. Hassan Fakri afirmou que o lobo que vinha quase todas as noites para beber a água suja da plataforma, no tanque de lama de perfuração, era um dos muitos que rondavam as proximidades. "O lobo vive em uma matilha" — disse Hassan Fakri. Nabil al Jundi, que de profissão era soldado e vivia no Centro Petrolífero de Veba com a ingrata tarefa de defendê-lo de um improvável ataque israelense, afirmou que o lobo era apenas um. "Os lobos são animais solitários". Você os procura e nunca os vê, mas eles o vêem e o seguem de longe. Você anda, e o lobo anda. Você se senta, e o lobo se agacha no chão. Espera o momento certo para o agarrar com um salto para a nuca, por trás dos ombros, quando menos esperar. Eu, que também era chamado por eles de *Shibani,* com meu bom árabe coloquial, expliquei que as cuidadosas medidas que ele tomara ao contornar o *Harudj* por meses apontavam na direção de um único lobo, o cinza-claro, que quase todas as noites era avistado perto da plataforma. O tamanho das pegadas era de exatamente oito centímetros, sempre igual. Para ele, *Jundi,* o lobo era um animal tímido que evitava o contato com os humanos e ficava escondido durante o dia para sair apenas à noite.

Com minha katana como única defesa, fui em busca do lobo na Land Rover e caminhei por um raio de pelo menos cem quilômetros ao redor da plataforma, no *Harudj al Asuad,* sem nunca o encontrar. Já tinha visto muitas pegadas, todas iguais, mas de lobos. Aquela que estava na plataforma eu nunca tinha visto. Hassan Fakri riu e disse que eu tive sorte. Ele vivia em tendas no deserto com a família e camelos e conhecia bem os lobos. Os lobos eram muitos e se me cercassem teriam me feito em pedaços, com ou sem katana. Obviamente, Allah não queria! Assim, nas horas livres da perfuração, continuei minha pesquisa para provar meu ponto: que qualquer afirmação científica que se preze deve ser confirmada por uma medida. Trabalhei cerca de uma hora para medir a largura das pegadas e a distância entre as várias etapas, anotando cuidadosamente os dados em um caderno que guardei no bolso de trás da calça *jeans.* Depois caminhei cerca de uma hora em direção ao vale atravessado pela pista que representava o acesso mais fácil ao planalto. Aqui e ali você podia ver claramente algumas pegadas de lobo e às vezes eu parava para medir e fazer anotações.

O Sol já estava alto quando cheguei ao vale depois de passar pela manada de camelos. Os camelos me ignoraram quando eu passei: "Que

VIDA DE GEÓLOGO

animais gentis, eles cuidam da vida deles, parecem feitos para viver aqui no deserto! Quando comem acácias espinhosas, cheias de grandes espinhos, fecham os olhos. Como eles não vão se machucar?". Eu queria abraçar um, mas segui em frente. Tinha outra coisa para fazer! Estava começando a ficar quente, mas eu estava vestido com roupas leves, *jeans*, camiseta de algodão e sandálias. Calçava sandálias despreocupadamente porque não tinha medo de cobras, nunca as tinha visto durante o dia, e os escorpiões, se houvesse, ficavam na sombra sob as pedras e só saíam à noite. "É melhor o pé respirar" — pensei. Girei a katana, que brilhava ao Sol, e comecei a escalar o vale estreito em um ritmo acelerado. Estava quase chegando ao topo do planalto. Olhando para a frente, vi o lobo cinza, alto e esguio, que estava recortado contra o céu azul em minha frente no planalto. Senti um arrepio correr por minha espinha e os pelos de meu corpo se arrepiaram.

Eu me virei para olhar para o círculo de rochas do planalto que cercava o vale e vi os outros lobos. Eles eram quase brancos, na cor do marfim, mais cães do que lobos, mas semelhantes ao lobo cinza na aparência externa. Desta vez, até o pouquinho de cabelo que permaneceu em minha cabeça se arrepiou. "Outra das minhas teorias ruins" — pensei, enquanto um suor frio gotejava na minha testa. "Estou acostumado a estar errado". A um imperceptível aceno de cabeça do grande lobo cinza, os outros lobos começaram a descer em direção ao vale e fecharam-se a minha volta em um semicírculo. Contei oito, um bando de verdade. Um suor frio também escorreu pelas minhas costas e comecei a recuar sem perder de vista os lobos, olhando para eles um a um enquanto lentamente recuava em direção à boca do vale. Nesse ínterim, eu estava girando a katana no ar para fazer os lobos entenderem que não havia nada a ganhar me atacando. Por alguns minutos terríveis, os lobos continuaram a se aproximar, ameaçando, agachados, quase rastejando com os estômagos no chão. O lobo cinzento começou a cerrar os dentes e tornou-se cada vez mais ameaçador à medida que se arrastava. Por um momento pensei que, dentro de alguns anos, alguém encontraria naquele lugar, viajando pelo vale, minhas sandálias, meus óculos e minha katana. Os lobos certamente teriam devorado meu corpo inteiro, incluindo meus ossos. De repente, os lobos pararam.

Foi nesse momento que a Land Rover branca e surrada de Fakri apareceu, marchando até a boca do vale, e começou a buzinar ao se aproximar rapidamente de mim. Os lobos fugiram para o planalto, espalhando-se em várias direções. Rindo, Fakri me disse, tentando falar em árabe clássico para se fazer entender: "*Shibani*, o que eu te disse? Confie no beduíno! Você viu que eu estava certo? Allah queria que eu fosse checar meus camelos agora mesmo. Às vezes, os lobos atacam o rebanho para tentar matar alguns bebês recém-nascidos e é por isso que fico de olho no rebanho". Fakri fez sinal para que eu entrasse no Land Rover e não me permiti ouvir duas vezes: já estava lá dentro e fechei a porta meticulosamente, dando um profundo suspiro de alívio. "Vim te procurar e verificar os meus camelos. Recebi um telefonema para você na Oil Center de um americano. Ele diz que precisa falar com você, é urgente. Ele ligará de volta ao meio-dia para falar com você". Fakri e eu voltamos para a plataforma e entramos em minha caravana para beber chá de menta e tomar café da manhã com biscoitos italianos, enquanto analisávamos a questão dos lobos. Quando entramos, os carneiros comprados pelos árabes para o sacrifício de *Id el Kabir* ainda baliam em coro. Eles evidentemente ainda estavam vivos, mas esperavam que a festa acabasse mal para eles. Seguiu-se uma discussão filosófica que dizia respeito à fatalidade. Fakri tinha vindo para me salvar por causa do telefonema desejado por Allah? Ou tudo aconteceu por meio de uma série de coincidências de sorte?

A discussão durou quase até meio-dia, sem vencedores ou perdedores, e depois de beber várias xícaras de chá de menta caminhei até a Veba Oil Center, que ficava a apenas um quilômetro da plataforma, enquanto Hassan Fakri voltava com a Land Rover para seus camelos. Enquanto caminhava, percebi que os carneiros haviam parado de balir e havia um silêncio irreal em toda a planície. "Já estou no Paraíso de Allah" — pensei. Os carneiros foram sacrificados pelos árabes no dia de *Id el Kabir* para comemorar o sacrifício fracassado do primogênito Ismael de Abraão, que foi salvo quando Allah enviou um carneiro para substituir o menino e salvá-lo das mãos de seu pai. Ismael foi considerado o progenitor da raça dos árabes da qual todas as várias tribos árabes descendem.

Para os judeus e cristãos, o filho que Abraão deveria ter sacrificado era Isaque, o progenitor das doze tribos de Israel. Mas a lenda era a mesma e cada um a interpretou à sua maneira, puxando água para seu moinho. Os únicos que perderam a pele foram os carneiros! Vivendo no deserto, fui levado a elucubrações filosófico-religiosas, pois o deserto nos induz a pensar nos grandes mistérios da existência. Eu tinha um Alcorão e uma Bíblia, ambos escritos em árabe, que costumava ler comparando-os antes de adormecer. Os árabes sabiam que eu conhecia o Alcorão porque muitas vezes citava uma surata de cor e, por esse conhecimento meu, eles me respeitavam. Enquanto caminhava, pensei em Abraão: "Se a Bíblia representa a revelação,

VIDA DE GEÓLOGO

que mensagem ela deseja nos revelar com a história de Abraão? Duas grandes etnias, os árabes e os judeus, orgulhavam-se de ser descendentes dele, mas era claro que, do ponto de vista humano, aquele patriarca era um ser abjeto. A lista de suas atrocidades descritas na Bíblia era longa. Fingindo que ela era sua irmã e não sua esposa, ele primeiro aproveitou a beleza de Sara para enriquecer com o dinheiro do Faraó e então também concordou em Abimelek tomá-la como sua esposa. Além de tudo isso, ele não hesitou em se livrar de Hagar, sua serva, e de seu primogênito, Ismael, enviando-os para morrer de sede no deserto. Finalmente, para concluir seus delitos, ele concordou em sacrificar Isaque, seu segundo filho, no Monte Moriá. Felizmente, Deus protegeu Sara dos desejos do Faraó e de Abimeleque. Ele salvou primeiro o filho Ismael e depois Isaque com Sua intervenção divina. Talvez a mensagem bíblica fosse: "Homens, não temais, Deus é tão bom que consegue amar até um ser desprezível como Abraão e fazê-lo profeta e progenitor de dois povos ilustres". Caminhando em direção ao centro de petróleo, parei por um momento para refletir: "Era esta a mensagem?". Eu me perguntei e comecei a andar novamente em um ritmo acelerado".

Quando cheguei ao centro petrolífero, em frente à sala do rádio, encontrei Abd el Basset, que estava limpando o chão do terraço com um esfregão e um balde d'água. "Como vão vocês, Mussolini, Benetton, Juventus, Alex Del Piero. E o espaguete com molho de tomate? Todos bem? Como está a previsão do tempo para a Itália?". Ao ouvi-lo falar, Abd el Basset parecia falar italiano corretamente, mas o conhecimento dele da língua se baseava apenas em algumas palavras-chave, habilmente dispostas em sequência e pronunciadas todas em sucessão. Palavras aprendidas na TV, com a pronúncia certa. Continuei a conversa em árabe. "Eu estou bem, e você, Abd el Basset? Como você está? Ainda é louco por foguetes? Venha tomar um café conosco na sala de rádio!". *Em shaa'Allah*, daqui a pouco, *ya Shibani*" — Abd el Basset respondeu, continuando a varrer. "Por que *em Shaa'Allah?*" — eu perguntei. "A sala do rádio está aqui e o café está lá. Então podemos beber!" — respondeu ele. Olhando para o céu, disse: "O futuro está nas mãos de Allah!". Eu balancei minha cabeça, dizendo que apenas o presente está nas mãos de Allah. O futuro está nas mãos da lei de Ψ! Abd el Basset balançou a cabeça, por sua vez, sorrindo: "Você é *majnoon, Shibani*, você é louco!".

Entrei na sala do rádio, onde me aguardava outra conversa deste tipo, mas desta vez em inglês, com o operador de rádio, o Filipino Resty. Vinte anos no deserto da Líbia, sempre passados no centro petrolífero de

Veba, com apenas um mês por ano de férias durante os quais engravidava regularmente minha mulher, não destruíram o "bom humor"do filipino. "Certifique-se de que sua velha bunda fique quieta naquela cadeira, *Shibani*, enquanto você espera que algo bom aconteça. Enquanto isso, tome uma xícara de café. Você verá, as coisas vão melhorar!". "É por isso que te chamam de Resty? Por que sua jovem bunda está presa na Líbia?" — eu disse, rindo. "Não, meu nome vem da palavra inglesa *restless*, que significa inquieto. Mal posso esperar para tirar minha bunda daqui". Peguei uma tesoura da mesa de Resty e disse: "Venha cá, Resty. Vou bronzear você bem, para que pare de ficar inquieto. Suas bolas vão descansar em paz e você vai parar de ter filhos!". A conversa continuou naquele padrão altamente intelectual, até que, alguns minutos depois, Resty me disse para ir à cabine telefônica para receber uma ligação dos Estados Unidos. Meu coração batia a 120 batidas por minuto quando peguei o telefone. A voz de Jim perguntou: "Max, onde diabos você está?". "Estou aqui no meio do deserto da Líbia, Jim, o que aconteceu?". "Eles nos deram a licença. O contrato com a Região Siciliana será assinado em 30 de julho de 2004. Saia imediatamente e volte para a Sicília o mais rápido possível". Mal pude acreditar nas palavras que ouvi. Minha salvação do deserto havia ocorrido. Com quase 65 anos, pude finalmente sair de lá. "OK, Jim. Dê-me algumas semanas para renunciar e voltarei para a Sicília imediatamente". "Max, nós precisamos de você. Você será nosso gerente de exploração na Sicília!".

Eu estava perfeitamente ciente de que as chances de obter uma licença na Sicília eram mínimas, será que teria acontecido um milagre? A conversa com Jim terminou com alguns sinais estridentes devido a linhas telefônicas ruins, mas eu havia captado a essência da ligação. Como em uma versão moderna do Livro de Jó, o herói da história, desta vez chamado Max, finalmente foi vingado pela injustiça sofrida após tantos anos de indescritível azar. Esta foi a segunda vez que a Probabilidade enviou Jim para me resgatar. Na primeira vez, em 1997, a Probabilidade usou Jim para me oferecer o cargo de gerente-geral na Guiné Equatorial, mas foi um acontecimento feliz que, infelizmente, durou apenas alguns anos. Quem era Jim, um anjo enviado por Deus? Naquele dia dois eventos, ambos positivos, ambos excelentes para mim, aconteceram comigo. Fui resgatado da matilha de lobos por Fakri e salvo por Jim do trabalho humilhante no deserto. Minha boa sorte foi um ato de Deus ou trabalhei muito para merecê-la? *Al hamdu l'Illah* — eu disse mesmo assim para evitar dúvidas.

4.6 O início das operações

Após quatro anos de intenso trabalho, nosso esforço resultou na atribuição de uma licença de exploração que cobria uma área de 750 quilômetros quadrados nas montanhas Iblei. A licença, oficialmente chamada de Rio Tellaro, foi concedida à Panther por um período inicial de seis anos, começando em 31 de julho de 2004. No meu retorno à Sicília, os preparativos começaram a operar porque tínhamos obtido permissão para explorar a área após três anos de espera.

A primeira coisa a fazer foi encontrar um escritório e sugeri a Jim que alugasse um quarto no segundo andar do prédio onde nosso contador, Gurrieri, tinha o escritório dele. "Na Itália, você deve ter muito cuidado para manter suas contas em ordem, por razões fiscais e para evitar problemas com o fisco, que está sempre pronto para acusá-lo de não pagar o IVA[75]" — expliquei a Jim, e ele concordou comigo, por isso resolvemos ficar com o escritório de Gurrieri, que sempre foi amigo da família, meu e de meu pai, cuja sabedoria ele costumava citar: "Você tem razão em querer fazer tudo em ordem, porque seu pai sempre dizia: ordem é pão, desordem é fome".

Jim então organizou uma conferência no Mediterranean Hotel, em Ragusa, para apresentar os texanos aos empreiteiros que dirigiriam as operações de perfuração dos três primeiros poços de exploração. Na ocasião, Jim informou a todos que a operação Panther Eureka se baseava na teoria dele de que havia gás por toda parte em nosso território e que perfuraríamos pelo menos 400 poços produtivos. Comentei em voz alta *"Em sha'Allah!"*, surpreendendo os texanos que apontaram os olhos azuis malignos para mim e perguntaram: "Max é muçulmano?". Jim se apressou em responder: "Não, ele é apenas louco!". Desde então, eu, que era o gerente de exploração, e o texano, não nos demos mais bem.

Além do primeiro telefonema para o advogado Piazza, Moscato havia feito dois outros telefonemas muito importantes para nossa empresa, que justificavam plenamente o papel dele como presidente. Na verdade, ele foi o digno descendente do lendário Enrico Mattei, cuja cadeira ele ocupou à frente do ENI e merecia a fama.

O segundo telefonema foi feito para o senhor Chiapponi de Parma, dono da empresa de perfuração Pergemine, que imediatamente nos forneceu uma das sondas dele para perfurar os poços previstos no programa inicial.

---

[75] Nota do tradutor: IVA é um acrônimo da expressão italiana *Imposta sul Valore Aggiunto*.

Moscato fez a terceira ligação para um amigo dele, Hénin, dono *da Maurel et Prom*, uma jovem e agressiva empresa petrolífera francesa, que recentemente vendeu 75% de seus campos terrestres no Congo para a Agip.

Monsieur Hénin se juntou à *joint venture* e felizmente forneceu todo o capital necessário para as operações, em troca de uma porcentagem na empresa.

Perfuramos os dois primeiros poços, que produziam apenas pequenas quantidades de gás, misturados com água salgada abundante, e culpei os texanos pelo fracasso. Na verdade, eles apenas seguiram as ordens de Jim, regularmente ignorando o programa geológico preparado por mim e aprovado pelos geólogos de Palermo, então, em vez de revestir as áreas de água, isolando-as da formação do campo de Noto, eles colocaram o revestimento mais alto, porque Jim disse que essas áreas também continham gás. Para Jim, havia gás por toda parte e ele não se importava com o que as toras elétricas da Schlumberger indicavam, achava que era tudo baleia geológica.

Depois de os dois primeiros poços que produziram água salgada abundante daquelas áreas, sem serem capazes de testar a zona de gás, revelaram-se estéreis e inconclusivos, apelei a Moscato para mandar os texanos de volta. Sugeri que contratássemos um velho amigo meu e de Moscato, o napolitano Carmine Capoccelli, que sabia muito sobre perfuração. A história de nossos fracassos subsequentes, em que no máximo conseguimos produzir uma pequena tocha a gás por meia hora, é longa e monótona. Finalmente, o senhor Hénin enviou os homens dele a Ragusa para tentar salvar o que poderia ser salvo. A primeira coisa que os franceses nos perguntaram foi: "Você tem sísmica para ver a estrutura do subsolo?". A resposta de Jim foi imediata: "Para que precisamos da sísmica? Há gasolina em todos os lugares que jogo meu chapéu texano". Foi assim que os texanos fizeram as grandes descobertas que os tornaram famosos em todo o mundo, mas os franceses disseram que a sísmica era necessária para identificar uma armadilha estrutural, na qual o gás pudesse se acumular sob pressão e, portanto, com a possibilidade de produzir quantidades baratas de gás, e não apenas o suficiente para acender um charuto com uma tocha.

É de se observar que Jim era um homem monolítico, ou melhor, "inteiro" e, uma vez que estava convencido de algo, nada poderia mudar sua mente. "Foda-se a sísmica!" — ele disse. Para ele, havia gás por toda parte e, com 400 poços, teríamos sido capazes de encontrá-lo e produzi-lo em quantidades econômicas, fraturando a formação. Na verdade, Jim teve a ideia

VIDA DE GEÓLOGO

de que também havia óleo com base na história de um fazendeiro local, que se chamava Pollicita. Pollicita era um vaqueiro que tinha cerca de 30 vacas e cuja fazenda fazia fronteira com nossa localização em Eureka 1, onde o poço Comiso 1 havia sido previamente perfurado. Pollicita contou a história, que eu havia traduzido para Jim, de que uma de suas vacas havia caído no tanque de lama de Comiso 1 e estava suja de óleo. Depois de limpá-la, com enorme esforço, a vaca continuou a brilhar e por anos se distinguia das outras vacas pelas cores vivas. Essa história foi suficiente para convencer Jim de que também havia petróleo em nossa área. Houve um choque de vontades entre Jim, o petroleiro texano que nunca se demovia de suas posições de fé, e o astuto banqueiro milionário Hénin, que queria a sísmica. E, no final das contas, tudo se faz com dinheiro, então Hénin venceu.

Milagrosamente encontramos uma linha que passava pelo campo de gás Montedison, de Comiso 2, que por cerca de 30 anos produzia gás em quantidades baratas, vendendo-o para a área industrial de Ragusa. A linha se estendia a Noroeste dentro de nossa licença do Rio Tellaro, mostrando uma estrutura, separada de Comiso 2, mas estruturalmente mais alta e ainda mais promissora do que Comiso 2. Gritamos "Eureka!" e mostramos a Jim, que imediatamente chamou os franceses a Ragusa. O senhor Hénin também veio ver. A interpretação, baseada em poucos dados geológicos e pouco sísmicos, mostrou uma estrutura muito promissora a que chamamos de Gallo Sud. Jim fez alguns cálculos econômicos, mostrando que o prospecto era barato e pagaríamos o investimento em apenas dois anos, produzindo gás por nós mesmos em poços desviados de uma única plataforma. Ele sussurrou em meu ouvido que minha participação nos lucros seria de US$ 20 milhões. Pensei "Legal" e corri para contar a meu pai que ainda estava vivo e tinha acabado de fazer 96 anos.

Meu pai me ouviu com paciência e depois disse uma de suas frases históricas: "Dinheiro e santidade, metade da metade!". Isso significa que o dinheiro futuro é sempre muito menor do que se espera e os santos que adoramos não são realmente tão santos quanto pensamos.

Fiz um acerto de contas e, tirando metade da metade de 20, cheguei a cinco milhões, com os quais poderia ter comprado muitas pizzas. Em vez disso, como os fatos estavam mostrando, parecia que minha participação seria de 6,4% de zero!

4.7 O fracasso final

Hoje é três de setembro e voltei ontem da Noruega, com 35° na sombra em Catânia, e 31° aqui, perto do mar. Para me refrescar, fiquei algumas horas no mar, depois tomei um banho e, fresco como uma rosa, sentei-me diante do computador para ver se havia chegado algum *e-mail*. Nestes dois dias, durante minhas viagens, mantive o computador fechado e aqui está o *e-mail* de meu filho, o ambientalista Aleks: "Estou no comboio para Estocolmo. Li as primeiras quinze páginas, um lindo começo do livro, muito bom e suave. Se você continuar, tenho certeza de que vai gostar".

"Cresça".Já que foram os ambientalistas como ele que fizeram o projeto Panther falhar, eu esperava que ele rejeitasse o rascunho do livro que eu lhe enviei para evitar dizer a verdade sobre aqueles que estão nos bastidores, manobrando os ambientalistas, de quem eu conheço a vida, a morte, os milagres e até mesmo o tamanho do sapato que usam. Infelizmente, em vez de rejeitar meu livro, ele o aprovou, obrigando-me a continuar não falando a verdade, mas mentiras, porque dizer a verdade na Sicília dá azar. Além disso, escrevo este livro por sugestão dele, para deixar-lhe um verdadeiro documento histórico de como os acontecimentos se desenrolaram, pois Aleks também é escritor, tradutor e também editor de livros. Essas histórias podem servir a ele para escrever um dia o próprio livro, um *best-seller*. Já expliquei que sou um historiógrafo do tipo de Heródoto, com tendência a mentir para fazer a história se adaptar a minhas teorias. Mas como posso contar essa história sem citar nomes e sem descrever os fatos? Sobretudo descrevendo-a como fez Camilleri, como Aleks me aconselhou, em uma cidade fictícia como *Vigata*[76] e personagens fictícios que cometem crimes também fictícios? Bem, vou tentar, porque tenho uma ideia brilhante, uma ideia incrível: vou falar a verdade. Já vejo os rostos assustados de meus leitores que, ao ouviram falar da Máfia, vão exclamar: "Ora, a verdade não é dita, a verdade está sepultada com as testemunhas mortas que não falaram!".

Mas eu digo a eles: "Não se preocupem, a verdade sobre a Máfia pode ser dita de várias maneiras, fazendo com que outros a contem, tornando-a intuitiva, sem realmente a dizer, embelezando-a com aforismos que a Máfia jamais entenderia, porque não se reconheceria nesses aforismos".

---

[76] Noite do tradutor: *Vigata* é uma cidade imaginária da Sicília criada pelo escritor Andrea Camilleri.

VIDA DE GEÓLOGO

Vou usar o conselho precioso de meu pai: "Dissimule-se... mas honestamente". Só agora que envelheci é que entendo o significado desse aforismo enigmático.

Então direi a verdade sem contar. Os ambientalistas de nossa região são conhecidos de todos, são os prefeitos dos municípios em que caiu nosso projeto. Dentre os ambientalistas estavam os bons, com os quais nós podiamos discutir e raciocinar, e havia aqueles com quem o diálogo não era possível.

Desde muito jovem, o mal não era nada especial para mim, mas apenas uma força negativa que se opõe ao bem. No caso de nosso projeto, o mal era a probabilidade negativa de se opor ao projeto.

Vamos começar agora com a verdadeira definição de Máfia: a Máfia não é uma, mas, como a Santíssima Trindade, é Una e Trina. Existem três tipos de Máfia: a boa, a má e a Babba papai[77]. Mas a palavra "Máfia" só deve servir para uso e consumo dos noruegueses, porque, como vou demonstrar, a Máfia não existe. Agora deixe-me explicar.

Os bons mafiosos são amigos que o amam e que dariam tudo para ajudá-lo, e esse tipo de Máfia existe em todo lugar, em Oslo, em Londres e em Cingapura. Ajudar quem precisa de ajuda é uma atividade abençoada por todas as religiões e se baseia no mandamento que diz "ame o próximo como a si mesmo". Esses são nossos muitos amigos, que sempre nos ajudaram nos empreendimentos e que não podem ser definidos como Máfia, mas amigos. Entre esses amigos estavam alguns prefeitos, que entenderam o projeto e sabiam que respeitaríamos o meio ambiente e contribuiríamos para o enriquecimento dos municípios.

A *Máfia Má* é a criminosa, que se dedica a administrar negócios lucrativos como o tráfico de drogas, a prostituição, a lavagem de dinheiro e o descarte de lixo tóxico. Essa máfia não tem piedade de ninguém e atira antes de fazer perguntas. Não era com esse tipo de máfia que tínhamos problemas, porque estávamos fora da área em que esses mafiosos atuam e eles não entendiam merda nenhuma de petróleo.

Existe também a *Máfia Babba*, a máfia honesta, a que age legalmente, a que bloqueia democraticamente as atividades econômicas que não lhe interessam e aprova aquelas que lhes são úteis, usando a lei e a burocracia. É esse tipo de máfia que administra tudo o que acontece na província de Vigata.

---

[77] Nota do tradutor: *Babba* é uma palavra em italiano que significa "papai".

Na realidade não pode nem ser chamada de Máfia, mas sim de amigos dos outros, ou seja, os amigos dos inimigos, que atrapalham o projeto. Essa máfia não mafiosa não faz nada de ilegal, nada punível por lei, tudo é limpo, à luz do dia. Ela tem uma personalidade esquizofrênica, porque pode ser *Babba* e do tipo *Boa* ao mesmo tempo e pode se tornar uma amizade sincera: às vezes apenas uma palavra, dita com graça, pela pessoa certa, é o suficiente para torná-la do tipo boa. Usarei, portanto, minhas teorias geométricas para que saibam como me sinto, pois não posso ser condenado por teorias simples que não são comprovadas pelos fatos. Acima de tudo, o pouco que digo, faço-o por meio de boatos: *vox populi, vox Dei*, um aforismo erroneamente atribuído ao profeta Isaías, que em vez disso disse: "Uma voz! Um tumulto se eleva da cidade, uma voz sai do Templo! É a voz do Senhor; ele recompensa seus inimigos de acordo com suas ações" (Isaías, 66:6).

Este antigo provérbio estabelece a verdade de uma coisa, quando as pessoas concordam em afirmá-la: é por isso que a marca da verdade é comumente atribuída a provérbios cunhados pela experiência e pela lógica popular. Sem saber os detalhes dos bastidores, tive de confiar nos rumores do povo.

A província em que operávamos era a província de Ragusa e, neste ponto, quero citar um trecho da obra de Gesualdo Bufalino, escritor e poeta de Comiso, na província de Ragusa, portanto, alguém que conheceu a província. Na obra *A ilha Plural*, Bufalino se pergunta: o que é Sicília?

"Os atlas dizem que a Sicília é uma ilha. E é verdade, atlas são livros de honra. É verdade que existem *muitas Sicílias*. Nunca vamos parar de contá-los. Há a Sicília verde da alfarrobeira, a branca das salinas, a amarela do enxofre, a boa do mel, a roxa da lava. Há Sicília *babba,* isto é, branda, a ponto de parecer estúpida, Sicília *sperta*, isto é, astuta, dedicada às práticas mais utilitárias de violência e fraude. Uma preguiçosa, frenética, mas que se esgota na angústia do negócio, e que joga a vida como um roteiro de carnaval. E isso finalmente se inclina para fora de uma crista de vento e de excesso de delírio".

Devo esta bela citação à coleção de provérbios sicilianos Sicília *Babba,* do meu vizinho, o historiador Pietro Iuvara, que merece um lugar de destaque na história por seu colossal esforço e empenho em transmitir esses provérbios à posteridade. E a Máfia *Babba*, que não faz mal e não pode ser acusada de nada, nem pode ser definida como máfia, não pode se ofender com o que as pessoas falam dela, porque a voz do povo é a voz de Deus.

VIDA DE GEÓLOGO

Bem, vamos seguir em frente.

O fracasso do Panther Eureka estava no ar e já havia sido previsto por muita gente, inclusive meu barbeiro, que disse: "Engenheiro, isso vai acabar sendo uma merda!". Meu barbeiro preferido, Nino di Vigata, era um clássico: soprava, mas sem citar nomes e falava mais em parábolas do que em discursos fáceis de entender. Os fatos que expunha eram do conhecimento de todos os clientes, pelo que podia relembrá-los, sem citar nomes e sem revelar os fatos com clareza. Todos os clientes em Vigata, à espera do corte ou do corte do cabelo, compreendiam e assentiam, com a boca retorcida de indignação. Na barbearia, eu havia aprendido histórias de políticos da região que arrepiavam os cabelos que ficaram em minha cabeça enquanto o barbeiro os cortava. O barbeiro nunca mencionava nomes para não se comprometer e nunca revelava sua opinião pessoal para não ser acusado, mas sempre falava por ouvir dizer: "Diz-se que *psss* era *psss* duas vezes e *psss* uma vez, ambos fugiram com a caixa registradora do *psss*". Ele falava tão baixinho que era impossível entendê-lo e sussurrava o nome explicando que aparentemente ele precisava do dinheiro para ir às mulheres, um propósito mais do que legítimo para roubar dinheiro do povo. Uma vez, Nino disse "Estão todos de acordo" e ia citando os nomes em meu ouvido, sem ser realmente compreendido. "Dizem que se fizer alguma coisa aqui na zona, você tem que pagar-lhes renda, dar-lhes um pedaço de bolo para comer. Diz-se e aqui digo e aqui nego que um caminhoneiro tenha sido obrigado a faturar o dobro por cada carga de brita ao município de *psss*, apenas para receber metade do dinheiro no bolso. Se isso não é renda, o que é?". O barbeiro falava por parábolas, mas se você pudesse interpretar as parábolas dele, haveria algo com que se preocupar seriamente.

Os fatos se desenrolaram assim. Para começar, Jim havia financiado o negócio com o próprio dinheiro, mas depois, quando os primeiros poços de exploração tiveram que ser perfurados, ele encontrou financiadores franceses, da Maurel et Prom, em Paris, que pagaram os custos em troca de ações na *joint venture*. Eu havia me tornado o gerente de exploração da operação, e Jim era o presidente da *joint venture*. Tudo estava indo bem. Sabe-se que o início de cada operação é difícil, mas o escritório da Panther Eureka, dirigido por Jim, conseguiu perfurar alguns poços exploratórios preliminares, todos estéreis, antes de encontrar o local certo para perfurar, na localidade de Gallo Sud, no Maltempo, distrito nas colinas ao norte de Ragusa. Diante de um grupo de representantes de investidores franceses, que vieram propositalmente da França, ao apresentar aquele projeto,

227

declarei solenemente para tranquilizá-los: "Finalmente entendemos que para ter sucesso devemos perfurar uma estrutura fechada, uma estrutura antiga, onde o gás pode se acumular. Esta é a estrutura de Gallo Sud que propomos hoje e, se também ela se revelar estéril, autorizo-vos a executar-me perante um pelotão de fuzilamento!". Todos os investidores riram e se declararam dispostos a financiar também aquele novo projeto, adquirindo a maioria absoluta da *joint venture*. Infelizmente, o diabo mostrou as garras no último minuto, quando a plataforma estava prestes a chegar a Gallo Sud para começar a perfuração.

É uma história longa e complicada, mas, em suma, basta dizer que, apesar de todas as licenças terem sido obtidas e não haver mais obstáculos para a perfuração, um novo grande problema se apresentou como um raio do nada: o ataque dos ambientalistas contra a Panther. O verdadeiro problema não eram as autoridades locais ou os governantes da Sicília, mas um grupo de ambientalistas qualquer que estava determinado a impedir não apenas nossa operação, mas também todas as atividades de pesquisa petrolíferas na Sicília. No entanto, eu não sabia que esses ambientalistas também se opunham à perfuração da Agip e de outras operadoras como a Montedison ou o grupo Rio Irminio. Enquanto no passado a causa de todos os males era o preço do petróleo e do gás, agora uma nova ameaça sombria se assomava no horizonte. Ambientalistas recrutaram geólogos especializados em hidrologia subterrânea para apresentar uma petição ao prefeito pedindo para interromper imediatamente a perfuração do poço Gallo Sud, porque isso teria poluído os lençóis freáticos do vale abaixo. Em particular, teríamos poluído a água da nascente do rio que abastecia a cidade de Vittoria. Quem eram esses ambientalistas? Os nomes dele eram conhecidos de todos: o prefeito de Modica, o de Noto e o de Vittoria. Em seguida, um plano passou por três pontos, um plano de probabilidade negativa que se opôs a nosso projeto com estabilidade excepcional. Foi difícil pensar que esses prefeitos concordaram entre si, criando uma associação ambientalista parecida com algo paternal?

Certamente que não, porque os três pontos desse triângulo assentavam a força em sólidos fundamentos políticos e culturais que, sendo legais e muito poderosos, conferiam-lhes uma aura de legalidade. Quais foram as bases sobre as quais repousaram as três pernas estáveis? Essas bases foram as bases jurídicas da Secretaria do Meio Ambiente, seção de Ragusa, e da Superintendência de Belas Artes de Siracusa. Dois pontos e, de acordo com minha teoria, um tabuleiro instável com apenas duas pernas. Com o advogado

Piazza, conseguimos atacar a estabilidade do triunvirato ambientalista, justamente por causa dessa instabilidade, vencendo a batalha judicial, mas perdendo a ambientalista.

Minha teoria era de que todos esses ambientalistas concordaram em conspirar contra nós e nos fazer falhar. Mas as ações deles foram, infelizmente, mais do que legítimas e compartilhadas pela maioria dos cidadãos. Por quê? É difícil dizer com precisão, uma vez que esses mesmos cidadãos não se opuseram à perfuração dos numerosos poços no passado em torno da fonte Sciannacapurali. O leitor pode tirar suas conclusões estudando o mapa.

Figura 26 – Poços de petrolo ao redor de Sciannacapurali

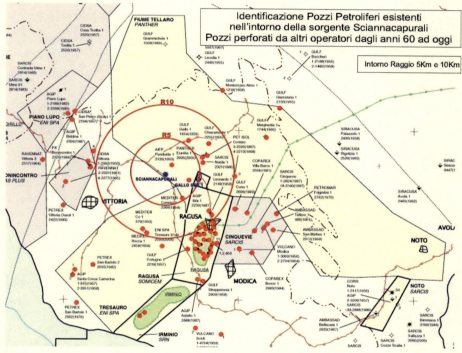

Fonte: arquivo pessoal de Massimo Melli (anos 2000, aproximadamente)

Eis como os fatos se desenrolaram.

No momento em que a plataforma Pergemine começava a deslocar-se para Gallo Sud, o Prefeito de Ragusa interrompeu as operações da Panther, devido ao protesto do município de Vittoria que, com os dados em mãos, mostrava haver grande probabilidade de nossa perfuração ter poluído a fonte Siannacapurali. Tudo legítimo, tudo perfeitamente certo. Só que as premissas estavam erradas de nosso ponto de vista, pois já havíamos obtido autorização da Secretaria de Meio Ambiente de Palermo para perfurar, comprovando que nossa perfuração com água potável e bentonita não teria prejudicado em nada a fonte, na verdade a teria ajudado, pois a purificaria. A bentonita é, de fato, a argila usada nos purificadores para eliminar da água todos os vestígios de poluentes orgânicos.

Nos meses seguintes houve discussões e julgamentos jurídicos que a Panther, depois de muito esforço, até conseguiu vencer, mas não houve nada a fazer. Na verdade, o protesto contra nós também se estendeu a Noto. Em uma reunião em um teatro de Noto, na qual falei com os representantes dos ambientalistas, pronunciei minhas famosas palavras: "Tenho a certeza de que muitos de vocês vieram a este teatro a bordo de um camelo para evitar o uso de gasolina. Gandhi teria feito isso para demonstrar consistência entre seu sermão e suas ações. Infelizmente, vi muitos veículos *off-road* e carros grandes estacionados do lado de fora e nenhum camelo!".

O braço ragusano do Ministério do Meio Ambiente emitiu um decreto declarando toda a nossa área de operações uma área verde na qual era impossível operar. Claro que foi tudo uma farsa, um teatro de fantoches, como se costuma dizer.

Mas quem era o titereiro por trás daquele teatro de fantoches? Ninguém sabia.

É assim que o mundo anda e, no final de 2008, após quase cinco anos de forte compromisso, os franceses me demitiram primeiro e depois Jim e colocaram a operação em *stand-by*, esperando para ver com clareza o que aconteceria. Minha porcentagem no projeto havia se tornado 6,4% após a M&P assumir o controle das operações, mas percebi agora que era 6,4% de zero!

4.8 O experimento da tribo: o projeto-piloto

Apesar da provável falência da empresa Panther, consegui realizar meu sonho de comprar e reformar uma fazenda no campo para ir morar lá e encontrar uma "tribo", como a de Anilao, a poucos quilômetros do mar, nas colinas perto de Scicli. Depois de reformada e transformada em uma bela casa de campo, comecei imediatamente a me organizar para experimentar

VIDA DE GEÓLOGO

a "coexistência feliz" em minha fazenda. Os italianos eram um punhado de individualistas indisciplinados que não obedeciam às regras. Seria possível fazê-los viver juntos em uma tribo? Então decidi convidar alguns pares de amigos para fazer o experimento. Por anos mantive contato com velhos amigos, mas agora havia grandes problemas em localizá-los. Entre meus amigos sicilianos, Franco Pezzino já havia morrido vários anos de câncer de próstata, Frank Spadaro tornou-se um alcoólatra e era difícil de controlar porque a única coisa que dizia era: "Nunca soubemos!". E ele bebia um copo após o outro, muitas vezes esquecendo-se de ir ao banheiro, faendo as necessidades na calça. Globo, meu ex-colega de colégio, havia desaparecido após a aposentadoria e mudado de endereço sem deixar rastro. Os vizinhos disseram que talvez ele tivesse ido morar em Addis Abeba, cansado da política italiana, mas não tinham o endereço. Entre meus velhos amigos da África do Sul, havia Gianni Camuffo e Paolo Ventotto. Paolo havia desaparecido no Parque Kruger há 30 anos, talvez morto por um crocodilo. O corpo nunca foi encontrado. Tínhamos mantido contato com o Gianni, até porque ele tinha vindo para a Noruega, na época da Phillips, para chefiar o departamento de exploração da Agip e tínhamos nos conhecido muito naquela época. Foi Gianni, sendo um pescador experiente, quem me ensinou a pescar trutas com mosca. "Você tem que soltar a mosca suavemente na água, como se fosse uma mosca de verdade, se você quiser pegar uma truta grande, caso contrário, chicoteando como você faz, você só pega trutas adolescentes, sem experiência de vida!" — foi o conselho que ele me deu. Enquanto Gianni pegava trutas gigantes, eu me limitava a pegar peixes adolescentes ou de jardim de infância.

Quando trabalhei na Líbia, na Waha, Gianni trabalhou na Líbia com a Agip e havia lá muitas companhias de pesca marítma. Ele mergulhava com uma roupa de neoprene e um rifle e eu ficava em terra para cuidar das roupas, do dinheiro e do carro dele enquanto lia meu Alcorão. Gianni às vezes voltava com uma bela garoupa, que depois cozinhávamos no forno à noite. Resumindo, frequentávamos um a casa do outro e éramos grandes amigos. Convidei Gianni e a esposa dele, Anita, para passar alguns dias na fazenda comigo. Gerd aceitou. Infelizmente, entre meus amigos da Romagna, Paolo Baldini já havia morrido há alguns anos de um tumor no cérebro e Piero Biancoli havia se divorciado e vivido em algum lugar no interior de Rimini como eremita. Em vez disso, Serz estava vivo e bem e, no decorrer dos anos, já tinha vindo à Sicília uma vez para me visitar; eu, por minha vez, fui a Cervia mais de uma vez para visitar velhos amigos e meu primo Zorz, que sempre me deu excelentes "dicas" sobre como vencer a má sorte. Serz aceitou com entusiasmo a oferta de passar férias na fazenda com a esposa Fiorella e disse que viria de avião com uma sobrinha da esposa dele e o marido, para ter coragem, porque era a primeira vez que ele viajava de avião. Ele tinha ido várias vezes à Noruega e à Sicília e sempre me vendia um barco, mas desta vez disse que estava ocupado resolvendo a "crise dos iates de luxo" e não poderia ir. Também entrei em contato com o doutor Morgenroth, que era meu amigo desde a Líbia e agora estava aposentado e morando na Alemanha. Ele também aceitou o convite para vir com a esposa Brigitte. Nesse ponto, eu tinha quatro pares de amigos, que, comigo e Gerd, formavam cinco. Número suficiente para realizar o experimento. A experiência deveria começar no dia 10 de maio de 2012 e durar até 20 de maio, quando a temperatura era amena e ideal para viver no campo. Camuffo e Serz alugaram dois carros no aeroporto, enquanto eu ia a Catânia buscar os alemães, que não conheciam a língua e nunca haviam estado na Sicília. Também contatei Helge, que agora estava aposentado e morava em Stavanger com a esposa Berit, e ele também aceitou, mas disse que viria com alguns amigos em outubro, porque preferia ficar na Noruega na primavera. Então, consegui organizar pelo menos dois grupos para fazer o experimento. Quando todos estavam reunidos na fazenda, na noite de 10 de maio, após um simpático jantar de boas-vindas em Scicli à base de linguiça grelhada e pizza, designei aos dois Romagnoli e Camuffo, com as respectivas esposas, os cômodos da casa principal, que continha três quartos, cada um com um banheiro individual, e várias salas de estar onde os três casais podiam ser divididos em grupos individuais. Havia uma sala de estar com poltronas de vime no primeiro andar, depois um grande terraço com espreguiçadeiras na frente dos quartos, e no térreo havia uma grande sala de leitura da biblioteca com lareira, uma cozinha espaçosa com uma grande mesa onde dez pessoas poderiam se sentar e uma enorme sala de jantar com uma mesa de 4m de comprimento, que poderia servir confortavelmente a doze pessoas. A ideia era que os casais pudessem usar a cozinha e tomar café da manhã juntos, mas se isolassem em grupos individuais se sentissem necessidade. Para mim e o doutor Morgenroth, eu havia preparado duas camas de casal nos estábulos reformados, que eram dois grandes quartos adjacentes, separados por uma porta, cada um com a própria cozinha e banheiro privativo. Essa subdivisão foi feita em especial pelo médico, que era um homem muito alto e precisava de muito espaço ou — como dizem os alemães — *leben-raum*. Então, como não falava italiano, ele precisava de minha ajuda constante para traduzir seus conceitos filosóficos para outros.

VIDA DE GEÓLOGO

Um primeiro problema ocorreu imediatamente quando Gerd, minha esposa, disse que não queria ficar no campo, porque a cama era dura e o quarto do estábulo estava escuro. Ela preferia continuar em Santa Maria del Focallo, na casa à beira-mar. Eu disse: "Problema muito administrável. Eu durmo sozinho e você, com seu carro, vai e volta para ficar conosco durante o dia!". "Veremos" — Gerd respondeu desafiadoramente.

O segundo problema surgiu por causa do idioma. O doutor foi muito útil porque, com um grupo de idosos, nunca se sabia quando seria necessária assistência médica. Todos tinham mais de 70 anos, exceto os netos de Fiorella, que já estavam na casa dos 50 (idade ideal para um infarto), e a esposa de Camuffo, Anita, apresentava sérios problemas de saúde. Ela sempre se sentava em uma cadeira de rodas leve e dobrável, não porque não conseguia andar, mas porque tinha problemas de equilíbrio. Estava sofrendo de afasia dialética devido a uma operação no cérebro para remover um tumor benigno. O problema dela era que tinha dificuldade em escolher a palavra certa: por exemplo, para dizer à cozinheira "Você é boa", ela dizia "Você é uma vadia", o que imediatamente criava problemas com Fiorella, no primeiro dia em que trabalharam na cozinha para preparar o café da manhã. Camuffo falava inglês muito bem, mas o povo de Romagna falava apenas italiano e Romagnoli. Assim, dois grupos linguísticos foram formados imediatamente, de um lado os Romagnoli e de outro eu, Camuffo e Morgenroth, que nos comunicávamos em inglês. Quando Gerd raramente estava lá, é claro que ela falava inglês muito bem, mas preferia sentar-se com o povo da Romanha por um espírito de contradição. Anita também falava um bom inglês, infelizmente ao contrário, ela disse sorrindo para o doutor "Você é estúpido", em vez de dizer a ele que era inteligente, mas Morgenroth entendeu e sorriu. O problema era Brigitte, que era teutônica, entendia tudo ao pé da letra e era inflexível. Se Anita dizia sorrindo "Sua desgraçada" para elogiá-la, ela levava a mal.

O terceiro problema era a divisão do trabalho entre os dois grupos. Eu havia identificado dois projetos principais: limpar o *baglio* (ou seja, o pátio) de ervas daninhas, que cresciam entre as pedras, e plantar 100 mudas de tomate em um campo de 400m quadrados localizado no lado sudeste da fazenda. Percebeu-se rapidamente que os dois grupos tinham visões diferentes do trabalho comunitário. Embora fossem comunistas convictos, o povo da Romanha não parecia apreciar o trabalho manual. Os netos passavam os dias na praia ou percorriam a província de Ragusa para fazer turismo. Serz, que tinha sido bancário, nunca pegou uma enxada ou pá em toda a vida.

Ele sentou-se à sombra do grande dossel, do lado sudoeste da viga, para observar os outros que trabalhavam, dizendo o tempo todo: "Que lindo, que paz, que bom!". Camuffo, que era um trabalhador esforçado, tratou de arrancar as ervas daninhas da viga, enquanto a esposa sentou-se na cadeira de rodas debaixo do galpão e o encorajou dizendo: "Idiota, péssimo trabalho!".

O casal Morgenroth levou muito a sério a tarefa de capinar o lote de terra onde plantariam os tomates comigo. Trabalhavam em bom ritmo, incentivando-me a continuar com olhares feios, se por acaso me sentasse um pouco para descansar. Depois de uma hora de trabalho árduo, já estava com bolhas na palma das duas mãos, então fugia a cada meia hora com a desculpa de ir checar o trabalho de Camuffo. Exatamente ao meio-dia, eu estava exausto, mas felizmente o doutor apareceu do lado de fora da cozinha segurando uma frigideira e uma grande colher de pau que usava como gongo para chamar a atenção de todos para o fato de que era hora do almoço. Ele já havia acordado às 6h e tomado o café da manhã às 6h30, mas os outros tomavam o café da manhã às 9h30, pois acordavam confortavelmente às 9h. Todos aproveitavam para parar de trabalhar e se sentaram para esperar o almoço. Gerd não tinha aparecido na fazenda, por medo de ter de cozinhar para aquela horda de gente, mas Fiorella era uma boa cozinheira, disposta a trabalhar. No entanto, para ela, preparar o almoço ao meio-dia estava fora de cogitação. Ela poria a água para o espaguete à 1h30, mas não antes, também porque os netos não teriam voltado antes das 2h.

O médico, que era alto e magro e tinha um ótimo metabolismo, precisava de injeções de calorias frequentes, então ele e a esposa faziam sanduíches frugais de presunto e queijo com belas saladas e xícaras grandes de café preto. Nada de vinho no almoço para não perder o foco no trabalho. Para não deixar os alemães sozinhos, comia um pouco com eles e um pouco mais tarde com Camuffo e os Romagnoli. A dieta do meio-dia era baseada na massa, acompanhada de salame e salada, tudo regado com abundante vinho siciliano, que era delicioso, mas com alto teor alcoólico. Depois do expresso, eram 3h da tarde e quem mais queria trabalhar? Todos tiraram um sono fabuloso, alguns em espreguiçadeiras sob as alfarrobeiras, alguns na cama, e outros se viravam. Os alemães, por outro lado, continuaram a trabalhar destemidamente, dando uma demonstração prática da razão da supremacia econômica da Alemanha sobre a Itália. À noite íamos a um restaurante ou grelhávamos ao ar livre, e essa era a única hora do dia em que se sentia uma grande solidariedade humana e um espírito de fraternidade estimulado pelo vinho.

VIDA DE GEÓLOGO

Depois do jantar, havia as conversas filosóficas que se cruzavam entre os dois grupos em diferentes línguas. Gerd se escondia, com medo de ter de limpar toda aquela louça quando comíamos em casa, mas Fiorella punha a mesa e limpava a louça depois que terminávamos o jantar. Serz sentava-se embaixo do galpão e exclamava constantemente: "Que lindo, que paz, que bom!". Eu era o grelhador, ajudado por Camuffo, porque éramos ambos entusiasmados com o fogo e sabíamos grelhar muito bem, tendo aprendido na África: "Dê um copo aos cozinheiros ou eles desidratam!". Costumávamos cantar para nossos companheiros, por isso, quando acabávamos de grelhar, já estávamos embriagados e prontos para enfrentar qualquer tipo de discussão filosófica à mesa. Normalmente, dependendo do tempo, comíamos sob o dossel ou, se a noite fosse fria, jantávamos na grande sala de jantar. Os Morgenroth iam para a cama logo após o jantar para estarem frescos no dia seguinte, quando as 100 mudas de tomate tinham de ser plantadas, mas os italianos ficaram acordados até tarde da noite, discutindo e bebendo *grappa*.

Se eu tentasse falar sobre minha teoria da probabilidade ou sobre o Deus da probabilidade Ψ, o povo de Romagna me silenciava de maneira grosseira, dizendo: "Mas vá para o inferno!". E eu pensava que devia ter convidado teólogos eminentes, como Vito Mancuso, Roger Lenaers e Antonio Thellung, cujos livros eu havia lido e com os quais Aharon e eu podíamos ter raciocinado. Em vez de discussões religiosas ou do sentido da vida, sempre acabamos discutindo política entre os comunistas, Serz e o sobrinho dele, e os berlusconianos, Camuffo e eu. Por fim, Serz, quando encurralado, ficava com raiva, como uma fera, e começava a protestar contra Berlusconi. Então não havia mais como argumentar e ia para a cama com raiva.

Ao cabo de dez dias, os tomates haviam sido plantados em fileiras geométricas, sustentadas por juncos, e cada muda era presa aos juncos com fios de algodão para sustentá-la. O jardim havia sido limpo de ervas daninhas e todos nós havíamos engordado vários quilos, mas tivemos um grande momento. Quanto ao sistema tribal, não tínhamos mostrado absolutamente nada, apenas confirmamos que estava bom no interior da Sicília. O conceito de casa de fazenda para idosos foi confirmado. Se alguém fosse idoso e rico, ele poderia passar as férias no campo com os amigos e se divertir, apesar das diferenças de partido político e atitude em relação ao trabalho.

Os outros experimentos que fiz na fazenda visavam mostrar que a vida tribal também funcionava com um grupo de jovens trabalhando juntos em harmonia. Em julho e agosto entreguei a fazenda nas mãos de meu filho ambientalista Aleks, dizendo a ele: "Eu passo o verão na Noruega, como sempre, mas você também pode convidar seus amigos para a Sicília e fazer o que quiser, mas, em troca de acomodação de graça, você tem que limpar todas as oliveiras dos rebentos e fazer feixes para queimar, depois corte todos os ramos grandes da pilha que os podadores deixaram para fazer lenha de 30-40 centímetros de comprimento para usar na lareira. Você tem uma serra elétrica para galhos finos e uma serra motorizada para madeira grossa. Então, por favor, remova todas as ervas daninhas e faça uma grande fogueira, tomando cuidado para não colocar fogo na fazenda. Esses são pequenos empregos para jovens ambientalistas espertos como você, e eu não peço mais nada. Vou deixar as chaves para a *signora* Angelika, minha vizinha alemã, que ficará encarregada de supervisionar a fazenda e limpá-la quando você for embora".

No final do verão, depois de conversar com Angelika, calculei que haviam chegado 14 amigos, divididos em grupos diferentes. A maioria era norueguesa, mas também havia romanos, incluindo dois atores *gays* de TV e uma linda estrela com a amiga dela. Alguns noruegueses chegaram a invadir minha casa em Pozallo, porque nem todos ficavam na fazenda, e de qualquer forma viajavam constantemente entre Scicli e Santa Maria del Focallo. Por isso, quando voltei da Noruega, em agosto, tive dificuldades A sensação de desleixo invadiu minha vida privada, pois ainda havia noruegueses na casa de praia. Angelika, a quem chamavam de *Diabolika*, tentava manter a ordem e a limpeza na fazenda, mas sem sucesso. Eles também quase colocaram fogo na casa quando fizeram uma fogueira com ervas daninhas que não conseguiram controlar com a rega de borracha e conseguiram queimar uma velha amendoeira no canto da casa. Porém, os meninos se divertiram muito e, antes de irem embora, agradeceram-me pela hospitalidade. Só que infelizmente, entre o mar e as visitas aos pontos turísticos, não tiveram tempo de limpar as oliveiras dos rebentos, muito menos de cortar a madeira em segmentos de 30-40 centímetros. A casa estava suja e eu tive que dar a Angelika 250 euros para limpá-la quando todos tivessem ido embora. Mesmo lá, porém, pude demonstrar que os jovens gostavam de passar boas férias no campo, curtindo a vida com os amigos. Boa descoberta!

A última prova de fogo foi em outubro, quando Helge chegou conduzindo um grupo de cinco noruegueses, que se juntaram a ele para passar duas semanas na fazenda. Os noruegueses ficavam sempre felizes porque podiam beber cerveja a preços baratos, aproveitar as temperaturas amenas e o Sol de outono da Sicília e passar a manhã na praia de Sampieri para nadar nas águas calmas do verão. Eles ocuparam a casa principal enquanto eu tinha passado a residir sozinho no estábulo renovado, porque, desta vez, Gerd, apesar de conterrânea de Helge, recusou-se a ir para o campo. Com os noruegueses, as coisas correram muito bem porque eram idosos disciplinados e sempre alegres e todos estavam entusiasmados com a Sicília. Também consegui fazê-los trabalhar na colheita das azeitonas a serem esmagadas e colocadas em salmoura em grandes potes de vidro lacrados. Então, eles cooperaram com Gerd que aparecia durante o dia para cortar todos os arbustos invasores de *ailanthus,* uma planta selvagem que se reproduzia invadindo todo o jardim. Também foi necessário passar o herbicida com pincel, planta por planta, para evitar que as raízes voltassem a crescer.

Berit, a esposa de Helge, especializou-se em fazer cestos com os juncos que crescem espontaneamente ao redor da fazenda e com o vime dos rebentos de oliveira. Então, eles encontraram outra atividade para passar o tempo, todos juntos, trabalhando nas cestas, quando voltassem do mar. Mas o maior sucesso foi alcançado quando decidiram construir a planta experimental de gás, começando pela fermentação do fertilizante. Eu tinha lido que na Suíça eles produziam biogás a partir de esterco de porco. A fábrica tratava resíduos verdes simples, borra de café, esterco de porco ou substâncias líquidas, como fertilizantes líquidos, óleos da indústria alimentícia e água com açúcar, resíduos da produção de leite. Conversei com Helge sobre isso. Helge, por sua vez, após consultar os outros dois noruegueses, um deles engenheiro e o outro piloto de helicóptero, ambos aposentados, havia dito que poderia ser construída na fazenda uma planta experimental para produção de gás. Os noruegueses comprometeram-se a desenhar um modelo de um grande funil com muitos tubos que o faziam parecer um grande destilador, que tinha de ser colocado em cima do fertilizante para recolher o gás. Foi preciso muito estrume e um bom ferreiro para construir o alambique, mas foi feito rapidamente.

Fui falar com Pasquale, meu antigo agricultor, que apareceu na chácara, dois dias depois, com uma carga enorme de fertilizante que custou 360 euros. Pasquale tinha levado com ele outro velho especialista em fertilizantes, Salvatore, um cara com um olhar alegre e vivo que sabia muito sobre fertilizantes. Quando as senhoras reclamaram do fedor, Salvatore explicou um conceito em siciliano que eu traduzi para o norueguês: o fertilizante fazia bem para o trato respiratório, porque era feito de merda boa, de cavalo e de vaca. Merda boa de animais puros que comiam grama, não merda ruim como a de humanos e animais carnívoros. Eles descarregaram uma montanha de fertilizantes atrás dos estábulos renovados e trabalharam uma hora com a pá para organizar a pilha em uma pirâmide ordenada. Em seguida, eles foram embora felizes com 360 euros pelo fertilizante e 80 euros pelo trabalho.

    Os desenhos estavam prontos, e agora era a hora de construir a destilaria. O maior problema era encontrar um ferreiro que pudesse construí-la em alguns dias, pois os noruegueses partiriam em uma semana. Apesar da crise, não foi possível encontrar um ferreiro gratuito em toda Scicli, nem em Modica, que garantisse a conclusão do projeto em menos de uma semana. Estavam todos ocupados até o Natal. Assim, o projeto foi adiado para o ano seguinte e os noruegueses prometeram voltar. O fedor permaneceu pairando ao redor das casas para abrir as vias respiratórias. Aquela montanha de merda não foi perdida. Quando os noruegueses foram embora, liguei para Pasquale e Salvatore e pedi-lhes que jogassem fertilizante em abundância em todas as plantas do jardim ao redor das casas.

Figura 27 – Foto da casa na *Masseria*[78]

Fonte: arquivo pessoal de Massimo Melli (anos 2000, aproxomadamente)

---

[78] Nota do tradutor: *Masseria* é um termo em italiano que significa "chácara" ou "pequena fazenda".

VIDA DE GEÓLOGO

O que eu demonstrei com meus experimentos? Que era bom ficar no campo quando não havia problemas econômicos e que as fazendas eram uma excelente instituição para passar boas férias. Mas agora eu tinha que provar a teoria de que o coletivismo, como um sistema político, social e econômico, poderia funcionar.

A história experimentou pelo menos três tipos de coletivismo: comunista, israelense e tribal. Nas Filipinas, fiquei fascinado com o sistema tribal de Anilao, que parecia funcionar maravilhosamente bem se houvesse turistas suficientes para sustentá-lo financeiramente. Os *kibutzim* de Israel, que funcionaram muito bem nos primeiros anos, após o retorno dos judeus da diáspora, deixaram de ser úteis e se transformaram em hotéis de luxo para turistas americanos e europeus ricos. O coletivismo comunista fracassou miseravelmente na Rússia e na China por falta de dinheiro e foi substituído pela economia de mercado. Era preciso dinheiro para administrar a economia, mas faltava analisar a teoria de Karl Marx para ver se era possível adaptá-la a meu sistema tribal. De repente surgiu a oportunidade de tentar entender em que consistia aquela teoria.

4.9 A conferência sobre Karl Marx em Ragusa

Certa noite, em novembro, recebi um telefonema inesperado do ex-prefeito de Ragusa, o honorável Giorgio Chessari, com quem encontrei durante os dias da Panther Eureka. Um dos poços perfurados por nós estava localizado logo abaixo da casa de campo do ilustre senhor. Chessari me convidou para ir à casa dele para ver o problema de cima. Era impossível negar que a plataforma estava à vista da casa que se localizava em uma colina em Contrada Maltempo. Não só você podia ver a feiura da planta, mas também ouvir o barulho ensurdecedor que a atividade de perfuração produzia. Pedi desculpas dizendo que a atividade de perfuração duraria apenas alguns dias e que a planta logo estaria extinta. Em caso de descoberta, a planta teria sido substituída por uma gaiola de produção e alguns tubos que teriam sido camuflados.

Felizmente, como o poço ficou estéril depois de alguns meses, o local foi desmontado e a área voltou a ser um pasto verde da montanha, exatamente como antes. Chessari provou ser um verdadeiro cavalheiro naquela ocasião e até convidou alguns perfuradores e eu para almoçar no restaurante local, L'Antica Stazione. Depois de um bom almoço e muito bom vinho tinto, tudo deu certo. Agora, o senhor deputado convidou-me ao centro cultural Feliciano Rossitto para assistir a uma conferência sobre Karl Marx. Sabendo de meu interesse pela história judaica, Chessari também queria me mostrar alguns documentos que havia descoberto e que estavam relacionados à antiga comunidade judaica de Ragusa. A história dos judeus era um assunto interessante para mim, porque eu estava tentando entender como a organização do *kibutz* havia se desenvolvido a partir do gueto e, claro, queria saber a base do comunismo em que se baseava a sociedade tribal. Aceitei o convite. com entusiasmo. A conferência começou com meia hora de atraso, como era comum em Ragusa. Mas o maior problema é que o palestrante, ou seja, o autor do livro, não apareceu, com a desculpa de que estava gripado e não podia pegar o avião para vir de Milão. Esse problema foi habilmente resolvido por Chessari, organizando a conferência de modo que três conferencistas, que leram o livro, deram a interpretação do que leram.

O primeiro orador passou os primeiros 20 minutos de seu discurso discutindo o título do livro: *Bem-vindo de volta, Sr. Marx*. O que isso significa? Onde Marx estava? Ele estava escondido depois dos desastres que a teoria dele causou ao mundo? Era hora de voltar? A conclusão foi de que o autor havia escrito um excelente livro, dando todas as evidências de que Marx não era marxista, mas infelizmente o livro estava com o título errado.

O segundo palestrante fez um discurso longo e complicado mostrando que, na realidade, Marx não era um grande filósofo, como Hegel, de quem ele havia copiado as ideias, e ele nem mesmo era um antropólogo ou um grande economista. Mas quem era ele? Basicamente, ele era uma pessoa boa em criticar a sociedade humana e o sistema capitalista. Ele era um bom crítico. Mas o que ele pregou? Era difícil dizer, mas certamente não era marxismo.

O terceiro orador foi mais direto em sua interpretação do livro: Marx foi o Profeta que previu o futuro do capitalismo e seus desastres. Agora, depois de 150 anos, a situação era ainda pior do que quando Marx escreveu a obra completa, de 105 volumes[79], *Das Kapital*. Na Itália, 10% das pessoas possuíam 50% da riqueza e a situação piorava a cada ano, porque os ricos ficavam mais ricos e os pobres, mais pobres.

Quando o terceiro palestrante terminou o discurso, Giorgio Chessari, o organizador da conferência, abriu a sessão para debate, permitindo que o público falasse e fizesse perguntas. Muitos participantes ilustres,

---

[79] Nota do tradutor: hipérbole utilizada por Melli. Na realidade, *Das Kapital* é uma obra de três volumes.

que certamente eram professores de filosofia, disseram o que pensaram. Quando encurralados por Chessari, descobriu-se que nenhum deles havia lido o livro, só queriam mostrar o que sabiam e como eram inteligentes. No entanto, todos concordaram que a interpretação de Marx na Itália havia sido objeto da análise de muitos estudiosos e que não havia necessidade de outro estudo, mesmo que fosse muito esclarecedor (como eles sabiam de tudo isso se não tinham lido o livro!).

O último comentarista, professor de filosofia, foi o melhor de todos. Falava pausadamente, deixando passar vários segundos entre cada palavra, por isso foi bem compreendido por todos: "Eu quero... ser... curto... nos... meus... comentários... Eu não li... este livro... Apenas a lista de citações... no final do livro...". Ele passou a explicar que estava surpreso que o autor, um jovem de apenas 28 anos, tivesse lido milhares de livros e feito tantas comparações entre os autores desses livros e os comentaristas de Marx. Ele, por outro lado, nos últimos 30 anos, havia lido apenas um livro (mas se esqueceu de dizer qual). Ele então disse que é preciso esquecer o que Marx disse, mas concentrar-se no que Anaximandro de Mileto disse há 2500 anos sobre justiça. "Eu sou bonita... e tu és feia... Por quê? Estou saudável... e você está doente... Por quê? Eu sou inteligente... e você é um... idiota. Por quê?". A voz dele aumentava uma oitava cada vez que ele pronunciava uma nova frase, presumivelmente tirada de Anaximandro. Finalmente, ele começou a gritar com uma voz estridente: "Eu sou rico... e você é... pobre. Por quê?". Houve aplausos estrondosos, pois todos compreenderam o significado dos comentários. Era inútil enfocar apenas um aspecto da injustiça, a economia e a injustiça social, quando havia muitas outras injustiças a considerar.

Cochichei para meu vizinho, um distinto professor universitário aposentado: "Você tem pau grande; e eu, pequeno. Por quê?". O professor sorriu e agradeceu o elogio, pois na Sicília ter pau grande é uma honra.

Para concluir a conferência, Chessari sugeriu o que qualquer presidente de conferência sugeriria: mais estudos precisavam ser feitos para descobrir o que Marx realmente disse. Ele então sugeriu comprar outros 50 volumes perdidos da coleção de Marx, traduzindo-os do alemão para o italiano, colocando cerca de 20 estudiosos para estudá-los e ver o que surgia. De minha parte, aprendi que Marx não era marxista, não era filósofo e não era economista. O único sucesso foi a crítica ao capitalismo. Marx não foi responsável pelos desastres causados pelo marxismo e nunca sugeriu o que fazer. Ele apenas previu os desastres que aconteceram. Ele havia criticado fortemente o capitalismo e, em minha opinião, o capitalismo era necessário para manter a economia tribal funcionando. Se bem tratado, não era nada mau. Claramente, Marx deveria ser abandonado em favor do doutor Schumacher como a base teórica sobre a qual fundar a sociedade tribal.

Figura 28 – Forno a lenha para fazer uma boa pizza

Fonte: arquivo pessoal de Massimo Melli (anos 2000, aproximadamente)

4.10 A conversão ao ambientalismo

Um antigo provérbio americano diz: "Se você não pode vencê-los, junte-se a eles!".

O passo entre o amor pelo campo e a vida tribal e o compromisso com o ambientalismo foi curto, mas aos poucos, seguindo os conselhos de meu filho, também me converti. Mais do que uma conversão, foi uma verdadeira apostasia, pois eu havia adotado algumas novas crenças heréticas para um homem do petróleo. Os primeiros sinais de uma conversão incipiente já se manifestaram quando voltei da África à Sicília: eu plantei cerca de 50 árvores frutíferas no jardim de minha casa à beira-mar. Laranjeiras, limoeiros, tangerineiras e 20 oliveiras. Depois comprei a chácara para ter um local para ir e mergulhar no verde do campo... Enfim, tinha ficado "verde".

VIDA DE GEÓLOGO

Como de costume, minha nova fé se apoiava em três pontos que lhe conferiam grande estabilidade. Uma delas foi meu antigo amor pela natureza, tanto subaquática quanto terrestre, que se manifestava indo caminhar pelos bosques da Noruega ou nadando no Mar Mediterrâneo em volta de minha casa na Sicília, com máscara e nadadeiras, para estudar as maravilhas do fundo do mar, sempre cheio de surpresas. Não deixei de admirar a vida subaquática nas ilhas filipinas, nas ilhas malaias ao redor de Cingapura e, mais recentemente, nos mares cubano e mexicano. Nos lugares que visitei, a natureza felizmente ainda se defendia dos ataques humanos, mas concordei com os ambientalistas que algo precisava ser feito para proteger o meio ambiente.

O segundo ponto que aceitei foi que algo tinha de ser feito para reduzir as emissões de gases e diminuir o efeito estufa, portanto, era absolutamente necessário reduzir o consumo de energia fóssil, com foco nas renováveis. Jornalistas noruegueses, certamente enviados por meu filho, vieram a minha casa em Foynland para me mostrar um carro elétrico e me entrevistar. Tive de admitir que, se fosse possível transformar a energia eólica e solar em eletricidade, seria o mesmo que substituir os carros movidos a gasolina por elétricos. Embora eu tivesse sido um petroleiro, os tempos haviam mudado e eu estava pronto para aprovar os carros elétricos, carregados naturalmente pela energia eólica ou solar.

O terceiro ponto, que foi invenção minha, era que tínhamos de tentar diminuir o aumento da população mundial se quiséssemos salvar o meio ambiente.

Deixe-me explicar. Quanto mais gente há, mais espaço é retirado da natureza, mais lixo se acumula, mais óleo e plástico são usados e a poluição aumenta. As pessoas transformam tudo o que comem em em gás CO_2. Certo?

Os autores do livro que acabei de ler, *Capra e Calcoli*[80], eram dois *nerds*, especialistas em técnicas de simulação computacional e em teoria do caos e sistemas desordenados: Marco Malvaldi e Dino Leporini. Com dados em mãos e um conhecimento profundo do assunto, os dois *nerds* tiveram evidências de que computadores e algoritmos estavam substituindo os homens não apenas em trabalhos manuais repetitivos, mas também em trabalhos mais complicados do ponto de vista intelectual.

Exemplo são os romances. Hoje em dia você pode escrever um romance, uma história de detetive ou um ensaio narrativo com a ajuda da internet. Há algoritmos desenhados especificamente para ajudar o autor a montar o

---

[80] Nota do tradutor: trata-se do livro *Capra e Calcoli – L'Eterna lotta tra Gli algoritmi e il Caos*.

enredo de um livro, escolher o personagem principal da história e construir uma aventura plausível, entre milhões de escolhas possíveis. Escrever um livro completamente original é impossível, pois os algoritmos já haviam identificado as infinitas situações que tornariam o enredo do livro interessante e os infinitos livros já escritos. A livraria virtual de Babel, inventada por Borges, estava cheia de livros já escritos na *web* e a publicação mundial havia caído em uma espiral diabólica de recessão sem fim. Por exemplo, a ideia de escrever um *thriller* em que o autor do *thriller* também fosse o assassino a ser descoberto no final do livro já havia sido desenvolvida milhões de vezes por algoritmos e cozida em todos os tipos de molhos. Até mesmo as notícias conspiraram contra a originalidade dessa ideia. O jornal *Il Fatto* deu a notícia: "Ele matou uma prostituta e depois escreveu um livro inspirado na história. A história é a do aspirante a escritor Daniele Ughetto Piampaschet, 34, de Giaveno (Torino), que foi preso pelos Carabinieri por assassinato voluntário intencional e ocultação do corpo da Antonia Egbuna, uma nigeriana".

A publicação estava em crise e as pessoas, constantemente empenhadas em examinar as últimas notícias em seus *smartphones*, não tinham mais tempo para ler.

Para mim essa situação não importava muito, pois eu estava aposentado há anos e, se escrevesse algum conto, o publicaria de graça na internet, contando com a teoria da probabilidade de que alguém, entre bilhões de pessoas que navegasse na *web,* iria descobri-lo e ler. Mas o futuro de meu filho, que era escritor, e a crise econômica global me preocupavam.

No continente europeu, e principalmente na Itália, faltou trabalho e houve investimentos escassos. Os autores do livro escreveram que as pessoas sofreram os efeitos da profecia que o economista John Maynard Keynes fizera já em 1930, que cunhou o termo apropriado "desemprego tecnológico" para indicar a incapacidade da economia de criar novos empregos para substituir os perdidos devido ao progresso tecnológico. As cidades industriais estavam cheias de jovens desempregados, deslocados pelo progresso tecnológico e com pouquíssima esperança de encontrar um novo emprego. Sem mencionar a fome no terceiro mundo, que aumentou geometricamente, enquanto os recursos apenas aumentaram aritmeticamente, conforme previsto há mais de dois séculos por Thomas Malthus. Milhares de famintos emigrantes africanos, quase todos jovens ousados em busca de trabalho, fugiam da África diariamente com barcaças carregadas de gente desesperada que chegava à costa da Sicília.

O que fazer?

Eu estava convencido de que minha sociedade tribal, se posta em prática, contribuiria para elevar o padrão de vida das pessoas e, em particular, das pessoas do terceiro mundo. Não apenas isso, teria criado empregos para todos na agricultura e na construção.

A correlação entre aumento do bem-estar e diminuição da taxa de natalidade era um fato. Uma mulher italiana em idade fértil produz apenas 1,4 filhos e havia o perigo de que, a longo prazo, os italianos desaparecessem da face da terra. Tínhamos nos tornado uma espécie em extinção. Portanto, tivemos que prosseguir com a sociedade tribal, mas percebi que a ideia de casas de fazenda parecia muito ambiciosa e certamente custava muito caro. Quem pagaria? Seriam necessários milhões de capitalistas dispostos a desembolsar dinheiro para construir as casas de fazenda que abrigariam as tribos. Melhor descer alguns degraus no *tetraktys* e redimensionar os objetivos. Era mais fácil e acessível a todos os orçamentos construir pousadas, e a Itália precisava absolutamente disso para acomodar o número cada vez maior de turistas "baratos" que queriam gastar pouco por causa da crise. Depois, foi preciso encontrar algo para fazer pelos imigrantes africanos que procuravam trabalho na Itália.

Eis a ideia brilhante que me ocorreu: era preciso construir uma pousada do tipo cama e pizza, também chamada de B&P[81], que, além de dar café da manhã e hospedagem aos turistas, também lhes proporcionaria um jantar barato em forma de pizza. Os africanos teriam sido úteis para trabalhar nas pizzarias, primeiro para ajudar a construir fornos a lenha, depois para servir pizzas à mesa, e os melhores poderiam até mesmo ter se tornado pizzaiolos. Centenas de milhares de africanos encontrariam empregos decentes. A ideia era viável e barata.

A ideia da B&P era original e, depois de a explicar a meus amigos, brindamos a essa ideia maravilhosa, esvaziando algumas garrafas de Nero d'Avola para festejar. Aí adormeci alegremente no banco embaixo de minha alfarrobeira, com a cabeça apoiada no tronco, deixando a tarefa de criá-la para a função de onda Ψ. Devo dizer que de todas as ideias que tive, esta me pareceu a melhor, embora saiba que nunca teria tentado realizá-la, porque sou um teórico e não um homem de ação.

---

[81] Nota do tradutor: sigla para a expressão inglesa *Bed and Pizza*.

4.11 Últimas notícias do gato de Schrödinger

"Ainda estou vivo!".

Figura 29 – A estação Gallo Sud, pronta para ser perfurada

Fonte: arquivo pessoal de Massimo Melli (anos 2000, aproximadamente)

Caro tio Max,

Recentemente, tivemos uma grande satisfação com a Panther.

Na verdade, vencemos as complexas ações judiciais com a agência de receita para o crédito de ICMS e o departamento de meio ambiente finalmente emitiu a última provisão necessária para a Gallo Sud.

Agora, no plano de licenciamento, está tudo pronto e só falta a aprovação do programa de perfuração que, obviamente, se não estiver preparado, não consigo aprovar.

Ainda não sei as reais intenções do M&P após esses últimos excelentes resultados, já que estão todos de férias, mas em breve terão que me dar algumas respostas.

Sua proposta poderá, portanto, neste momento, ser bem considerada pela M&P; encaminharei seu contato imediatamente.

VIDA DE GEÓLOGO

Eu sei que Pablo estará de volta das férias no início de setembro, assim, em algumas semanas eu terei o *feedback* deles.

Eu os mantenho informados e sempre agradeço o interesse.

Saudações para todos.

Joseph

Este *e-mail* recebido em 20 de agosto de 2015 fala por si. Eu tinha desistido de toda esperança e, portanto, meus 6,4% tornaram-se 6,4% de zero.

Mas agora se tornou 6,4% de x, e x é diferente de zero.

E eu sempre disse que uma probabilidade diferente de zero sempre pode se tornar realidade...